新编21世纪高等职业教育精品教材
人力资源管理系列

员工培训与开发（第2版）

STAFF TRAINING AND DEVELOPING

主　编　刘正君　温　辉
副主编　安轶超　程　积　龙　翔

中国人民大学出版社
·北京·

preface

前　言

本书是基于工作过程系统化的课程设计思路，针对高职院校人力资源管理专业的核心课程“员工培训与开发”所编写的配套教材。

编者在对企业相关岗位进行调查研究的基础上，结合《中华人民共和国职业分类大典》（2015版）、《普通高等学校高等职业教育（专科）专业目录》（2015版）的相关职业和专业标准，按平行的情境逻辑关系，以培训内容为学习情境载体，按递进的情境逻辑关系，以培训对象为学习子情境载体，对“员工培训与开发”课程进行了重新构建。重构后的“员工培训与开发”课程，分三个学习阶段（对应“教师带着学生做”“教师指导学生做”“教师看着学生做”三个层次）、八个学习领域（对应员工培训与开发的八个步骤，也是“步骤不变”的体现）。

本书由河南经贸职业学院刘正君、温辉任主编，负责全书的大纲设计、模块编撰和最终修订；河南经贸职业学院安轶超，郑州向心力通信技术股份有限公司程积、龙翔任副主编，负责实训手册（见配套电子资源）的设计、编撰，并参与了模块编撰和大纲研讨。具体分工如下：温辉编写模块一、模块二、模块三和模块四，刘正君编写模块五、模块六和模块九，安轶超编写模块七和模块八，程积、龙翔编写实训手册。

第2版在第1版的基础上做了更新，主要体现在：

1. 增加了最新的知识和研究成果，确保教材内容的前沿化；

2. 对部分过时或与实践脱节的内容做了删减，确保教材内容的适用性和够用性；

3. 对部分内容逻辑顺序做了优化，使得教材内容条理清晰，便于深入理解；

4. 增加了新案例，更新了部分课后练习题目。

在第2版教材编写过程中，编写团队参考了国内外大量专家学者的研究成果，并获得了河南经贸职业学院管理学院全体同仁的大力支持，在此一并表示衷心的感谢。

教材中难免存在疏漏和不当之处，还请读者不吝赐教，以便编写团队今后不断改进和提高。

河南经贸职业学院
刘正君
2022年1月

contents

目 录

模块一

人力资源培训与开发概述

学习目标

1. 理解人力资源培训与开发的内涵
2. 熟悉人力资源培训与开发的步骤
3. 掌握人力资源培训与开发的内容
4. 掌握人力资源培训与开发的原则
5. 理解人力资源培训与开发的作用

案例导入

某机械公司新上任的人力资源部部长王先生，在一次研讨会上获得了一些他自认为不错的其他企业的培训经验，回来后就兴致勃勃地向公司提交了一份全员培训计划书，以期提升人力资源部的新面貌。不久，该计划书获得批准。王先生便踌躇满志地对公司全体人员——上至总经理、下至一线生产员工，进行为期一周的脱产互联网应用培训。为此，公司还专门下拨了十几万元的培训费。可一周的培训过后，大家议论最多的，便是对培训效果的不满。除办公室的几名员工和45岁以上的几名中层干部觉得有所收获外，其他员工要么觉得收效甚微，要么觉得学而无用，大多数人竟都认为：十几万元的培训费用只买来了一时的“轰动效应”。有的员工甚至认为，这场培训是新官上任点的一把火，是在花单位的钱往自己脸上贴金！听到种种议论的王先生则感到委屈：在一个有着传统意识的老国企，给员工灌输一些新知识为什么效果不理想呢？他百思不得其解：当今竞争环境下，每人学点计算机知识应该是很有用的呀，可为什么不受欢迎呢？

案例解读

培训要按规律办事。员工培训是企业提升员工素质与技能进而实现企业发展的重要手段。企业通过员工培训，不仅可以拓展员工职业发展空间，而且可以激励和稳定优秀员工。然而，在实施培训时，企业如果不重视培训本身的一些规律和原则，就不可能达到预期的培训效果。以上案例中出现的培训问题就与忽视这些规律和原则有关。

（1）培训与需求严重脱节。针对培训收效不佳的问题，高层管理人员认为：“钱没少花、精力没少投入，是中间管理层没做好”；中层管理人员则说：“不明白现在的员工到底想要什么”；一线工人则埋怨：“上面思路不明，瞎给我们吃药。”结果，用心良苦的培训换来所有人的不满。王先生不是以员工是否需要为出发点，而是以急于想让老总看到人力资源部新气象为目的，给素质参差不齐、岗位不一、培训需求各异的员工，开了同一个“药方”，让大家同喝“一罐药”。

(2) 员工层次含混不清。根据岗位特色、员工层次选择合适的受训人员和培训内容，是企业培训成功的必要条件。王先生只看到上至总经理、下至一线员工都需要掌握计算机操作，却忽视了员工层次。对所用很少甚至不用计算机的员工来说，更重要的是掌握现有岗位的操作技能。因此，对全厂员工的统一培训应该以传播企业文化、强调企业管理制度以及提高员工素质为主。

(3) 忽略了最重要的评估环节。培训评估是监督和检查培训效果不可缺少的一个环节。只有重视培训的全面评估，才能改进培训质量、增强培训效果、降低培训成本。

培训效果评估主要包括反应层面、学习层面、行为层面、结果层面。

前两个层面的评估可通过问卷、笔试、角色扮演、技能测试等形式进行，较易在培训过程中实现。反应层面旨在考查受训人员对培训内容、方式、培训讲师等的满意度；学习层面旨在了解受训人员通过培训在知识和技能的掌握方面有多大的提高。

后两个层面的评估发生在培训后，用来衡量受训内容运用到工作中是否有助于提升企业效率。行为层面的评估主要由上级或同事通过观察员工在培训前后是否发生变化、是否有助于推动个人及部门工作来完成；结果层面的评估主要衡量企业是否因培训而经营得更好。

学思之窗

按规律办事

习近平总书记说：“历史发展有其规律，但人在其中不是完全消极被动的。只要把握住历史发展大势，抓住历史变革时机，奋发有为，锐意进取，人类社会就能更好前进。”我们党从建立之日起，就坚持在马克思主义指导下，矢志不渝地认识、把握和运用中国革命、建设、改革的客观规律，实现科学性与革命性的高度统一。历史表明，当我们党掌握规律、按规律办事时，就能够取得胜利并走向更大的胜利；当对规律茫然不知、违反规律时，就会犯错误，受挫折。

学习情境一 人力资源培训与开发的内涵

培训与开发工作是企业人力资源管理的一项基本职能，是企业的一种重要的投资方式，也是企业实现人力资源增值的一个重要途径。随着战略人力资源管理时代的到来，人力资源培训与开发在提升员工技能和素质、增强企业核心竞争力等方面具有重要作用。培训与开发已逐渐在人力资源管理中成为一个不可或缺的环节。

培训是人力资源管理与开发的组成部分和关键职能。企业要生存和发展，必须重视员工培训。加强员工培训，在良好的人际关系、相互配合的工作环境下，在公平、公正的基础上，可以更好地激发员工工作的热情和斗志，使他们全身心地投入工作，使他们的主动性、创造性自然地发挥出来，自觉与管理者一起把工作做好，从而不仅让员工觉得实现了自己的人生理想，同时使他们对企业有了满足感和归属感。

一、人力资源培训与开发的含义

人力资源培训与开发（Human Resources Training & Development）是指企业通过各种方式向员工传授完成本职工作所需的基本知识、技能并改变其工作态度和行为方式，以期改善员工在现有和将来职位上的工作绩效，最终使企业整体的绩效得到持续提升的活动过程。

培训与开发，两者从本质上说是一致的，但从人力资源管理的实践来看，两者的侧重点略有差异。培训侧重于企业通过外在需求加给员工的某些知识、技能，使员工适应企业发展的需要；开发则侧重于挖掘员工本身所固有的知识和技能，使这些知识和技能在企业发展中得到良性显现，并能融入企业的发展之中。无论是培训还是开发，都是企业有意识、有目的的活动。

培训与开发的目标是实现员工个人发展与企业发展的双向互动，企业培训与开发员工的主要目的在于将其现有的知识、技能和能力提升到完成工作所需的水平上来。当员工在岗位上工作一段时间后，额外的培训与开发为他们提供了获得新知识、新技能和经验的机会。作为培训的结果，员工在现有的岗位上表现得更为出色，也能胜任更多的工种，甚至可以承担更大的管理责任和满足更高组织层次的需求。这样一种共生共荣的良性互动关系，使员工与企业都能得到很好的发展。

培训作为科研课题首先是在心理学和科学管理领域进行的。随后，培训理论随着管理科学理论的发展，大致经历了传统理论时期的培训、行为科学理论时期的培训、系统理论时期的培训三个发展阶段。在传统理论时期，培训是以发展个人技术与态度为主，较少考虑个人与他人或个人与团体的相互关系；行为科学理论时期的培训，除了延续传统理论时期重视个人技术与态度的发展以外，更重视员工个人与他人之间的关系；20 世纪 60 年代以后，培训理论进入系统理论时期，系统理论最重要的基本假设是系统对于外在环境的开放性，即将组织视为一个开放的系统，并且特别重视系统与系统间的适应与沟通。20 世纪 90 年代以后，组织培训工作可以说已进入没有固定模式的独立发展阶段。

案例

海尔的员工培训

海尔集团一直贯彻“以人为本”提高人员素质的培训思路，建立了能够充分激发员工活力的人才培训机制，以最大限度地激发每个人的活力，充分开发和利用人力资源，从而使企业保持了高速、稳定的发展。

海尔集团的培训内容具体如下：

1. 德才教育

海尔最注重的培训内容是德才教育。首先是德。对于海尔来说，德才教育的第一条就是要与集团同心同德，按集团的思路工作。其次是才。德才教育要求员工正确地履行岗位职责，并且达到集团统一规定的目标标准。简言之：德，即与集团同心同德，按集团的思路工作；才，即正确履行岗位职责，达成目标。

2. 专业教育

干什么，学什么；缺什么，补什么；急用现学，立竿见影。在海尔的培训过程中，每个车间的班组都会举行早会。有的早会花费 10～15 分钟做培训，而有的早会培训时间稍长。早会培训的目的主要是及时解决问题，或者将员工在工作中总结出来的好经验与大家分享。

3. 价值观教育

价值观教育包括：什么是对的，什么是错的；什么该干，什么不该干。价值观教育的目标是使全体员工形成共同的价值观。

4. 全员提升素质

海尔的培训目标就是在未来使所有员工的基本素质得到提升。例如，量化的标准就是大专及以上学历人数在海尔的所有员工中要占到 70%以上。

学思之窗

社会主义核心价值观教育

党的十八大提出，倡导富强、民主、文明、和谐，倡导自由、平等、公正、法治，倡导爱国、敬业、诚信、友善，积极培育和践行社会主义核心价值观。富强、民主、文明、和谐是国家层面的价值目标，自由、平等、公正、法治是社会层面的价值取向，爱国、敬业、诚信、友善是公民个人层面的价值准则，这 24 个字是社会主义核心价值观的基本内容。社会主义核心价值观是社会主义核心价值体系的内核，体现社会主义核心价值体系的根本性质和基本特征，反映社会主义核心价值体系的丰富内涵和实践要求，是社会主义核心价值体系的高度凝练和集中表达。

习近平同志在十九大报告中指出，要培育和践行社会主义核心价值观。要以培养担当民族复兴大任的时代新人为着眼点，强化教育引导、实践养成、制度保障，发挥社会主义核心价值观对国民教育、精神文明创建、精神文化产品创作生产传播的引领作用，将社会主义核心价值观融入社会发展各方面，转化为人们的情感认同和行为习惯。

二、人力资源培训与开发的特点

人力资源培训与开发在内容和方式方面与普通教育有显著的不同，形成了自己的特点，具有很强的专业性和针对性，岗位需要什么就传授什么，员工缺乏什么就弥补什么。

（一）参与培训与开发的企业人员具有广泛的多样性

1. 层次多样性

下至企业一般员工、上至最高领导者，都应该参与培训与开发。他们在年龄、教育程度、技术水平、岗位要求和发展的趋势等方面呈现出多样性。

2. 类型多样性

企业人员培训与开发一般包括新员工上岗培训、技术培训、职业技能培训、经理人培训、总经理技能培训、安全和健康培训、组织发展培训等。

3. 内容多样性

培训与开发的内容有思想政治教育、企业价值观教育、基础文化知识教育、法律政策及制度培训、行为规范及礼仪培训等。

4. 形式多样性

企业人员培训与开发的形式有多种，主要有定向培训、在职培训、脱产培训、实践中培养及企业员工自学成才等。

（二）企业人员培训与开发管理具有科学性和集中性

企业人员培训与开发是企业长远发展的必然要求，进行系统规划、统筹安排及对培训开发的基准管理是必不可少的。企业人员培训与开发不是企业任何一个部门可以单独进行和处理的，而是关系到人事、经费、工资福利、工作安排等一系列问题。要想使培训开发工作富有成效，客观上也必须进行集中统一管理。为了有效地管理培训与开发工作，培训管理应具有科学性。要有计划、有步骤、有系统地开展培训工作，既要有近期目标，又要有长期战略，并制定切实可行的方针和政策。所有这一切又要求培训与开发管理寻求一套科学的管理思想和先进的管理方法。

另外，企业内人员培训与开发还应把握以下要求。

1. 配合人力供需要求

企业内培训与开发的目的主要是在前期配合企业发展所需要的人员的素质与特性，予以经济且有效的训练，以求符合“质”与“量”的要求。

2. 符合工作需求标准

企业内培训与开发的结果必须达到工作的要求标准。在企业内推行培训与开发时，不论何种培训与开发，都必须首先与工作部门配合，将所要求的工作标准作为培训与开发的准绳，以求契合实际。

3. 适应人员培养发展

企业是一个有机体，其在内部的发展中与外界的冲击下，随时要变迁与适应，所有人员应随时在培训中保持高度的机动性、适应性与成长力。

三、人力资源培训与开发的步骤

人力资源培训与开发一般可分为四个步骤进行。这四个步骤分别是：培训需求分析、培训规划制定、培训规划实施、培训效果评估。

（一）培训需求分析

培训需求分析是指在规划与设计每项培训活动之前，由培训部门、主管人员、工作人员等采取各种方法和技术，对各种组织及其成员的目标、知识、技能等方面进行系统的鉴别与分析，以确定是否需要培训的一种活动或过程。培训需求信息的收集多采用问卷调查、个人面谈、团体面谈、重点团队分析、观察、工作任务调查等方法。

（二）培训规划制定

培训规划是指对企业组织培训的战略规划。企业培训规划必须密切结合企业的生产和经营战略，从企业的人力资源规划和开发战略出发，基于企业资源条件与员工素质基础，考虑人才培养的超前性和培训效果的不确定性，确定职工培训的目标，选择培训内容、培训方式。

（三）培训规划实施

制定好培训规划后，接下来的工作就是实施培训规划。要做好这项工作，需注意以下几点：一是领导重视；二是员工认同培训；三是做好外送培训的组织工作；四是培训经费上的大力支持；五是制定培训奖惩措施。采取怎样的培训方式进行培训是培训规划实施的重点，多样化的培训方式比传统的讲授式培训具有更好的效果。

（四）培训效果评估

最后一个环节是培训效果评估，重点评估：培训方案是否达到培训的目标；评价培训方案是否有价值；判断培训工作给企业带来的全部效益，即经济效益和社会效益；培训的重点是否和培训的需要相一致。科学的培训评估对于分析企业培训需求、了解培训投资效果、界定培训对企业的贡献非常重要。目前使用最广泛的培训效果评估方法是柯克帕特里克的四层次评估模型。成本-收益分析也是常用的方法之一，这种方法可将培训的效果量化，让企业直观地感受培训的作用。

案例

沃尔玛的培训体系

在美国，沃尔玛被管理界公认为是最具文化特色的公司之一，《财富》杂志一语道破了天机——通过在培训方面花大钱和提升内部员工而赢得雇员的忠诚和热情，管理人员中有60%的人是从小时工做起的——这正是员工培训的价值所在。

培训计划：推行培训与员工发展计划相结合

在员工培训计划上，沃尔玛始终推行培训与员工发展计划相结合的方式。沃尔玛人力资源部会为每一位员工制订相应的员工发展计划，并以此为基础依据员工各自的成长路线向其提供相应的培训。

在沃尔玛，大多数员工的升迁速度很快，经常是半年、一年就会有一次提升。因此，人力资源部会与每个新员工沟通，共同制订员工的职业生涯发展计划。员工的职业生涯发展计划一般由一个个具体的目标组成，最基础的目标就是接任自己上司的职位，这个目标清晰且不难触及，使得员工能以很快的速度达到下一个目标。

伴随每个员工的成长，公司在每个关键环节都会组织员工进行与岗位或职位相关的培训。例如，新员工的入职培训、普通员工的岗位技能培训和部门专业知识培训、部门主管和经理的基础领导艺术培训以及卖场副总经理以上高管人员的高级管理艺术培训和沃尔顿学院系统培训等。可以说，沃尔玛的员工在每次成长或晋升时都会有不同的培训实践和体验。

为了让员工更好地理解他们的工作职责并鼓励他们勇于迎接工作中的挑战，沃尔玛还对合乎条件的员工实施横向培训计划和实习管理培训计划。横向培训是一个长期的计划，在工作态度及办事能力上有突出表现的员工会被挑选去参加横向培训。例如，收银员有机会参加收银主管的培训。为了让具有领导潜力的员工有机会加入公司管理层，公司还设立了为期8周的实习管理培训课程，符合条件的员工还会被派往其他部门接受业务及管理方面的培训。

培训内容：实行全面培训策略

入职培训、技术培训、岗位培训、海外培训等都是员工培训的重要内容，并且所有管理人员还要接受管理技能与艺术方面的培训。

其一，独特的培训店实习入职培训。沃尔玛的员工入职培训别具一格，采取的是时间长、重操作、全面性的培训店实习方式。为了做好入职培训，沃尔玛在全球各地都设立了培训店。例如，在中国的深圳、长沙和大连就分别设立了培训店，这些店面将用于承担相邻城市开设新店的员工培训工作。沃尔玛一般会在新店开业前半年开始招聘新员工，并组织新员工到邻近的培训店接受3～6个月的实习培训。例如，当沃尔玛在北京知春路建购物中心之前，新员工就在大连培训店受训了近6个月的时间。

新员工到培训店实习时并不确定具体的岗位，而是要在3～6个月内接受公司文化、信息系统、业务运营、管理政策等各方面的培训，以全面了解一个卖场是如何运作的。实习培训期间最为重要的培训就是“1-30-60-90计划”，即在新员工入职的第1天、第30天、第60天、第90天分别会有四次侧重点不同的入职培训。沃尔玛认为，员工入职的第1天、第30天、第60天、第90天都是非常关键的时期，培训一定要配合员工这个时期的心理变化和对公司、业务了解的变化。例如，新员工入职培训的第1天，要接受企业文化的培训，听培训师讲述沃尔玛的创建和发展历史，以培养员工的荣誉感和自豪感，还要知道如何和其他部门的员工沟通，并要到各店面进行参观以熟悉公司如何运营等。

其二，关键岗位的系统化技术培训。沃尔玛对关键岗位员工的技术培训从不含糊。例如，沃尔玛的采购经理需要定期接受系统化的技术培训，包括英语交流、谈判技巧、产品认知和产品促销等各种技能培训。为了提高员工的专业技能，沃尔玛独创了一个新的培训项目，称为“沃尔玛鲜食学院”，这个学院设置在沃尔玛中国主要的店面中，针对中国人的文化和饮食习惯而创立，培训员工如何制作符合当地人口味的各种面点、菜肴和熟食等食品，以达到增加销售的最终目的。

其三，差别化的岗位培训。沃尔玛针对不同岗位和不同级别的员工有相应的培训计划。英语培训、岗位技能及管理艺术的培训是重要的三个方面。在沃尔玛，管5个人以上的员工都要接受管理培训。经理岗位的人员在上任后，首先要脱产三天，参加“基础领导艺术培训”。各分店的店长以上或是C级以上的管理者需要进行封闭式培训，这种培训有上半年和下半年两次课程，每次有为期一周的封闭式培训。

其四，通往高管之路的海外培训。在沃尔玛完善的培训体系中，海外培训是其培养和选拔高级人才的重要途径，只有高管才有机会获得海外培训的机会；而沃顿商学院则是其人才培训的摇篮，在沃顿商学院，高级管理人员会接受“国际领导艺术培训计划”。培训的主要内容是讲述领导艺术和如何在店内做非常注重细节的管理工作。从沃顿商学院出来后，他们还将有机会接受高级领导艺术的培训，还会被送到卡内基梅隆大学进一步深造。

培训方法：实行经验式培训与交叉培训

有了科学的培训计划与丰富的培训内容，还需要有效的培训方法才能培养出适合企业所需的员工。在培训方法上，沃尔玛主要采用经验式培训，以生动活泼的游戏和表演为主，训练公司管理人员“跳到框外思考”。在培训课上，培训师讲讲故事、做做游戏，再让学员自己搞点小表演，让他们在培训中展现真实的行为，协助参与者分析，通过对活动中的行为进行辅导这种既有趣又有效的方法获得了不俗的成绩。例如，在“国际领导艺术培训计划”中有一项著名的“四英尺训练”。具体情境是培训师与管理层员工一起走场，沿着货架以四英尺为单位来共同观察。所有人都站在货架前面，培训师会让员工说这个货架有什么可以学习的、还有什么可以改进的。例如，在沐浴露货架上，有的人想到的是什么品牌好卖或货架可以增加一些；而培训师看到的不仅仅是细节，而是从多个角度分析，如沐浴露旁边挂一些沐浴球可能会更好卖以及要挂几种沐浴球等。

在培训方法创新上，沃尔玛开创了交叉培训。所谓交叉培训就是一个部门的员工到其他部门学习、培训上岗，使员工在对自己从事的职务操作熟练的基础上获得另外一种职业技能，从而使员工在整个卖场的其他系统、其他角落都能够提供顾客希望获得的帮助，促使员工能够完美、快速地解决其所面临的问题，从而避免浪费顾客的宝贵时间，在提高工作效率的同时缓解顾客的购物心理压力，让其轻松愉快地度过购物时间。实践证明，交叉培训不仅有助于员工掌握新的职业技能，提高终身就业能力，消除以往只从事一种完全没有创新和变革的职务的不利心理因素，而且有利于不同部门的员工从不同角度考虑其他部门的实际情况，减少公司的内耗，必要时还可以抽调员工到其他卖场中及时增援、排忧解难。

面对《福布斯》记者的采访，公司创始人山姆·沃尔顿先生道出了沃尔玛的培训之道：“我们想让员工知道：我们很重视公司的员工，对我们来说，他们非常重要，因为事实确实如此。”

学习情境二 人力资源培训与开发的内容、原则和作用

一、人力资源培训与开发的内容

企业的人力资源培训与开发工作的开展应根据企业的需要和组织目标来确定。其培训与开发的内容涉及面虽广，但主要包括知识、技能和态度三个方面。

（一）知识方面

这是企业人力资源培训与开发的主要方面，大体包括如下内容：

（1）具备完成本职工作所必需的基本知识。

（2）了解企业的经营状况及发展战略、经营方针、规章制度、市场及竞争等。

（3）懂得如何处理工作中发生的一切问题。

（4）明确岗位职责，熟悉与其工作相关的技术领域的发展及现状。

（5）学会节约和控制成本以提高企业的效益。

（6）培养和掌握一定的管理知识，如计划、组织、领导、协调、控制等。

（二）技能方面

企业人力资源技能方面的培训开发，主要包括如下内容：

（1）熟练掌握本工作岗位所需要的基本技能和技巧，包括熟练的工艺操作技能等。

（2）熟练运用各种生产技术或管理技巧去处理与本工作岗位相关的技能问题。

（3）学会在较为复杂多变的生产或经营管理情境中判明真相，提出解决问题的方案。

（4）积累在工作环境中解决各类问题的经验。

（5）学会合作、沟通和创造性地解决问题并做到理论联系实际。

（6）形成有意识、有条理地应用策略和程序对工作问题进行思考、计划、检查和评价的技能。

（7）学会运用经营管理技术、生产技术、工程技术、生产过程工艺技术等为企业经营服务。

（三）态度方面

由于企业员工的态度是影响能力和绩效的重要因素，因此在企业人力资源培训与开发中要进行这一内容的特殊培训。其主要内容包括八个方面：

（1）认识自我，处理好个人与他人、个人与企业的关系，建立自信心。

（2）如何正确地选择、分析和把握自己和企业的未来。

（3）如何确定并实现自我职业生涯的奋斗目标。

（4）如何看待自己的工作岗位、上级、下属和所属的企业或团队。

（5）如何看待应对挑战、变化和责任。

（6）确立正确的人生观、价值观和工作责任心。

（7）学会以殷勤、友善的方式对待企业的客户和他人。

（8）培养良好的团队精神，构建良好的分工协作意识并学会合作。

那么，态度要如何培训与开发呢？首先要制定明确的培训与开发目标，通过工作分析和人员分析，找到适合企业和每个员工态度形成和行为改变的最有效的方法。其次，在日常工作中树立保持积极态度的典型，并通过员工积极的工作态度达成个体与企业目标实现的案例分析，去启迪和影响员工的行为。由于员工积极态度的形成不能过多地依赖专门培训，因此管理者可利用具体的工作情境去激发员工的动力系统，让员工更多地体验到一种对工作、对事业的成就感，那么积极的态度就容易形成并持久保持。

案例

阿里巴巴的员工培训

阿里巴巴集团现已成为国内外首屈一指的电子商务公司，其快速发展的背后，对于人才的重视和员工的培养成为公司发展的强大引擎。

对于员工的培训，阿里巴巴的人力资源团队努力为员工打造一个充满活力与趣味的立体学习环境。在这个立体学习环境中，阿里巴巴根据员工的层级、职能，将笼统的学习细分为阿里党校、阿里夜校、阿里课堂、阿里夜谈和组织部等。

1. 阿里党校

阿里党校是为公司总监级别以上的管理者专门开设额外强化培训的机构，聘请的专家都是来自如中欧商学院和长江商学院的一线教授、专家、学者。学员通过与这些教授一起进行战略上的探讨与交流，拓展自己的思路，更好地作出战略决策。

2. 阿里夜校

阿里夜校所要强化的对象是公司年轻的中层管理人员。阿里夜校由阿里高管配合人力资源主管亲自授课，是专门为年轻管理者量身定制的，旨在提高领导能力的课程系统。为了避免管理人员因工作繁忙等原因擅自缺席，最终导致整个培训计划虎头蛇尾，阿里巴巴制定了相应的规定：管理者可根据自己的时间安排挑选最适宜的学习期次，但是最终必须修完所有的科目。

3. 阿里课堂

阿里课堂是专门为全体员工提供学习机会的方式，包括一些选修课和必修课。根据员工不同的层级，设定一些必须达到的标准。

4. 阿里夜谈

考虑到员工比较年轻，白天忙于工作，晚上是很好的学习时间，而且很多外地员工晚上没有活动安排，阿里夜谈提供了一个学习和交流的平台。夜谈的话题更多从全面提升员工基本素养的角度来考量，如插花、音乐欣赏、拉丁舞、社交礼仪、行业动态探索、养身保健等。每当夜幕降临，阿里夜谈让整个公司变成了一个大学校，处处生机盎然、其乐融融。

5. 组织部

针对具体的职位，阿里巴巴还设有组织部，培养后备力量。阿里巴巴的组织部借鉴政府部门人才培养、接替方面的特色，其做法是首先界定每一个重要岗位上人员所必须具备的素质，再根据这些必要的素质为每个重要岗位设立一套针对性很强的培训课程，将这些培训课程系统地提供给该重要岗位下一层次的员工学习。而当该岗位需要人员顶上时，就可以有备无患，并通过对这些必要素质的考核来选拔人才。

面对员工的培训需求，培训讲师从哪里来，这是摆在阿里巴巴面前的一个难题。2019年3月12日，阿里巴巴在集团“讲师大会”上首度官宣“传橙官”，1 154名阿里讲师获得认证，并成为公司首批“传橙官”，而选择植树节“百年树人”，也标志着阿里巴巴集团人才文化体系再度完善升级。

阿里巴巴集团的人才培训体系共分“文化、全球化、专业、领导力”四大领域。所有的阿里讲师都由员工兼任，他们利用自己工作之余的时间备课、讲课，从而帮助同事认识阿里文化、讲授专业知识、参悟阿里管理。阿里所有的讲师都是兼职，这是阿里的特色，讲师在课堂传授的东西是鲜活的，有生命力、有业务思考的，阿里巴巴管理层认为对于人才的培训就是要坚守这样的特色。

二、人力资源培训与开发的原则

人力资源培训与开发的原则是指企业为了有效地进行员工培训与开发，对员工所进行的定向的规范和指导，使培训工作达到既定目标。因此，企业在实施培训开发活动时，应当遵循以下几项基本原则：

(一) 战略原则

战略作为企业的最高经营纲领，对企业各方面的工作都具有指导意义。培训与开发作为人力资源管理系统的一个组成部分，自然也要服从和服务于企业战略。培训与开发工作的实施，应当从企业战略的高度出发，绝不能将两者割裂开来。就培训与开发来谈培训与开发，这是很多企业在进行培训与开发时最容易走入的一个误区。服务于企业战略，就要求培训与开发不仅要关注眼前的问题，更要立足于长远的发展，只有从未来发展的角度出发进行培训与开发，才能保证培训与开发工作的有效性，而不只是充当临时“救火员”的角色。

从时间序列的角度来看，现在就是过去的将来。如果企业的培训与开发工作总是疲于解决当前的问题，那就说明过去的培训并没有立足于将来，导致现在出现了问题。

(二) 目标原则

目标对人们的行为具有明确的导向作用，因此在培训与开发的过程中也应该贯彻目标原则。在培训之前为受训人员设置明确的目标，不仅有助于在培训结束之后对培训效果进行评估，更有助于增强培训的效果，使受训人员可以在接受培训的过程中具有明确的方向并且具有一定的学习压力。

为了使培训目标更有指导意义，目标的设置应当明确、适度，既不能太难也不能太容易，要与每个人的具体工作相联系，使受训人员感受到培训的目标来自工作但又高于工作。

(三) 差异化原则

培训与开发不同于学校教育，它在普遍性的基础上更强调差异化。这里，差异化原则有两层含义。

首先是指内容上的差异化。由于培训的目的是提升员工的工作业绩，因此培训的内容必须与员工的工作有关。然而，在企业中每个职位的工作内容都是不一样的，每个员工的工作业绩也是不同的，因此在培训时应当根据员工的实际水平和所处职位确定不同的培训内容，进行个性化的培训，这样的培训与开发才更有针对性。这个问题在有些企业的培训中并没有引起足够的重视，虽然也投入了大量的资源，但效果并不理想。

其次是指人员上的差异化。虽然培训与开发要针对全体员工来实施，但这绝不意味着在培训过程中就要平均使力。按照“二八原则”的解释，企业中80%的价值是由20%的人员创造的，加之企业资源短缺，因此在培训中应当向关键职位倾斜，特别是中高层管理人员和技术人员。正如德国企业家柯尼希所指出的：“因为企业中领导人员的进修与培训太重要了，所以应由企业上级谨慎计划并督导其实现。”

(四) 激励原则

为了保证培训与开发的效果，在培训过程中还要坚持激励原则，这样才能更好地调动员工的积极性和主动性，使其以更大的热情参与到培训中来，从而增强培训的效果。这种激励的内容是广泛的，既包括正向的激励，也包括反向的激励。激励还应当贯穿整个培训的过程。例如，在培训前对员工进行宣传教育，鼓舞员工学习的信心；在培训过程中及时进行反馈，以增强员工学习的热情；在培训结束后进行考核，以增加员工学习的压力；对培训考核成绩好的予以奖励，对考核成绩差的给予惩罚等。

（五）讲究实效原则

由于培训与开发的目的在于员工个人和企业的绩效改善，因此培训与开发应当讲究实效，不能只注重培训的形式而忽视培训的内容。培训的内容应当结合实际，要有助于绩效的改善，要注重培训成果的转化；培训结束后，企业应当创造一切有利条件帮助员工实践培训的内容，要将培训和工作结合起来，不能只学习而不使用，这样不仅造成了培训资源的严重浪费，而且失去了培训与开发本来的意义。

（六）效益原则

企业作为一种经济性组织，它从事任何活动都是讲究效益的，都要以最小的投入获得最大的收益，因此对于理性的企业来讲，进行培训与开发同样需要坚持效益原则，也就是说在费用一定的情况下要使培训的效益最大化，或者在培训效果一定的情况下要使培训的费用最小化。

案例

腾讯新员工培训项目特色

1. 达人访谈

为帮助新员工更好、更快地融入企业，腾讯在新人培训项目中设计了一系列符合互联网特色的创意性子项目，其中最经典的就是“腾讯达人访谈”。该项目的主要内容是让新员工随机访谈老员工，听他们讲述在公司的一些经历，从他们口中感受员工对公司文化的理解，以此来加深新人对企业文化的了解。

2. 新人实验站

腾讯的新人实验站是一个实战模拟的项目，通过一天的工作坊形式让新员工实战模拟产品从创意诞生到上线运营的全过程，从而让新员工了解每个环节、每个角色之间的互动，为以后的工作奠定良好的基础。

3. 导师机制

随着员工网络化学习、移动化学习、案例教学这些行为习惯的变化，腾讯因需而变地提供了导师网络课程、视频直播录播等，新人可以按照网络上的导师计划进行学习，同时导师也会对其有一些指导，通过这样的方式让导师跟新人实现更加贴近的交流。

4. 混合学习技术

在ATD项目中，每一期毕业生培训全都是多种学习技术的混合使用，如融合了面授课程加体验式的培训、移动App推送资源以及移动App测试，以及高管面对面等多种形式。

5. 毕业生回归日

在发展的过程中，腾讯引入了另外一个项目——“毕业生回归日”。每一届毕业生工作半年左右以后，都会聚集到一起来交流，回忆他们入职时的封闭式培训。回归日有很多活动，其中最重要的活动是马化腾会跟大家进行面对面的交流。

三、人力资源培训与开发的作用

企业之所以越来越重视培训与开发工作，是因为它具有非常重要的作用和意义，主要表现在以下几个方面。

（一）培训与开发有助于改善企业的绩效

企业绩效的实现是以员工个人绩效的实现为前提和基础的。有效的培训开发工作能够帮助员工提高他们的知识、技能，改变他们的态度，增进他们对企业战略、经营目标、规章制度以及工作标准等的理解，从而有助于提升他们的工作业绩，进而改善企业的绩效，这可以说是培训与开发最为重要的意义。尤其是在员工个人的工作绩效低于需要达到的水平时，这种意义就更加突出。

（二）培训与开发有助于增强企业的竞争优势

构筑自己的竞争优势，这是任何企业在激烈的竞争中谋求生存和发展的关键所在。当今时代，随着知识经济的迅猛发展和科学技术的突飞猛进，企业的经营环境日益复杂多变，正如彼得·圣吉所言："未来唯一持久的优势，是有能力比你的竞争对手学习得更快。"通过培训开发，一方面可以使员工及时掌握新的知识、新的技术，另一方面也可以营造出鼓励员工学习的良好氛围，这些都有助于提高员工的学习能力，增进企业的竞争优势。

（三）培训与开发有助于提高员工对企业的认同感和归属感

员工只有对企业产生强烈的认同感和归属感，其能力和潜能才能得到真正充分的发挥，进而表现为工作绩效的提高。通过培训，可以使企业中具有不同价值观、信念、工作作风的员工和谐地统一起来，为共同的目标而各尽其力。一个团队或一个组织克服内外困难的力量就来自它自身，即来自它的精神力量、来自它的信念。对员工培训而言，主要一点就是培育员工对组织的认同感与归属感，开发员工的智力和技能潜力，使组织从被培训的员工中获得一种精神发展动力和文化力。

（四）培训与开发有助于培育企业文化

良好的企业文化对员工具有强大的凝聚、规范、导向和激励作用，这些对企业来说有着非常重要的意义，因此很多企业在重视规章制度建设的同时越来越重视企业文化的建设。作为企业成员共有的一种价值观念和道德准则，企业文化必须得到全体员工的认可，这就需要不断地向员工进行宣传教育，而培训与开发就是其中非常有效的一种手段。

案例

联想：如何让新员工"入模子"

当企业推行多元化战略，尤其是通过并购实现多元化经营时，它们往往面临着相似的管理窘境：一方面，新业务导致员工人数剧增，企业面临新员工培养和管理的压力；另一方面，新并入的企业已有既有文化，双方难以顺利磨合。即便对于有着30余年发展历史的联想控股而言，当选择走上多元化战略之路时，其也面临同样的困扰。不过，联想控股并没有去尝试或者创造一种新的方法，而是让"入模子"这一在企业内实行了20多年的文化培训工具焕发出新能量。所谓"入模子"，就是通过企业文化培训，促进公司员工的价值观和行为方式的统一。

不同于一般的拓展训练或新员工培训，“入模子”并非简单的内容灌输，而是以体验的方式让参与者真切感受到企业文化的可信性和实用性。在具体做法上，“入模子”呈现出三大特点，带有明显的强导入性。

1. 采用小组制

“入模子”项目为期4天3夜（中午开始，中午结束，实际时间只有3天），全程采用封闭式管理。受训对象既包括总部的新员工，也包括联想控股旗下各个成员公司分管企业文化建设的负责人，以及人力资源部具体负责文化建设的人员。管理学院对参加人数严加控制，成员公司的参与者多则5～6人，少则1～2人，从而保证每期总人数在50～60人。所有参与者会被分成5～6个小组，每组10人左右。在3天的培训中，所有任务都以小组的形式进行，不计个人成绩。这在无形之中对成员增加了团队协作的要求。管理学院对培训时长和人数进行了严格把控，以便保证培训效果。

2. 加大体验性教学的比重

管理学院不采用填鸭式的灌输方式让员工死记硬背一些理论知识，而是将理论知识与实践相结合，令受训者不仅掌握价值观、方法论，还在完成团队任务并全程进行竞赛的过程中学以致用。具体而言，管理学院老师讲授的三门核心课程——“联想的历史”“联想的文化”和“联想的管理”的时间只占“入模子”的1/3，余下时间用于让老员工和高管与受训者进行面对面交流及各种团队任务竞赛。管理学院将联想的价值观（企业利益第一、求实、进取和以人为本）、方法论（目的性极强、分阶段实施和复盘）以及管理三要素（建班子、定战略和带队伍）的学习与运用全部融入每个任务中，让学员在完成任务的过程中用管理三要素自建团队、制定目标，通过复盘团队任务的执行结果，感悟核心价值观、方法论以及联想管理理念所起的作用。

比如，所有学员会被打乱排组，小组成员来自联想控股的不同部门或成员企业。组长由管理学院统一指定并事先接受集中培训。通过民主推举或自荐的方式，每个小组选出3人担任干部，与组长组成组委会。组委会即“班子”，负责本组的各项活动和执行。小组“班子”负责设定培训3天的目标，并带领小组实现这一目标，制定战略和带队伍。管理学院对小组在3天里参加的每一项活动打分，但不计个人成绩，以便让团队成员形成团队（企业）利益第一的意识。在此基础上，小组成员会在晨间拓展的竞赛后及每天晚上开“复盘会”。小组“班子”会带着成员对当天的团队表现进行分析和反思。复盘的重要意义在于，这不仅是巩固培训内容的重要方法，而且是联想控股希望员工掌握的一种日常行为方式。通过反复的复盘活动，受训者能更好地掌握复盘这一方法。

3. 用考核强化记忆

在培训的三大类内容中，除新、老员工进行交流之外，文化课和拓展训练项目都要进行考核打分。文化课以知识竞赛的方式考核，题目均来自三门核心课程上传授的内容。在培训行将结束时，各小组还要综合本小组的讨论和复盘会的情况，向全体人员作总结汇报，由评委打分，结果纳入团队竞赛总成绩。高强度的竞赛非但不会引起学员的反感，反而可以充分调动他们的积极性。“很多人一开始并没把培训放在心上，当完全融入后，他们会为了团队的荣誉感而通宵达旦地熬夜商讨策略。”

学思之窗

用“文化自信”指导企业文化建设

十九大报告中多次提到文化：“文化自信是一个国家、一个民族发展中更基本、更深沉、更持久的力量。”“文化是一个国家、一个民族的灵魂。文化兴国运兴，文化强民族强。”充分表明了文化对于一个国家、一个民族的意义与影响，这也为我们学习贯彻落实好党的十九大精神，做好企业文化建设提供了方向和根本动力。

复习思考

1. 简述人力资源培训与开发的步骤。
2. 简述人力资源培训与开发的内容。
3. 简述人力资源培训与开发的原则。
4. 结合实例谈谈人力资源培训与开发的重要作用。

培训游戏

大树和松鼠

1. 游戏编排目的

大家小的时候有没有玩过找朋友的游戏？本游戏就是这个游戏的变形，让大家在相互找同伴的过程中，增强彼此之间的沟通。

（1）沟通技巧的训练。

（2）融合氛围的培养。

2. 参加人数

10 人以上。

3. 时间

5～10 分钟。

4. 道具

无。

5. 游戏规则

（1）3 人一组。2 人扮大树，面对对方，伸出双手搭成一个圆圈；1 人扮松鼠，并站在圆圈中间；培训师或其他没成对的学员担任临时人员。

（2）培训师喊“松鼠”，“大树”不动，扮演松鼠的人就必须离开原来的大树，重新选择其他的大树；培训师或临时人员就临时扮演松鼠并插到大树当中，落单的人将表演节目。

（3）培训师喊“地震”，扮演大树和松鼠的人全部打散并重新组合，扮演大树的人也可扮演松鼠，扮演松鼠的人也可扮演大树，培训师或其他没成对的人亦插入队伍当中，落单的人将表演节目。

6. 注意事项

（1）现实生活中，与同伴加强沟通和交流可以减少很多不必要的误会，以便全身心地投入工作中。

（2）本游戏虽然很简单，但实际上要保证每次都不落单并不是一件很简单的事情，关键是要与成员事先沟通好，避免最后大家都去抢一个人，谁抢到算谁的，这样就对大家都不好了。

7. 相关讨论

（1）本游戏对于我们的日常生活有什么启示？

（2）怎样才能每次都更快、更好地找到一个同伴？

（3）你在游戏前是否提前与人沟通？你是否有过落单的情况？

模块二

培训需求分析

学习目标

1. 培训需求分析的定义、特点、步骤与作用
2. 数据收集、归纳、整理的方法
3. 麦格希-赛耶三要素需求分析模型
4. 培训需求分析报告的撰写

案例导入

张先生是某知名软件公司开发部的高级工程师，自进入公司以来，表现十分出色，每每接到任务时总能在规定时间内按要求完成，并时常受到客户方的表扬。在项目进行时还常常主动提出建议，调整计划，缩短开发周期，节约开发成本。但在最近的几个月里情况发生了变化，他不再精神饱满地接受任务了，他负责的几个开发项目均未能按客户要求完成，工作绩效明显下降。开发部新任经理方经理根据经验判断导致张先生业绩下降的原因是知识结构老化，不再能胜任现在的工作岗位了，于是立即向人力资源部提交了“关于部门人员培训需求的申请”，希望人力资源部能尽快安排张先生参加相关的业务知识培训，让他开阔一下思路。人力资源部接到申请后，在当月即安排张先生参加了一个为期半个月的关于编程方面的培训。但培训结束回到公司后，状况没有出现任何改变。

人力资源部主动与张先生进行了面对面的沟通，发现了问题的关键。张先生工作绩效下降的关键是对新上任的方经理的领导方法不满意，同时认为自己是公司的老员工，不论是工作能力还是技术能力都可以胜任部门经理的工作，但公司却没有给他晋升的机会，并不是因为知识结构老化需要进行业务培训。

案例解读

是否需要培训、谁需要培训、何时需要培训、需要何种培训，这正是培训需求分析所要解决的核心问题。只有明确了它们，培训项目才有明确的目标，才有实施的可能性。盲目地培训只能事倍功半。

学思之窗

弘扬社会主义核心价值观——敬业

任何一个社会的存在和发展，都是以其成员勤奋工作、创造价值为前提的。爱岗敬业体现的是公民热爱、珍视自己的工作和职业，勤勉努力、尽职尽责的道德操守。敬业也是中华民族的传统美德。《礼记》讲人成长时要“一年视离经辨志，三年视敬业乐群”，认为青年学习要达到的第二个阶段就是要学会敬业。时至今日，在当代社会，热爱与敬重自己的工作和事业已经成为职业道德的灵魂，是公民应当遵循的基本价值规范之一。

学习情境一 培训需求分析概述

一、培训需求分析的概念

培训需求分析是指在培训活动实施前，通过科学的方法，对受训学员的培训目标、知识结构、技能状况等方面进行系统的鉴别与分析，以确定这些员工是否需要培训、需要什么培训的一种管理活动。

培训需求分析是员工培训与开发的首要环节，是培训计划制订、培训方案设计、培训活动实施和培训效果评估的基础。如果忽略了培训需求分析或培训需求分析出了差错，随后进行的所有培训工作都可能是错误的，至少效果会大打折扣。

因此，培训需求分析是人力资源管理培训类职业（培训主管、培训助理/专员、培训师）的基本功。

二、培训需求分析的特点

（一）培训需求分析主体的多样性

从需求分析的主体来看，需求分析的主体具有多样性。在一个企业中，培训需求分析的参与者可能有以下这些人：

1. 员工自身

员工培训的对象就是每位员工自己，了解他们想学习什么、在实际工作中存在哪些问题、需要在哪些方面加以补充，将非常有助于使培训得到员工的支持和欢迎。

2. 人力资源部工作人员

培训需求分析的整个工作是由人力资源部主持的，而且人力资源部掌握了大量有关本企业员工知识技能、工作水平以及工作要求的相关资料，同时对每个岗位的要求和变化也是最清楚的。

3. 上级

上级对员工的优缺点一般比较清楚，他们能帮助人力资源部明确培训目标和培训内容。通常而言，一些紧急培训项目都是由上级提出并亲自督促执行的。

4. 下属

与下属交谈，可听到下属对上级的评价，发现上级工作中的优点和不足，从中还可发现上级在哪些方面存在缺陷，需要通过哪些适当的培训来提高。

5. 同事

在一起共事的人通常互相比较了解，能向培训部门提出比较中肯的建议，当然这要求员工能够对自己的同事作出公正、客观的评价，参与分析的同事应该与受训员工没有太大的利害冲突关系。

6. 有关方面的专家

专家具有丰富的经验和深厚的知识，因此向专家请教无疑会得到一些启示。

7. 客户以及其他相关人员

企业外的人员对企业存在的问题的分析通常会更为客观，这对培训项目的设计是有帮助的。

（二）培训需求分析客体的多层次性

从需求分析的客体来看，需求分析的客体具有多层次性，即要通过对组织及其成员的目标、技能、知识的分析，以确定个体的现有状况与应有状况的差距、组织的现有状况与应有状况的差距以及组织与个体的未来状况。

具体来说，它包含三个不同的层次：个体层次、组织层次、战略层次。

（1）个体层次的培训着眼于如何让员工在一个特定的职位上取得更佳绩效，进而得到更大的个人发展空间。

（2）组织层次的培训着眼于组织中的某个职能部门或者机构研究如何使一个部门或者机构更加有效地发挥作用，使团队的绩效最大化。

（3）战略层次的培训就是以整个企业组织为客体，考虑企业如何维持和强化自身的优势地位，并在市场的机遇和挑战面前立于不败之地。

（三）培训需求分析的核心

培训需求分析的核心就是通过对组织及其成员的现有状况与应有状况之间差距的分析，来确定是否需要培训以及培训的内容。

产生培训需求的原因大致包括：企业经营方向的变化、工作环境和岗位的变化、企业的人员变动以及企业绩效低下。

1. 企业经营方向的变化

随着现代社会的科技水平的迅猛发展，越来越多的企业比以往任何时候都灵活地调整着自己的经营方向。这就给整个企业的所有员工提出了重新定位的问题。如何适应一个新的生产和经营环境并取得更佳的工作成绩，就需要员工培训来提供平稳过渡的桥梁。

2. 工作环境和岗位的变化

即使是在同一企业中继续工作，许多管理者和手下的员工也必须接受其工作内容、工作环境的显著变化，或者干脆重新接受一份崭新的工作。这在近些年来表现得极为突出。这些变化的产生源于：新的生产设备、新的加工方法、新的工艺流程、企业管理风格的改变以及企业的重新定位等变化。因此，组织和个人要在这种环境中得以生存并获得发展，就必须对变化作出灵活的反应、对自身作出相应的调节，这就产生了培训的需求。

3. 企业的人员变动

只要人们改变工作，无论是主动选择还是被迫选择的结果，无论其在本企业内还是在其他企业内或在其他企业间更换工作，他们都必须接受相关的培训，或者他们必然存在一种潜在的培训需求。刚刚踏入社会的年轻人需要获得参加工作的相关培训；有着多年工作经验的员工则需要学习新知识、掌握新技能的培训；对试图获得长远发展和进一步提升的员工而言，有针对性的培训更是不可或缺的。

4. 企业绩效低下

企业在对待由技术和其他变化所产生的培训需求时，同样重视企业的生产经营绩效。事实上，实现企业正常的既定绩效是相当重要的，但现实却常常令人感到遗憾。某个环节的执行失误、对具体工作的疏忽大意、工作情绪低落等都会使企业应达到的绩效没有很好地实现。因此，针对提高企业绩效的员工培训应运而生。

（四）培训需求分析结果的指导性

从需求分析的结果来看，需求分析具有很强的指导性，即它是确定培训目标、设计培训方案的前提，也是进行培训评估的基础。

三、培训需求分析的作用

（一）了解员工的基本信息

对员工现有情况了解、掌握得越多，对培训活动就越为有利。培训需求分析就能达到这个目的，通过培训需求分析可以了解到受训者的年龄范围、工作与生活的地点、职业、兴趣等信息。

（二）了解员工的培训态度

员工的培训态度对培训的成败有着至关重要的作用，如果他们不积极、不配合，培训效果多半很糟糕。通过培训需求分析，可以了解员工对培训究竟持什么态度，还可以借机向有关人员强调培训的重要性并灌输某种观念，从而增强培训效果。

（三）确定培训内容

培训需求分析能够确定员工的培训需求，如需要的是知识培训还是技能培训，或者是思想培训。再如，岗前培训的需求分析应确定组织需要新员工知道哪些知识、他们应做哪些心态上的调整以及面临哪些困难等。知道了培训需求就能确定相应的培训内容。新员工入职培训应该包含下列内容：企业的历史、宗旨、使命、文化的培训，组织结构、各部门的职能和责任的培训，企业的人事和福利政策培训，企业的奖惩措施培训，等等。

（四）提供培训素材

一些培训需要培训人员到各个部门收集相关材料，如案例研究和角色扮演。通过培训需求分析，可以收集到相当丰富的材料，包括工作手册、组织流程图、岗位介绍、各部门的形式和工作程序以及工作实例等。有了这些材料，培训可以更有针对性，对员工解决实际的工作问题更有帮助。

（五）使培训做到量体裁衣

培训的目的就是提高员工的工作业绩，因此它具有服务性。怎样才能更好地为员工服务呢？前提是最大限度地了解他们。培训需求分析使培训部门能够在了解员工实际情况的基础上，为员工提供量体裁衣式的培训。

（六）获取管理者的支持

培训经过了需求分析，可以让管理者知道员工是重视培训的，以及他们究竟需要什么样的培训。在不断的沟通协调中，培训需求分析有助于增强培训部门和管理者的交流、理解和信任，从而使培训得到管理者的大力支持。

（七）做好培训成本预算与控制

在确定培训内容的时候，需要分析一些与培训成本有关的问题，如培训需要多少工作人员、培训需要多少时间、培训需要哪些相关教材及设备等。通过培训需求分析，培训部门可以做到心中有数，到真正实施培训的时候就能按照既定的标准执行，这无疑对节约培训经费十分有益。

（八）避免浪费

有的企业培训没有效果的一个重要原因就是没有进行培训需求分析。如果培训不能满足需求，实际上浪费的不仅仅是金钱，更重要的是时间。培训需求分析能避免这样的事情发生，经过分析，培训会变得有针对性和实用性。

（九）为培训评估提供依据

培训评估的一个重要环节就是制定评估标准，培训需求分析能为培训评估标准的制定提供有用的资料。通过培训需求分析可以了解员工现有的状况，再和培训后的状况进行对比，培训的效果也能很轻易地显现出来。

四、培训需求分析的步骤

培训需求分析分为如下五个步骤：

（一）培训需求沟通

在培训需求调查之初，培训实施部门需要和各部门就培训需求分析进行沟通，这种沟通不仅包括各部门经理与本部门员工就培训需求问题的沟通，还包括培训实施部门与各部门经理的沟通。此外，培训实施部门也要与公司高层管理人员进行沟通。只有得到各部门的经理和员工以及公司高层管理人员的支持和配合，培训需求分析才能顺利地进行，并且获得真实的数据资料。

（二）培训需求的收集与汇总

培训实施部门通过各种信息收集方法，获得各部门员工的培训需求，然后与各部门经理进行面谈，全方位、多角度地深入了解各部门经理、员工的培训需求，确保培训需求的实用性，最后将培训需求信息汇总归纳，并与相应的岗位说明书进行对比分析，提炼出科学、合理、有效的培训需求信息。

（三）培训需求分类

培训需求信息经过提炼后，基本上可以分为两大类：通用型培训需求和专业型培训需求。一般来说，通用型培训需求是企业内各部门、各岗位员工的共性要求，可以统一培训以降低培训成本。专业型培训需求是受岗位工作性质限制而产生的特殊培训需求，是个性要求，需要区分对待。

（四）确定培训需求的结果

在对培训需求信息进行分类后，应结合培训需求分析的其他信息，撰写培训需求分析报告并提交上级主管部门。上级主管部门应通过专题会议的形式请各部门负责人对培训需求分析报告进行确认，以免出现疏漏。确认无误后，培训需求分析报告将作为培训方案设计的主要依据和培训评估的主要标准进行备案。

（五）设计培训内容、形式和方法

根据培训需求分析报告，培训实施部门应根据企业和员工的实际需要，制订有针对性的具体培训方案，明确培训内容、形式和方法，以增强培训的针对性和提高其实用价值。

知识延伸

如何开展企业的员工培训需求分析工作?

企业的发展是通过人来实现的，员工应该了解企业的发展目标和这一目标与个人发展之间的关系，而培训就是要使个人的发展符合企业发展的要求。培训需求分析的要素有以下三方面。

1. 合纵连横

员工的期望表现和现实表现之间的差距就是培训需求。培训需求包括企业的需求、群体的需求和员工个人的需求三个不同的层面，合纵连横，面面俱到。

在进行培训需求分析之前，先在公司内营造一种氛围，做到上至领导、下至普通员工都有心理准备，有时间去思考自身、部门、整个公司的培训需求是什么，以引起每个人的重视，并将培训需求分析视为自己工作中的一项重要内容。

公司高层管理者的支持能保证培训需求分析过程顺利进行，他们的意见往往决定了培训的大方向。如果缺少高层管理者的参与，就无法获得他们对于培训的看法，所设计的培训也不是他们所要的，因此保持与公司管理者的良好沟通在整个培训需求分析的过程中显得尤为重要，直接影响下一年度培训工作的开展。

此外，只有取得各级管理者的支持，才能保证需求分析的实施过程顺利进行，如培训需求分析面谈人员的安排、调查问卷的填写及按时回收等。

2. 系统分析

培训需求的分析先要从业务需求开始，要将负责培训的成员按照企业的职能区域进行分工，每个人负责一个区域，了解相关业务，再汇总到一起，从而将培训需求分析落实到深处，真正做到想业务部门之所想。在了解部门的业务之后，就要引导部门从业务需求开始挖掘培训需求。

查看以往的培训记录，一方面可以了解过去培训所取得的效果，另一方面可以了解哪些是需要重复培训的。当然，很多培训不会一蹴而就，需要反复进行方能取得良好的效果，如企业文化、员工岗位技能培训，这些是对员工的基本要求，此类培训的需求通常是每年都有，属于常规重点项目。

3. 以过程保证结果

由于培训需求分析最终要产生培训计划，因此分析过程中的数据尤为重要。要把了解到的培训需求准确地记录下来，并及时进行反馈与汇总。收集数据的方法有很多种，比较有效的方法是调查问卷法和访谈法。调查问卷可以根据企业特点进行设计，发至各个部门，让员工根据问卷中的内容进行填写，完成后交回给培训团队成员。接下来，根据反馈回来的调查问卷进行部门走访面谈，访谈对象为部门经理，访谈主要从调查问卷得不出的培训需求或对理解不清晰的地方入手并进行确认。

将收集到的分散的培训需求信息汇总到一起，分析访谈数据，概述所有的访谈结果，寻找共同点，按公司、部门等不同层面进行分析，可得出公司、部门层面分别需要的培训，包括具体人群与人数等，进而形成培训计划的初稿。

五、企业培训需求分析应注意的问题

（一）提高对培训需求分析的重视程度，进一步完善培训管理体系建设

培训需求反映了企业要求具备的理想状态与现实状态之间的差距，这个差距就是培训需求。要想获得有效的培训，对企业的经济效益有所助力，管理层必须加强对培训需求分析的重视程度。培训需求分析就是判断是否需要培训及培训内容的一种活动或过程，它对企业的培训工作至关重要，是真正有效地实施培训的前提条件，是使培训工作准确、及时和有效的重要保证。

在培训工作中，企业的培训制度往往体现了高层领导的管理理念，也决定了培训在企业中所处的位置。因此，企业的领导应协同人力资源部经常与员工沟通并进行培训需求调查，科学地把握不同学历、不同年龄层员工对培训的需求，确定员工需要进行哪些方面的培训、哪些员工需要培训、培训的内容和方式是什么、培训真正见效所需要的时间、培训的成本如何。只有针对员工真实的需求进行培训，才能切实地达到培训目的，取得良好的培训效果。

只有在准确定位培训需求后，才能设计培训方案、制订培训计划，从而避免培训工作流于形式。首先，人力资源部门要了解企业的目标、面临的挑战以及迎接挑战过程中需要具备何种技能的人；其次，人力资源部与高层领导者共同进行现状分析，来探讨企业总体的培训需求、确定培训的方向与重点；最后，人力资源部召集各部门负责人，了解其对部门员工的期望。同时，在员工岗位绩效评估的过程中设置自我开发的栏目，了解员工的培训需求，而后将两者结合起来设计部门、员工的年度培训计划。无论是组织内部还是外部，通过培训需求分析收集制订培训计划、选择培训方式的大量信息，这无疑给将要制订的培训计划的实施营造了良好的氛围，使培训计划得到全员的支持。

（二）建立短期培训需求分析与前瞻性培训需求分析相结合的分析模式

为了避免企业在培训工作中短期培训需求分析与前瞻性培训需求分析出现相脱节的现象，在进行员工培训需求分析时，人力资源部应透彻理解企业战略，准确把握企业发展方向，突出前瞻性培训需求分析的实际效能。采用前瞻性培训需求分析方法，可以预测企业未来工作变化、职工调动情况、新工作职位对员工的要求以及员工已具备的知识水平和尚

欠缺的部分。因此，负责培训和开发的工作人员应该在制订培训计划以前把握住这种变革，以满足技术的不断进步和员工在组织中个人成长的需要。然而，需求分析的“前瞻性”未必都是对企业战略与业务发展要求的响应。如果企业缺乏明确的战略规划，就会存在与企业战略目标相脱节的风险。这种直接依据企业战略规划或经营管理报告等企业文献得出前瞻性实质内容的风险将更大。这时就需要短期培训需求分析作为有效的补充。短期培训需求分析主要是分析企业现阶段的生产经营目标、生产经营目标实现状况、未能实现的生产任务、企业运行中存在的问题等方面，找出问题产生的原因进而确定培训目标与内容，是解决问题的有效途径。因此，在改进分析模式时，应取其“前瞻性”的精髓融入各阶段的短期培训需求分析，从而使企业战略性发展与现阶段业务发展方向对培训需求的影响分析有机结合，形成机制化的分析模式。

（三）以科学的信息收集方法，奠定培训需求分析的基础

收集培训需求信息的方法有很多，主要有六种：调查问卷法、观察法、关键人员访谈法、阅读工作说明书法、访问专家法、重大事故记录法。在具体收集培训需求信息时，不能只片面地使用一种方法，而要结合使用两种以上的方法，避免得到的信息不全面或不真实。准确且全面的培训需求信息，可以为培训需求分析工作奠定坚实的基础。

学习情境二 培训需求信息收集方法

一、观察法

（一）定义

观察法是指研究者根据一定的研究目的、研究提纲或观察量表，用自己的感官和辅助工具直接观察研究对象，从而获得资料的一种研究方法。该方法具有目的性、计划性、系统性和可重复性的特点。

（二）适用范围

该方法适用于重复性体力劳动岗位，不适用于脑力劳动岗位和大面积信息收集。

（三）实施步骤

首先，做好观察量表（列出需观察的内容、起止时间、观察地点和观察对象）。其次，按计划实施观察（尽量避免干扰到被研究对象的正常工作，做到隐蔽观察）并做好详细记录。再次，进行整理、归纳和分析。最后，得出观察结论。

二、访谈法

（一）定义

访谈法是指通过访谈人和受访者面对面的交谈来了解受访者心理和行为的一种研究方

法。因研究问题的性质、目的和对象不同，访谈法具有不同形式。根据访谈过程的标准化程度，访谈可以分为结构性访谈和非结构性访谈。访谈法运用广泛，简单方便，收集信息较为准确，因而深受研究者的青睐。

（二）注意事项

采用该方法比较耗费精力和时间，工作成本较高。如果访谈者没有受过专门的训练，收集到的信息往往扭曲失真。

（三）实施步骤

首先，设计访谈提纲。其次，根据提纲围绕访谈要点进行恰当的提问，从受访者的回复中准确捕捉信息并记录在案，适当对受访者的疑问作出回应。在征得受访者同意的前提下，可以使用录音、录像工具。

三、问卷调查法

（一）定义

问卷调查法是指利用书面形式间接收集信息，通过向被调查者发出简明扼要的问卷单（表），请其填写对有关问题的意见和建议来间接获得材料和信息的一种研究方法。

（二）种类

根据载体的不同，问卷调查可分为纸质问卷调查和网络问卷调查。

根据问卷填写者的不同，问卷调查可分为自填式问卷调查（报刊问卷、邮政问卷、送发问卷）和代填式问卷调查（访问问卷、电话问卷），如表 2－1 所示。

根据问卷调查的不同应用，问卷调查可分为学术性问卷调查和应用性问卷调查。

表 2－1　自填式与代填式问卷调查对比

项目类别	报刊问卷	邮政问卷	送发问卷	访问问卷	电话问卷
调查范围	最大	较大	一般	较小	可控
调查对象	不可控	可控	可控	可控	可控
回收率	最低	较低	高	高	较高
准确度	较高	较高	较高	不确定	不确定
投入人力	较少	较少	较多	较少	不固定
调查费用	较高	较高	较低	高	较高
调查时间	较长	较长	短	较短	较短

（三）注意事项

问卷的答案设计要符合以下几项原则：

（1）相关性原则（答案必须与询问的问题有相关关系）。

（2）同层性原则（答案必须具有相同层次的关系）。

（3）完整性原则（答案应该穷尽一切可能性，起码是主要的答案）。

（4）互斥性原则（答案必须是互相排斥的）。

（5）可能性原则（答案必须是被调查者能够也是愿意回答的）。

四、关键事件法

（一）定义

关键事件法是指通过对工作中最好或最差的事件进行分析，对造成这一事件的工作行为进行认定，从而进行工作绩效评估的一种研究方法。这是客观评价体系中最简单的一种形式。其优点是针对性比较强，对评估优劣表现十分有效；其缺点是对关键事件的把握和分析可能存在偏差。

（二）实施步骤

用关键事件法进行工作分析，其重点是对岗位关键事件的识别，这对调查人员提出了非常高的要求。一般非本行业、对专业技术了解不深的调查人员很难在短时间内识别出该岗位的关键事件，如果在识别关键事件时出现偏差，则将对调查的整个结果产生巨大的影响。

识别关键事件后，调查人员应记录以下信息和资料：导致该关键事件发生的前提条件是什么？导致该事件发生的直接和间接原因是什么？关键事件的发生过程和背景是什么？员工在关键事件中的行为表现是什么？关键事件发生后的结果如何？员工控制和把握关键事件的能力如何？

采用关键事件分析法，应注意关键事件需具有岗位代表性。关键事件的数量不能强求，识别清楚后是多少就是多少。对关键事件的表述应言简意赅、清晰、准确。对关键事件的调查次数不宜太少。

（三）“星星法”（关键事件“STAR”记录法）

S（Situation）——情境，这件事情发生时的情境是怎么样的。

T（Target）——目标，他为什么要做这件事。

A（Action）——行动，他当时采取了什么行动。

R（Result）——结果，他采取这个行动获得了什么结果。

这四部分连起来就是关键事件的“STAR”记录法。

需要说明的是，观察法和关键事件法因为自身的限制都不宜独立使用，只有与其他信息收集方法配合，才能获得更好的效果。

而访谈法和问卷调查法则可以独立使用，二者配合的效果更明显，被誉为调研方法中的“黄金组合”。

常见数据收集方法对比如表2-2所示。

表2-2 常见数据收集方法对比

信息收集方法	受训者的参与程度	管理层的参与程度	所需的时间成本	所需的金钱成本	可用数量指标衡量
观察法	中	低	高	低	中
访谈法	高	低	高	高	中
问卷调查法	高	高	中	中	高
关键事件法	高	低	中	低	高

知识延伸

"差距导向"的培训需求分析

"君子务本，本立而道生。"我们做什么事，只有先把表面的泡沫滤掉，才能看清楚水下究竟是什么情况。做培训需求分析同样如此，做之前，我们得搞清楚培训需求分析究竟要分析的是什么。

从"培训需求分析"这个词来分析，我们要分析的不是其他，而是培训需求。因此，我们要锁定"培训需求"来进行工作。那么，培训需求又是什么呢？说到底，培训需求是一种差距，是指学员目前的状况与所期望达到的状况之间的差距。

其可以用一个公式来表示，如下：

差距＝期望值－现状

在进行培训需求分析的时候，有一些寻找差距的套路可以指引我们，以免迷失。这些套路既可以用在技术类培训上，也可以用在通识类培训上；既可以用在个人培训上，也可以用在团队培训上。其主要包含以下六个问题：

(1) 该课程要帮你解决的问题是什么？你怎么知道有这个问题存在？有哪些证据表明存在这个问题？

(2) 你认为哪些人受到了这个问题的影响？哪些地区/部门所受的影响更大一些？

(3) 你认为最理想状态应是怎样的？现实和理想的差距有多大？

(4) 为什么缩小这个差距很重要？如果不解决这些问题，你认为会发生什么？差距会使组织产生多大的成本（比如生产损失、材料浪费、时间损失、员工流失）？

(5) 存在这个差距，是因为个人的知识、技能、态度缺乏，还是团队组织结构方面的原因？

(6) 培训是否是唯一方案？除了培训外，是否有更简单的解决方法可以更快、更容易地改变现状（比如提供工作手册、实践练习、工作反馈、更换工作或开除不称职员工）？

就这六个问题，为了让大家记住，整理一下就成了20字口诀：对照标准，测量现状，计算差距，分析原因，实施培训。再简化一下，最核心的就是两个字："差距"。

学习情境三 麦格希-赛耶三要素分析模型

1961年，麦格希（Mcgehee）与赛耶（Thayer）在《企业与工业中的培训》一书中提出了"三层次分析法"，即组织分析、任务分析、员工分析。该方法要求对组织的每一个层次都进行测量和分析，每一层面的需求分析反映了这一层面的独特要求，这些分析对于组织选拔合格员工、设计培训方法和编制培训计划有着重要的作用。国内外学者和管理者至今仍在沿用该理论进行培训需求分析。

三要素分析模型如图 2-1 所示，包括组织分析、任务分析和员工分析三个层面。

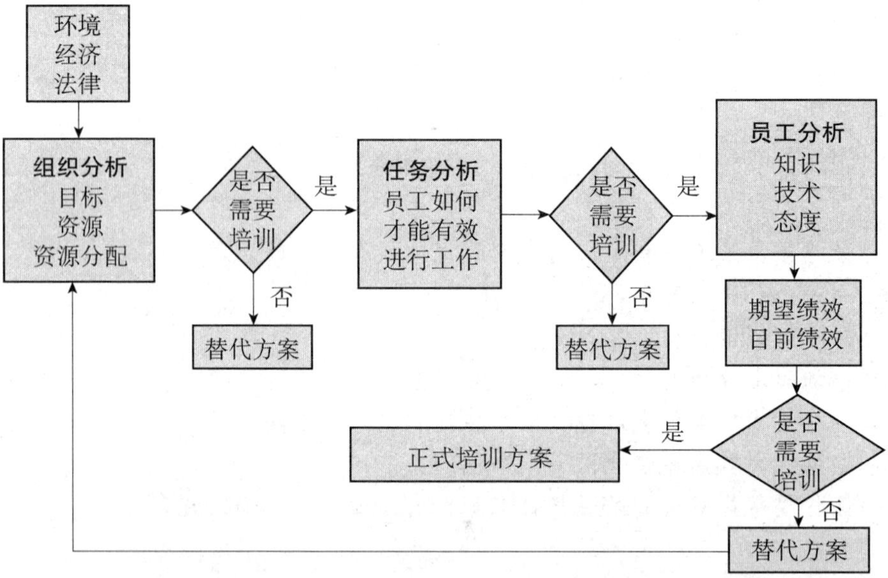

图 2-1　培训需求三要素分析模型

一、组织分析

在给定公司经营战略的条件下，分析和找出组织中存在的问题与问题产生的原因，确定在整个组织中哪些部门、哪些业务需要实施培训，哪些需要加强培训。一般来说，组织分析主要有以下三个步骤：

（一）组织目标分析

组织目标指导着企业或组织的一切活动。一般来说，组织目标决定培训目标，培训目标为组织目标的实现服务。不同类型的组织目标对应不同的培训目标，组织目标与培训目标具有内在的一致性。

（二）组织资源分析

培训目标的实现需要得到资源的支持。组织内部的人力、物力、财力、时间和信息资源都是有限的，如何利用有限的资源创造出最大的价值，是组织资源分析的重心所在。

培训所需的经费、时间、地点、培训师等资源，一般会在上一年度末或本年度初提交，只要规划得当，不会出现意外要求。

（三）组织战略分析

培训最终是为实现组织目标和战略而服务的，因此，当组织战略随着经营环境的变化而变化时，培训计划就要随之调整。

二、任务分析

任务分析是指通过运用各种方法收集某项工作的信息，对某项工作进行详细的描述，明确该工作的核心工作内容以及从事该项工作的员工应具备的素质和能力，从而达到最佳绩效。

任务分析可以借助工作说明书来轻松完成。

任务分析的流程如图 2-2 所示。

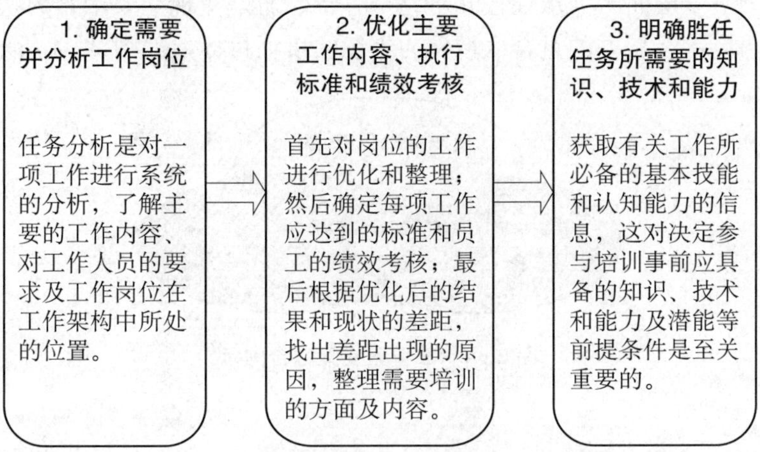

图 2-2 任务分析流程

三、员工分析

员工分析主要是通过分析员工现有状况与应有状况之间的差距，来确定谁需要接受培训以及培训的内容。员工分析的重点是评价员工的实际工作绩效和工作能力。员工分析绩效评估模型如图 2-3 所示。

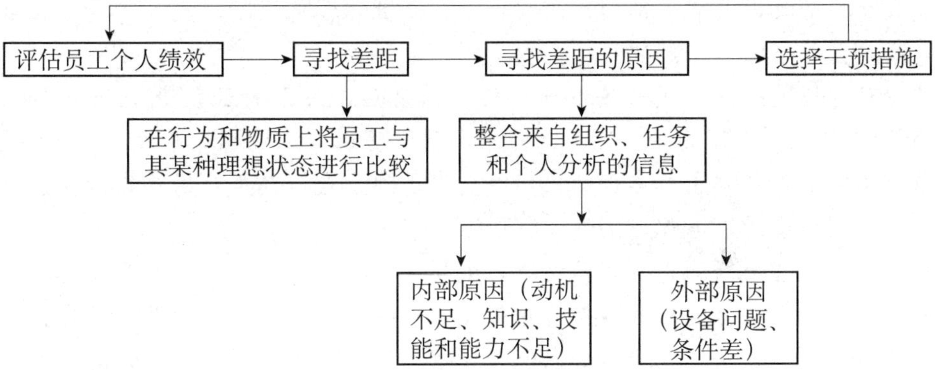

图 2-3 员工分析绩效评估模型

员工分析的内容主要有：

（1）个人考核绩效记录。包括员工的工作能力、平时表现（考勤、怠工、抱怨）、意外事件、关键事件、培训记录、访谈记录等。

（2）员工自我评价。以员工的工作清单为基础，由员工针对每一阶段的工作成就、相关知识和相关技能真实地进行自我评价。

（3）知识技能测试。以实际操作和笔试的方式测试员工真实的工作能力和技能水平。

（4）员工态度评价。员工对工作的态度不仅影响其知识和技能的学习及发挥，还影响与同事、与顾客之间的人际关系，这些都会对其工作表现造成直接影响。因此，需要运用定向测试或态度量表来了解员工的工作态度。

三要素分析模型是一个整体，组织、任务、员工三个层面的培训需求分析是一个有机系统，缺少任何一个层面都不能有效地反映出培训需求分析的真实性。在实际工作中，组织、任务和员工三个层面的需求往往并不完全一致，而是呈现交叉融合的状态，对于培训实施部门而言，应首选三方的重合区域作为组织的培训目标，如图2-4所示。

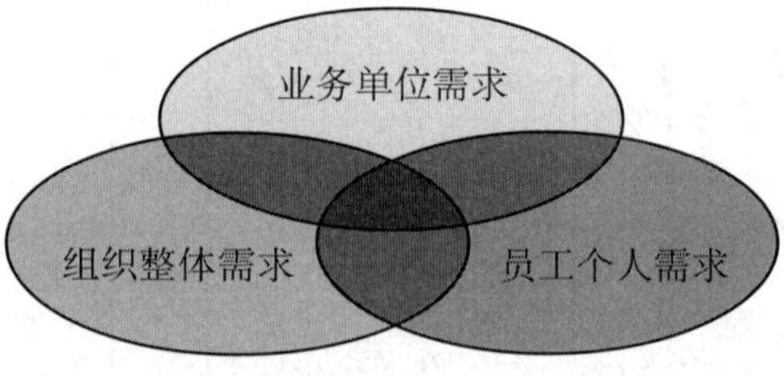

图2-4　三要素交叉融合图示

案例

AB制造公司的质量管理课程培训

AB制造公司是一家位于华中某省的皮鞋制造公司，拥有近400名工人。大约在一年前，公司失去了两个较大的主顾，因为他们对产品过多的缺陷表示不满。AB公司领导研究了这个问题之后一致认为：公司的基本工程技术方面还是很可靠的，问题出在生产线上的工人、质量检查员以及管理部门的疏忽大意、质量管理意识的缺乏。于是，公司决定通过开设一套质量管理课程来解决这个问题。

质量管理课程的授课时间被安排在上班时间之后，每个周五晚上7:00—9:00，历时10周。公司不付给来听课的员工额外的薪水，员工可以自愿听课，但是公司的主管表示，积极参加培训的员工，其参与培训的事实将被记录到个人档案里，以后在涉及加薪或升职的问题时，公司将会予以考虑。

课程由质量监控部门的李工程师主讲，主要包括各种专题讲座，有时还会放映有关质量管理的录像。专题讲座的内容包括质量管理的必要性、影响质量的客观条件、质量检验标准、检查的程序和方法、抽样检查以及程序控制等。公司里所有对此感兴趣的员工，包括监管人员，都可以去听课。

课程刚开始时，听课人数平均60人。在课程快要结束时，听课人数已经下降到30人左右。而且，因为课程是安排在周五的晚上，所以听课的员工都显得心不在焉，有一部分离家远的员工课听到一半就提前回家了。

在总结这一课程培训的时候，人力资源部经理评论说："李工程师的课讲得不错，内容充实、系统性强，而且他很幽默，增强了培训吸引力。听课人数的减少并不是他的过错。"

很显然，AB公司的这次培训存在不合理的地方，具体表现在：(1) 没有对员工进行培训需求调查与分析，使得培训工作的目标不是很明确，也不了解员工对培训项目的认知情况；(2) 培训时间安排不合理，在周五晚上进行培训，员工心不在焉，影响了培训效果；(3) 没有对培训进行全程监控，不能及时发现问题、解决问题；(4) 对培训工作的总结程度不够，没有对培训的效果（结果）进行评估；(5) 没有详细的培训计划，对受训员工没有“制度性”的规定，不利于提高受训员工的学习积极性。

学习情境四 培训需求分析报告的撰写

培训需求分析结果是确定培训目标、制订培训方案、设计培训课程的依据和前提，是在培训需求分析预测后对相关数据信息进行整理和汇总而形成的总结材料。

一、培训需求分析报告的基本内容

（1）标题。

（2）分析预测工作概况。包括此次培训需求分析预测的组织领导、工作目的、起止时间、接触的组织和人员（包含数量）、采用的方法等。

（3）分析预测的主要内容。

1）企业的情况分析。包括企业面临的外部背景、市场竞争的形势、本行业的发展状况、企业内部面临的问题和改革情况等。需作出较为全面而细致的分析，且与培训需求分析预测的相关性要密切。

2）企业员工基本素质状况分析。根据岗位任职资格和能力要求，结合企业生产、经营的实际需要，从员工队伍的年龄、文化结构、管理人员与操作人员比例、技术等级结构、岗位能力胜任程度等方面入手，重点分析存在的问题和差距。

3）培训认知程度分析。包括领导对培训的重视程度、各部门的配合程度、员工的认可和需求的程度。

4）培训资源条件分析。包括企业内外可利用的教师、教材、设施、工具和企业培训经费支持情况等。

（4）分析预测的具体成果。通过对以上几个方面内容的分析，回答以下问题：

1）在制约企业发展的诸多因素中，哪些是员工素质和能力方面的差距所致？其中，哪些差距是通过培训能够减少的？

2）减少以上差距需要开发哪些培训项目？其中，哪些培训项目是最紧迫的？

3）每一培训项目要具体说明以下问题：

①为什么进行培训？（培训目的）

②谁需要培训？（培训对象及目标人群）

③培训的深度和广度如何？（培训目标）

④培训什么？（培训内容）

⑤怎样培训？（培训方式、时间、考核方式）

4）企业特别是企业领导对培训的态度如何？

5）企业具有的培训资源有哪些？

6）培训实施中可能出现哪些障碍和问题？

（5）其他相关建议和说明。

（6）报告撰写时间及执笔人、负责人等。

二、撰写培训需求分析报告的注意事项

（1）报告中各项情况的分析和说明必须有出处、有依据，不能主观臆造。

（2）报告内容要全面，基本上涵盖以上 6 项内容。

（3）表述要准确，尤其是成果部分的表述要准确无误，避免产生歧义。

（4）简明扼要，具有很强的说服力。

（5）附录。包括收集和分析资料用的图表、问卷、部分原始资料等。加附录的目的是让别人可以鉴定研究者收集和分析资料的方法是否科学、结论是否合理。

培训需求分析报告样例

2021 年度员工培训需求分析报告

第一部分：调查简介

一、调查部门：行政部。

二、调查目的：了解员工对培训的具体需求情况，充分而有效地运用培训资源，使年度培训更具针对性和实用性，为年度培训计划的制订提供具体依据。

三、调查时间：

调查问卷发放时间：2020 年 12 月 20 日

调查问卷收回时间：2020 年 12 月 23 日

调查报告撰写时间：2020 年 12 月 25 日

四、调查对象：上海大众汽车随州销售服务有限公司全体员工。

五、调查方式：发放纸质问卷，填写后收回。发放问卷 70 份，收回问卷 51 份，回收率达 73%。

六、问卷内容：此次问卷调查分为四大部分共 20 个问题，其中 16 个为选择题、4 个为问答式填空题。

第二部分：员工需求调查现状

一、调查对象工作年限

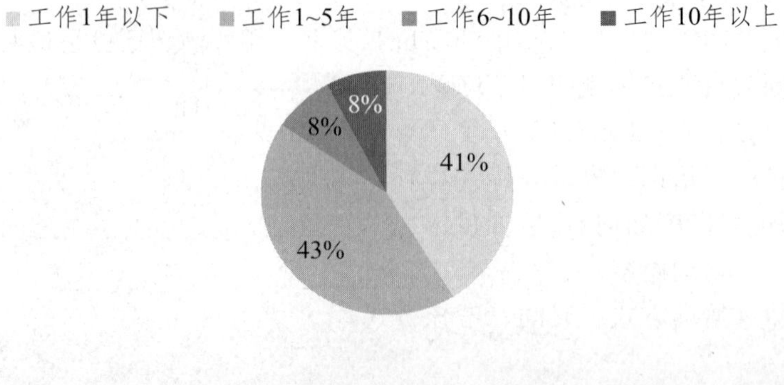

二、公司对培训工作的重视度

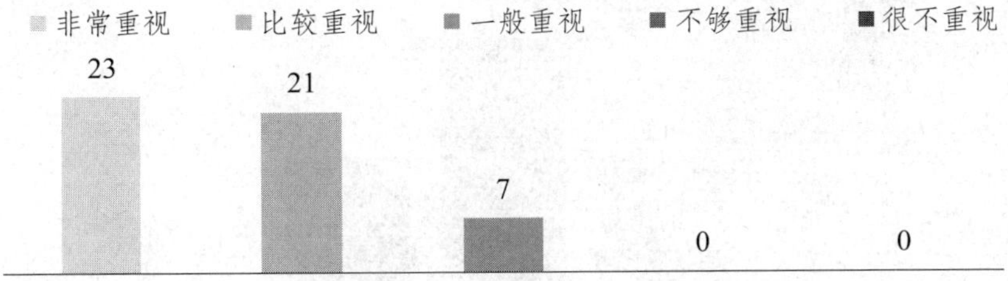

根据上图可计算出：公司有45%的员工选择了“非常重视”，41%的员工选择了“比较重视”，14%的员工选择了“一般重视”。由此可见，员工能感觉到公司在员工培训工作上的努力。

三、培训对于提升工作绩效、促进个人职业发展所起到的实际帮助

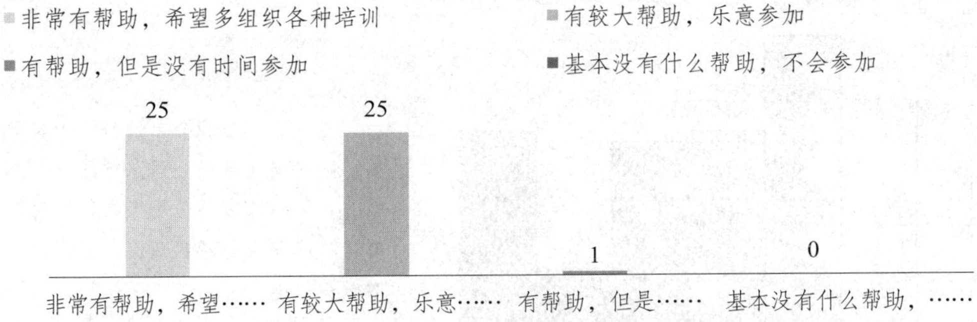

根据下图可计算出：公司各有49%的员工选择了“非常有帮助，希望多组织各种培训”和“有较大帮助，乐意参加”，2%的员工选择了“有帮助，但是没有时间参加”。由此可见，公司在2020年度的培训工作还是及时且有效的，而员工也能够意识到培训对其自身的帮助很大且乐意参加培训。

四、培训数量

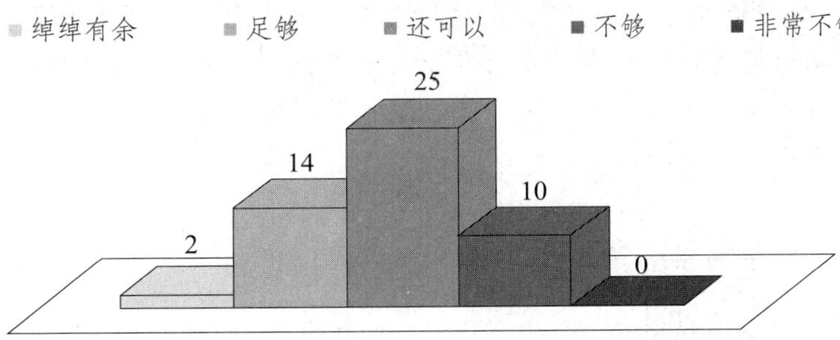

根据上图可计算出：公司有4%的员工选择了“绰绰有余”，27%的员工选择了“足够”，49%的员工选择了“还可以”，20%的员工选择了“不够”。由此可见，员工对于公司开展的培训工作还是有一定的需求的。

五、部门内部关于产品知识、行业和市场信息、岗位工作技能的培训、学习、分享是否充分

根据下图可计算出：公司有6%的员工选择了“非常充分”，选择“充分”和“不够充分”的员工均占25%，43%的员工选择了“还可以”。由此可见，针对产品知识、行业和

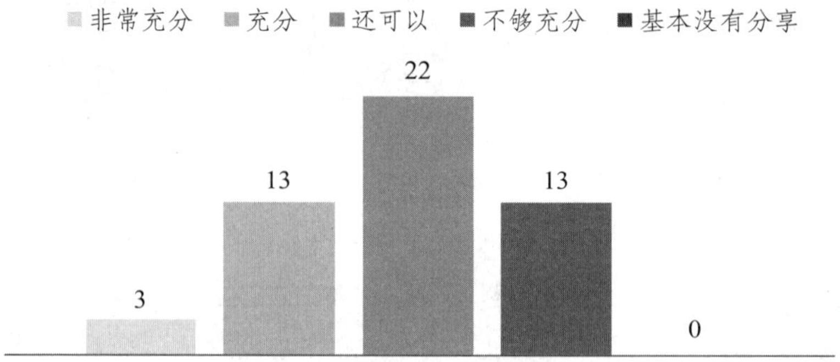

市场信息、岗位工作技能等方面的培训较为充分，但仍需加强。

六、最有效的培训方法

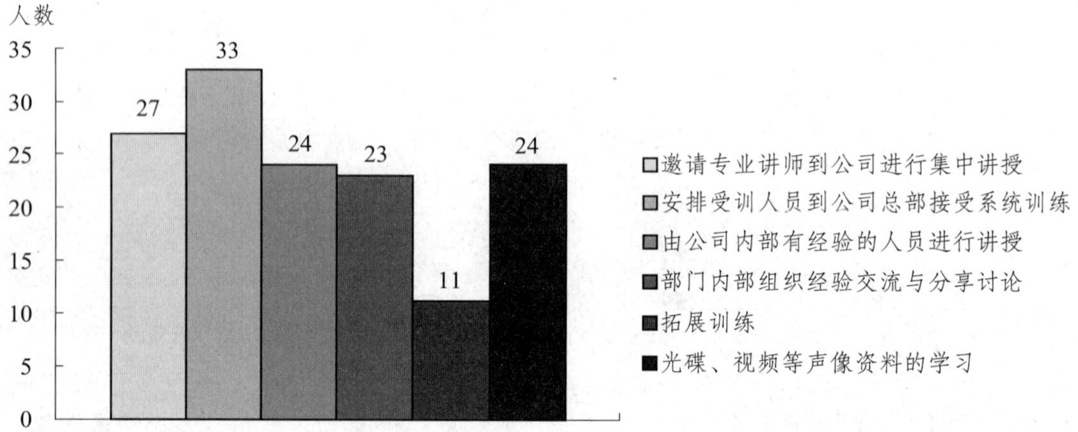

根据上图可计算出：53%的员工选择了“邀请专业讲师到公司进行集中讲授”，65%的员工选择了“安排受训人员到公司总部接受系统训练”，各有47%的员工选择了“由公司内部有经验的人员进行讲授”及“光碟、视频等声像资料的学习”，45%的员工选择了“部门内部组织经验交流与分享讨论”，22%的员工则选择了“拓展训练”。由此可见，员工大多愿意前往总部接受训练或者是邀请专业人士来公司开展培训，而在公司内部由经验丰富的内训师或者资深员工进行讲授及交流也是员工们可以接受的一种学习渠道。

七、认为最有效的教学方法

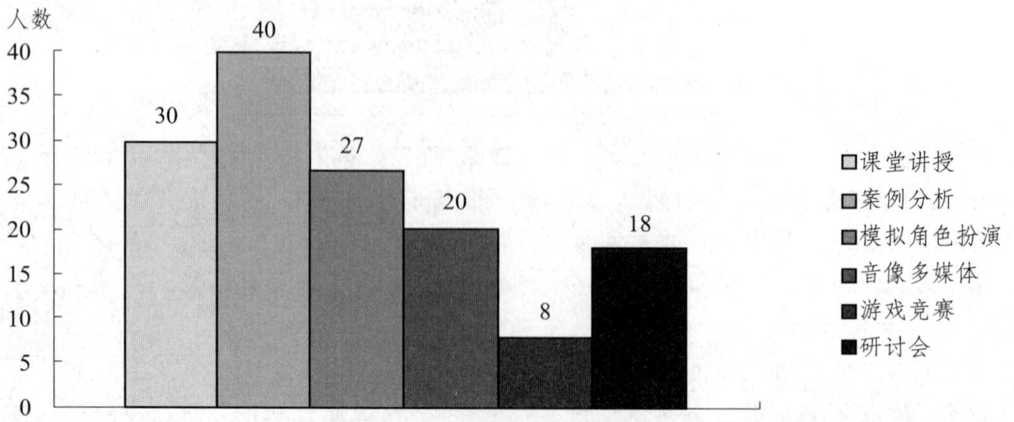

根据上图可计算出：选择“案例分析”的员工占到总人数的78%，选择“课堂讲授”的占到59%，选择“模拟角色扮演”和“音像多媒体”的分别占到53%和39%，而“研讨会”和“游戏竞赛”仅仅占35%和16%。由此可见，在针对“最有效的教学方法”环节中，员工们更看重案例分析及模拟角色扮演。

八、影响培训工作开展效果的因素

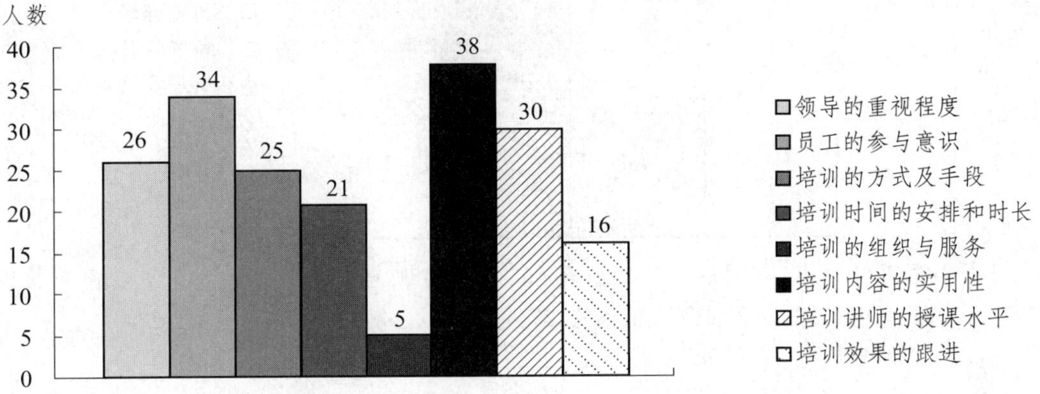

根据上图可计算出：75%的员工认为“培训内容的实用性”是直接影响培训工作开展效果的因素，67%和59%的员工分别认为“员工的参与意识”及“培训讲师的授课水平”可以影响到培训效果，51%的员工则认为“领导的重视程度”也是一个影响因素，还有49%和41%的员工分别认为“培训的方式及手段”和“培训时间的安排和时长”会影响培训效果，31%和10%的员工则分别认为“培训效果的跟进”和“培训的组织与服务”会影响培训效果。由此可见，在此环节中，员工们更偏向于“培训内容的实用性”“员工的参与意识”及“培训讲师的授课水平”。

九、2020年培训课程需改进的地方

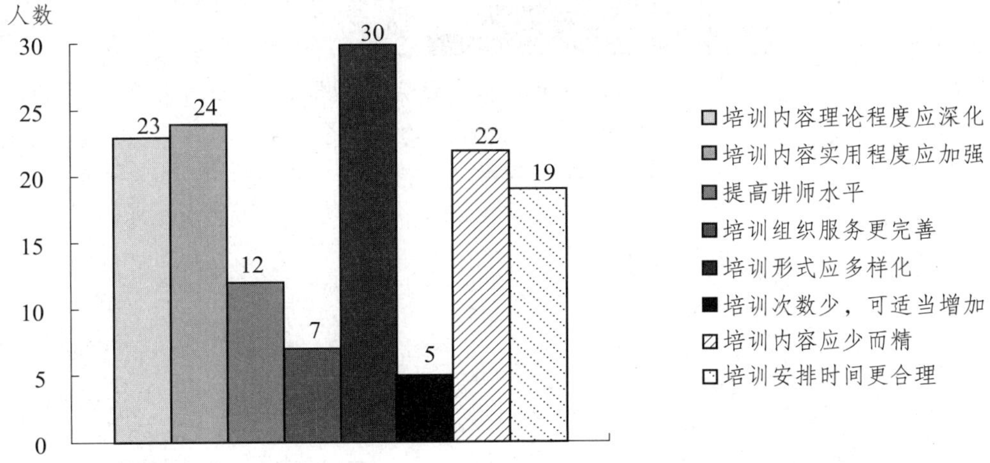

根据上图可计算出：59%的员工选择了“培训形式应多样化”，选择“培训内容理论程度应深化”“培训内容实用程度应加强”“培训内容应少而精”的员工均占45%左右，选择“培训安排时间更合理”和“提高讲师水平”的员工分别占37%和24%，选择“培训组织服务更完善”和“培训次数少，可适当增加”的员工分别占14%和10%。由此可见，在来年的培训安排中，应注重培训的内容及形式。

十、讲师的类型

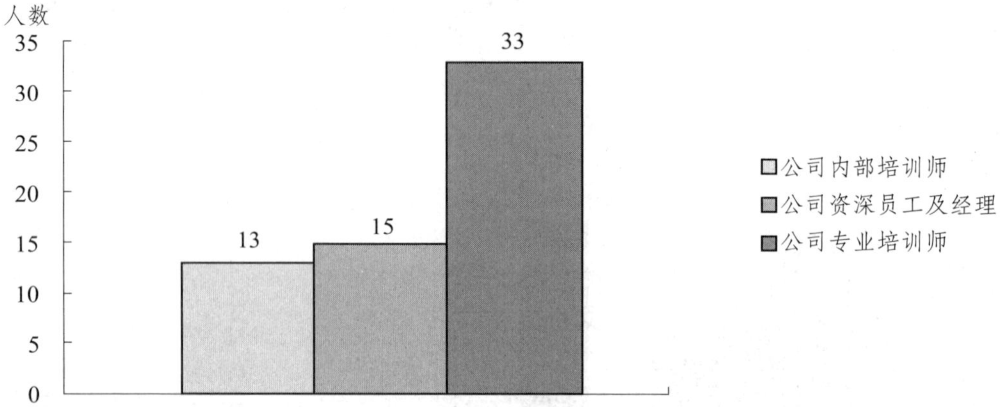

根据上图可计算出：65%的员工选择了“公司专业培训师”，选择“公司资深员工及经理”和“公司内部培训师”的员工均占27%左右。

十一、培训频率

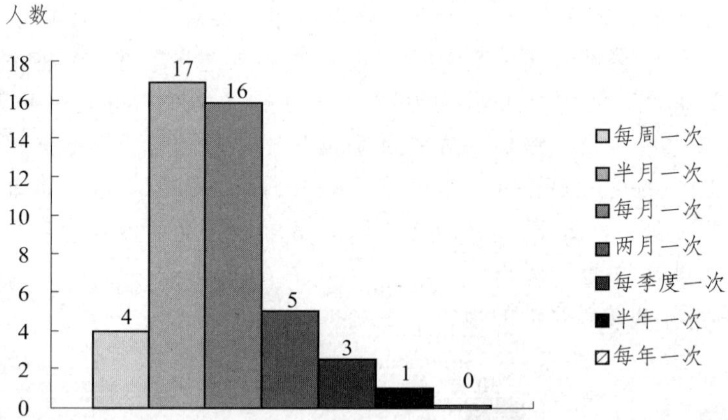

根据上图可计算出：选择“半月一次”和“每月一次”的员工均占32%左右，选择“两月一次”“每周一次”和“每季度一次”的员工均占8%左右，2%的员工选择的是“半年一次”，而“每年一次”无人选择。由此可见，来年的培训可安排为每月一次。

十二、培训需求

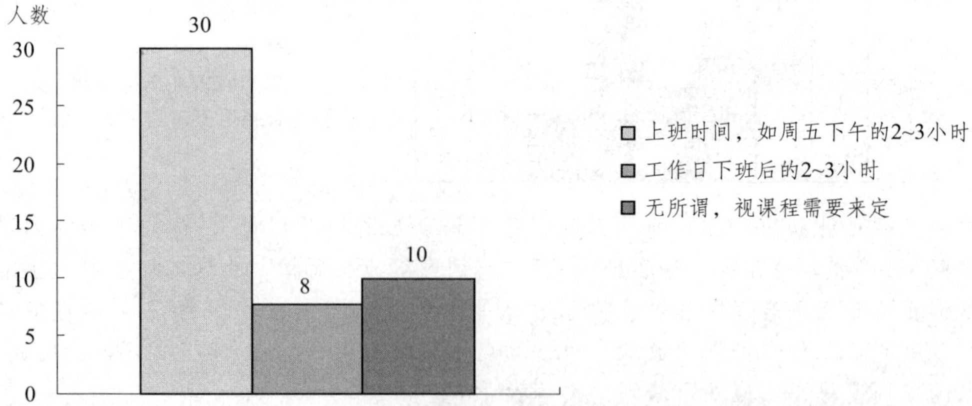

根据上图可计算出：59%的员工希望将培训的时间安排在“上班时间，如周五下午的2～3小时”，选择“工作日下班后的2～3小时”或“无所谓，视课程需要来定”的员工均占18%左右。由此可见，在来年的培训安排中，可将培训时间暂定为周五下午的2～3个小时内，如有特殊情况，可根据课程的需要来安排时间。

十三、2021年培训需求重点

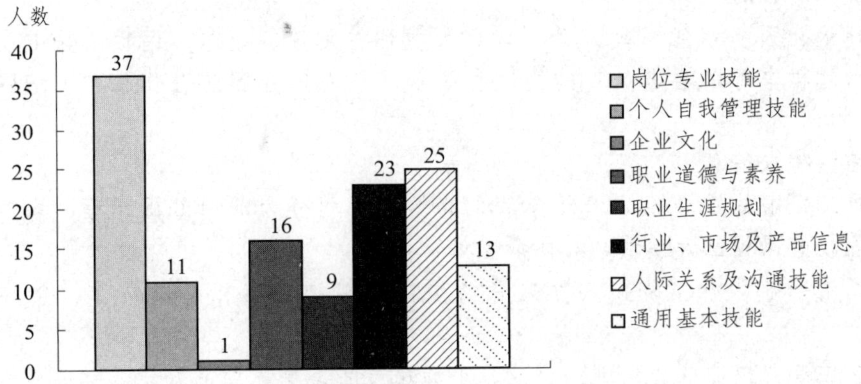

根据上图可计算出：73%的员工选择了“岗位专业技能”，选择“人际关系及沟通技能”和“行业、市场及产品信息”的员工均占47%左右，31%的员工选择的是“职业道德与素养”，选择“通用基本技能”和“个人自我管理技能”的员工均占24%左右，18%和2%的员工则分别选择了“职业生涯规划”和“企业文化”。由此可见，在2021年的培训计划中，我们应着重员工岗位专业技能及行业、市场、产品信息方面的培训，还应进行人际关系、职业道德、个人管理及相关的通用基本技能方面的适当培训。

十四、其他意见及建议

（1）培训师应注意区分受训者的年龄和文化程度。

（2）培训计划应合理且具有针对性。

（3）部门负责人也应进行相关的管理水平及个人素质方面的培训。

（4）希望可以进行非专业岗位的财务知识、人力资源管理知识及网络维护技术知识的培训。

（5）希望可以进行办公自动化方面的电脑操作知识的培训。

（6）希望可以进行提升团队合作、增强凝聚力方面的培训。

（7）希望公司可以派遣优秀员工前往其他出色的同行公司做交换实践，学习外界先进的经验。

第三部分：结论

一、培训认同度

（1）员工已经意识到培训的重要性、培训对自身的帮助，也能感受到公司对培训的重视。

（2）所有员工都有自己的培训需求并都乐意参加培训。

（3）员工普遍都希望可以接受来自公司总部的专业讲师的培训，或者是被委派到公司总部去接受培训，这样可以加强员工与外界的联系、了解外界的信息。

二、培训组织及安排

（1）培训时间可安排在周五下午的2～3个小时内，培训频率可控制在每半月一次或每月一次。可在每周五的下午抽出1个小时的时间让员工自行学习或相互交流一下工作经验，以达到共同进步的效果。

（2）培训内容应结合公司及员工的实际工作情况。案例分析的培训方式更能被员工接受和理解。以问题分析为主可以使培训发挥真正的作用。

（3）建议公司各部门内部定期举行工作交流会，员工之间相互交流日常工作经验，以达到共同提高的目的。

（4）建议公司多组织一些户外活动，如拔河、足球、篮球、远足、登山或拓展活动等，在活动过程中可以增进员工的沟通和了解，从而提升团队合作精神、增强员工的凝聚力。

三、培训需求信息

根据员工需求的多样性，2021年我们将培训课程分为通用基础课程、岗位专业技能课程和管理技能课程三大模块，具体设置如下：

（1）通用基础课程培训：人际关系及沟通技能、职业礼仪及素养、个人自我管理技能。

（2）岗位专业技能课程培训：行业、市场及产品信息，竞品知识，销售技巧，财务知识，计算机基础知识，网络维护的基本技能，人力资源的管理。

（3）管理技能课程培训：团队协作、员工的职业规划及激励管理。

上海大众汽车随州销售服务有限公司行政部

2020年12月28日

附录：调查问卷（略）

复习思考

1. 简述人力资源培训需求分析的定义与特点。
2. 简述人力资源培训需求分析的作用。
3. 结合实例谈谈企业培训需求分析应注意的问题。
4. 简述培训需求信息的收集方法。
5. 论述培训需求三要素分析模型的三个层面。

培训游戏

积极的反馈

1. 游戏编排目的

交流信息需要反馈，这样交流者才可以确认他们发出的信息是否被对方接收，并作出适当的反应。作为人际交往的一个技巧，积极的反馈对人际交往是很有帮助的。这个游戏就是要让学员体会到什么是积极的反馈，并鼓励他们将其用于课堂外的交流。

（1）员工激励。

（2）有效沟通。

（3）鼓励人们相互给予正面的积极反馈。

2. 参加人数

两人一组。

3. 时间

30 分钟。

4. 道具

记事本。

5. 游戏规则

（1）向大家暗示，我们每个人都希望赢得别人的尊重。将团队分成若干个小组，每两个人一组。

（2）让每个组写出 4～5 个他们所观察到的自己搭档身上的特点，诸如：

一个身体上的良好特征，如甜美的笑容、悦耳的嗓音等。

一种极其讨人喜欢的个性，如体贴他人、有耐心、整洁、细心。

一种引人注目的才能或技巧，如良好的演讲技巧、打字异常准确。

（3）所列出的各项都必须是积极的、正面的。

（4）当他们写完后，每两个人之间展开自由的讨论，其中每个人都要告诉对方自己所观察到的东西。

（5）建议每个人把来自搭档的这些积极的反馈信息记录下来，并在自己很沮丧的时候读一读。

6. 注意事项

（1）这个游戏有很好的效果，尤其是当参与者已经相互认识了一段时间后，这个游戏不但可以帮助他们建立更深厚的友谊，而且可以帮助其建立自信。其实，当一个培训课程开始后，这个班级就已经成为一个新的集体，集体中的每个学员都希望从中获得知识以外的东西，包括友谊和肯定。这个游戏就可以满足学员在这方面的需求。

（2）做好这个游戏，会给每个学员留下美好的记忆，可以帮助他们渡过以后的很多难关。当他们遇到挫折或者受人质疑时，他们可以通过回顾这一段美好的回忆找回自信。

（3）如果学员是各个公司的管理者，可以考虑将这个游戏引入他们各自的公司的会议或培训中，以让每个员工都有机会从中受益。

7. 相关讨论

（1）你觉得进行这个游戏愉快吗？如果不是，为什么？（对于这些积极的反馈信息的接收者或施予者来说，这个游戏可能是个全新的体验。）

（2）为什么对我们中的大多数人来说，赞扬别人是一件困难的事情？

（3）为什么这个游戏能让我们更加轻松地给予别人积极的反馈信息？（发展相互之间密切的关系，提供确切的证据，选择适当的时间。）

（4）为什么这个游戏能让我们更加轻松地接受别人反馈的积极、肯定的信息？（尝试去优雅地接受它；在质疑它以前，先好好地思考一下它的正确之处，允许自己对它感觉良好。）

（5）为什么有些人很快就给别人负面的评价，而几乎从来不提别人的优点？

模块三

培训项目设计

学习目标

1. 培训计划的概述、作用和步骤
2. 培训项目设计的构成要素
3. 培训机构与培训外包
4. 培训项目设计的步骤和方法

案例导入

以下是××燃气有限公司2020年度培训计划节选：

一、公司级培训计划

第一项：2020年度管理人员培训（中高层管理人员）

（1）责任部门：行政部。

（2）培训时间安排：每月安排1～2课时。

（3）培训形式：以视频授课方式为主，邀请专业培训机构进行主题培训、外出参加培训。

（4）考核方式：课时不低于总培训课时的70%。低于要求培训课时，视为年度考核不合格。

（5）培训内容：由行政部拟定。

（6）参加培训人员：经理助理以上人员。

第二项：2020年度管理人员培训（基层管理人员）

（1）责任部门：行政部。

（2）培训时间安排：每月安排1～2课时。

（3）培训形式：视频授课，组织经验交流。

（4）考核方式：班组长以上人员不低于总培训课时的80%。低于要求培训课时，视为年度考核不合格。

（5）培训内容：由行政部拟定。

（6）参加培训人员：班组长、管理员、高级职员。

第三项：2020年度公司安全培训和安全培训考核

（1）责任部门：安全调度中心。

(2) 培训时间安排：原则上安排在入夏及入冬前，具体培训时间由安全调度中心根据公司安全管理需要提报计划，由行政部统一安排。

(3) 培训方式：由安全调度中心拟定，报行政部，由行政部负责组织。

(4) 培训内容：由安全调度中心拟定。

(5) 考核方式：由安全调度中心负责，拟定考核办法。原则上年度安全培训课时不少于3课时。

(6) 参加培训人员：全体职工。

第四项：普通员工培训

(1) 责任部门：行政部。

(2) 培训时间安排：每月组织一次视频观看，每季度组织一次主题培训。具体培训时间由行政部根据工作需要提报培训计划并统一安排。

(3) 培训方式：集中组织视频观看，外聘讲师提供主题培训。

(4) 培训内容：人际关系及有效沟通、个人自我管理技能、团队协作、职业素养。

(5) 考核方式：以考核课时为主，组织书面考试。原则上年度课时不低于4课时。

(6) 参加培训人员：全体职工。

第五项：岗位专业技能培训计划

(1) 责任部门：行政部。

(2) 培训时间安排：集中安排在7—8月，其余培训时间根据工作需要，由各部门提报培训计划，由行政部统一安排。

(3) 培训内容及方式：特殊岗位如电工、电焊工和各类专任技术职称资格以及其他需要外派培训或外聘讲师的培训由各部门负责人上报培训计划，由行政部配合，具体培训内容及方式由各部门自行负责。

对各部门设立的一线岗位，可以通过部门内部组织经验交流或申请到同行业单位参观学习，可以选择继续教育提高文化素质、提升专业技能。

(4) 考核方式：以考核专业技能为主，组织技术比武。原则上年度培训课时不低于2课时。

(5) 参加培训人员：各部门一线职工。

第六项：流程制度培训计划

(1) 责任部门：行政部。

(2) 培训时间安排：集中安排在4—6月，根据各部门提报的培训课时统一组织实施。其余培训时间由行政部根据工作需要提报培训计划并统一安排。

(3) 培训方式：各职能部门负责各部门流程制度的培训讲解工作，根据流程制度的内容制定培训课时并提报培训计划。

(4) 培训内容：公司最新流程制度的相关内容。

(5) 考核方式：以考核课时为主，组织书面考试。原则上年度课时不低于3课时。

(6) 参加培训人员：全体职工。

第七项：办公软件培训计划

(1) 责任部门：行政部。

(2) 培训方式：外聘专业老师授课。

（3）培训时间：由行政部根据工作需要统一安排。

（4）培训内容：Word、Excel等常用办公软件的使用。

（5）考核方式：开展技术比武。

（6）培训人员：全体职工。

第八项：开展读书活动计划

公司职工书屋计划2020年对职工开放，在公司打造学习型企业的号召下，充分而有效地利用公司的内部资源，组织开展“提升自我”读书活动。

（1）责任部门：行政部。

（2）活动开展时间：具体时间由行政部根据公司工作计划合理安排。

（3）考核方式：以自学为主并撰写读书心得。原则上每人年度读书不少于2本。

（4）参加活动人员：全体职工。

二、部门内部培训计划

各部门制订内部年度培训计划方案并组织实施。按照公司统一安排，每月25日报下月度部门内部培训计划。按照年度部门内部培训不低于12课时的标准，部门内部制订年度培训计划及月度培训计划，并负责部门培训资料的编制。

三、单项培训计划

根据工作需要，各责任部门针对单项培训情况制订单项培训方案和计划，于3月25日前报行政部。行政部3月底汇总并监督执行。

四、外派培训

各部门根据工作需要、上级要求参加外单位培训，需按照程序提报，由行政部统一安排。

五、外聘老师完成专业知识培训

行政部根据公司实际，单独制订外聘老师培训计划并确定培训内容。

案例解读

为了确保培训的顺利实施、保障培训效果，在培训需求分析后，要根据培训需求分析所得出的结论，有针对性地制订培训计划和设计培训项目，这不仅有助于培训实施部门合理分配资源，还有助于把企业发展目标与员工个人发展目标相融合，进而加强员工参与培训的积极性和主动性。

学思之窗

加强职业教育，培养大国工匠

高等职业教育在现代教育体系中占据至关重要的地位，是培养复合型技术技能人才的重要方式之一。习近平总书记曾对职业教育工作作出重要指示，强调在全面建设社会主义现代化国家新征程中，职业教育前途广阔、大有可为。“工匠精神”是高等职业教育的灵魂。发展高等职业教育要坚持党的领导，坚持正确办学方向，坚持立德树人，注重“工匠精神+创新精神”的复合式教育。要以“工匠精神”培育为重点，在人才培养路径上展现新作为。

学习情境一 培训计划概述

一、培训计划的概念及分类

（一）概念

培训计划是从组织的战略出发，在全面、客观的培训需求分析的基础上，针对培训内容、时间、地点、培训师、受训对象、培训方式、培训费用等培训要素作出预先设定的一项管理活动。

（二）分类

1. 按计划的时间跨度分类

按计划的时间跨度分类，培训计划可以分为长期培训计划、中期培训计划和短期培训计划。三种不同时间跨度的培训计划目标是一致的，只是时间不同。

（1）长期培训计划，时间跨度为 3 年及以上，是为实现企业在未来一段时间内的目标而制订的长期培训方案，具有战略意义。

（2）中期培训计划，时间跨度为 1～3 年，企业常提到的年度培训计划就属于这种。中期培训计划起承上启下的作用，与长期培训计划相比，中期培训计划的目标更具体，不确定因素更少。

（3）短期培训计划，时间跨度为 1 年以内。与中长期培训计划不同，短期培训计划侧重针对性和操作性，对培训的目的和目标、培训时间、培训地点、培训师、受训对象、培训方式、培训内容、培训实施、培训资源落实等内容一一明确在案，并且要制订培训效果评估、反馈和应用的计划。

2. 按培训师来源分类

按培训师来源分类，培训计划可以分为内部培训计划和外部培训计划两类。

3. 按培训范围分类

按培训范围分类，培训计划可以分为公司级培训计划和部门级培训计划两类。

二、培训计划的作用

在员工培训与开发的过程中，培训计划具有以下作用：

（一）确保培训质量

培训活动的开展往往涉及公司多个部门、多个岗位，如果没有培训计划作指导，仅凭印象做事，在实施过程中很容易出现疏漏。培训计划有助于培训实施人员核实每一步的培训环节，提高培训质量。

（二）明确培训职责

无论是培训的组织实施部门，还是后勤支持部门、受训员工，在培训计划中都需要承担相应的培训职责。培训计划可以将具体的责任落实到每一个培训环节、每一个参加培训的人身上，使相应职责一目了然，便于培训管理，确保培训顺利进行。

（三）确定评估标准

培训结束后评估和反馈的标准就是培训计划中预期达到的目标。如果培训结果与培训计划预期不符，那么就说明培训没有完全达到效果，培训就有待改进，就需要对培训的各个环节查漏补缺，找出问题产生的原因并提出解决对策，以期在下一阶段的培训中得到改善。

三、培训计划的制订步骤

（一）确认培训预算

制订培训计划工作的最佳起点是确认公司有多少预算可分配于培训方面。在不确定是否有足够的经费支持的情况下，制订任何综合培训计划都是没有意义的。

（二）制订课程需求清单

在培训需求分析的基础上，罗列出匹配培训需求的所有培训课程清单。清单不仅要包括通用的共性培训课程，还要包含针对少数员工个性化培训需求的培训课程。

（三）平衡预算和课程需求清单

一般来说，我们会遇到培训需求量超预算的情况，在这种情况下，我们需要根据实际情况对课程需求清单作出取舍。在作出取舍的时候，最好的办法是与受训员工的部门负责人一起商量决定，因为部门经理最清楚哪些课程可能对参训员工绩效产生最积极的影响，进而提升公司的总体绩效。

（四）确定培训师

当课程清单核定之后，我们需要决定使用内部讲师还是聘请外部讲师。使用内部讲师的好处是成本较低，而且有时比外部讲师优秀（因为内部讲师更了解组织现状和流程）。然而，当内部无法找到讲授某个课程的专家时，就必须寻找外部讲师。另外，对于许多类型的管理培训（尤其是高管培训），外部讲师比内部讲师往往有更高的可信度。

（五）制订和分发开课时间表

培训实施部门应制订一份包含所有培训计划的课程时间表，并标注开课的时间和地点。

（六）为培训安排后勤保障

培训的后勤保障包括培训场地、器材、餐饮、住宿、教材、教具、交通、礼品等方面，在后续章节中会详细说明。

（七）提前通知受训人员

根据培训计划，公司通常提前两周通知培训报名，以便受训员工可以安排好他们的时间，并能根据报名要求做好相关准备工作。考虑到存在临时取消培训的现象，可以预留备选学员随时候补。

（八）做好培训评估，持续改进培训质量

培训计划中应明确培训预期达到的目标并以此来评估培训的质量。培训结束后可以由部门经理为受训员工召开培训小结会，听取受训员工的培训反馈。

案例

华为新员工入职180天培养计划

新员工前6个月的培养周期往往体现出企业对于人才培养的重视程度，但许多企业往往只将重点放在前15天，导致新员工的离职率高峰出现在入职第6个月到1年期间，从而令企业损失大量的成本。如何快速提升新员工的能力取决于前180天中管理者做了什么。

第1阶段：新人入职，让他知道是来干什么的（3～7天）

为了让员工在7天内快速融入企业，管理者需要做到下面七点：

（1）给新人安排好办公桌椅，并介绍其座位周围的同事相互认识（每人介绍的时间不少于1分钟）。

（2）举行一次欢迎会或聚餐，介绍部门里的每一个人相互认识。

（3）直接上司与其单独沟通，让其了解公司文化、发展战略等。同时，上司了解新人的专业能力、家庭背景、职业规划与兴趣爱好。

（4）人力资源主管告知新员工其工作职责和自身的发展空间及价值。

（5）直接上司明确安排第一周的工作任务，包括每天要做什么、怎么做、与任务相关的其他部门的负责人是谁。

（6）直接上司对新员工在日常工作中的问题做到及时发现及时纠正（不作批评），并给予及时肯定和表扬（反馈原则）；检查新员工每天的工作量及工作难点在哪里。

（7）让老同事（工作1年以上）尽可能多地和新人接触，消除新人的陌生感，让其尽快融入团队。关键点：一起吃午饭，多聊天，不要在第一周谈论过多的工作目标及给予工作压力。

第2阶段：新人过渡，让他知道如何能做好（8～30天）

转变往往是痛苦的，但又是必需的，管理者需要用较短的时间帮助新员工完成角色转变，下面提供五个关键方法：

（1）带领新员工熟悉公司环境和各部门人员，让他知道怎么写规范的公司邮件、怎么发传真、电脑出现问题该找谁、如何接内部电话等。

（2）最好将新员工安排在老员工附近，方便观察和指导。

（3）及时观察新员工的情绪状态，做好及时调整，通过询问发现其是否存在压力。

（4）适时把自己的经验及时教给新员工，让其在实战中学习，学中干、干中学是新员工十分看重的。

（5）对新员工的成长和进步及时肯定和赞扬并提出更高的期望，要点：4C营销理论、反馈技巧。

第3阶段：让新员工接受挑战性任务（31～60天）

在适当的时候给予适当的压力往往能促进新员工的成长，但大部分管理者却选了错误的施压方式。

（1）了解新员工的长处及其掌握的技能，对其讲清工作的要求及考核的指标要求。

（2）多开展公司团队活动，观察新员工的优点和能力。

（3）在新员工犯错误时给其改正的机会，观察其处于逆境中的心态及行为，以判断其培养价值。

(4) 如果新员工实在无法胜任当前岗位，看看是否有适合他的其他部门，多给其机会，管理者很容易犯的错误就是一刀切。

第4阶段：表扬与鼓励，建立互信关系（61～90天）

管理者很容易吝啬自己的赞美，或者说缺乏表扬的技巧，而表扬一般遵循三个原则：及时性、多样性和开放性。

(1) 及时性。当新员工完成挑战性任务或者在工作中有进步时，应及时给予表扬和奖励。

(2) 多样性。要给新员工多种形式的表扬和鼓励，多给他们惊喜，创造不同的惊喜感。

(3) 开放性。向公司同事展示下属的成绩，并分享成功的经验。

第5阶段：让新员工融入团队主动完成工作（91～120天）

对于新员工来说，他们不缺乏创造性，更多的时候管理者需要耐心地指导他们如何进行团队合作、如何融入团队。

(1) 鼓励新员工积极踊跃参与团队的会议并在会议中发言，在他们发言之后进行表扬和鼓励。

(2) 对于激励机制、团队建设、任务流程、好的经验要多进行会议商讨、分享。

(3) 与新员工探讨任务处理的方法与建议，当新员工提出好的建议时要肯定他们。

(4) 如果新、老员工间产生矛盾，要及时处理。

第6阶段：赋予员工使命，适度授权（121～179天）

当度过了前3个月，一般新员工会转正成为正式员工，随之而来的是新的挑战，当然也可以说是新员工真正成为公司的一分子，管理者的任务重心也要随之转为以下五点：

(1) 帮助下属重新定位，让下属重新认识工作的价值、工作的意义、工作的责任、工作的使命、工作的高度，找到自己的目标和方向。

(2) 时刻关注下属，当下属有负面情绪时要及时调整，对下属的各个方面要有敏感性；当下属提出负面的、幼稚的问题时，要转换思维方式，从正面的、积极的角度去解决他的问题。

(3) 让下属感受到企业的使命，放大公司的愿景和文化价值、放大战略决策和领导意图等，聚焦凝聚人心和文化落地、聚焦方向正确和高效沟通、聚焦绩效提升和职业素质。

(4) 当公司有什么重大的事情或者振奋人心的消息时，要引导大家分享，随时随地激励下属。

(5) 开始适度放权，让下属自行完成工作，让其发现工作的价值与享受成果带来的喜悦，但放权不宜一步到位。

第7阶段：总结，制订发展计划（180天）

6个月过去了，是时候帮下属做一次正式的评估与发展计划了。一次完整的绩效面谈一般包括以下六个方面：

(1) 每个季度保证1～2次1个小时以上的正式绩效面谈，面谈之前做好充分的调查，谈话做到有理、有据、有法。

(2) 绩效面谈要做到：明确目的，员工自评（做了哪些事情、有哪些成果、为成果做了哪些努力、哪些方面做得不足、哪些方面和其他同事有差距）。

（3）领导的评价包括成果、能力、日常表现，要做到先肯定成果再说不足。在谈不足的时候要有真实的例子作支撑（依然是反馈技巧）。

（4）协助下属制定目标和措施，让他作出承诺，监督检查目标的进度，协助他达成既定目标。

（5）为下属争取发展和提升的机会，多与他探讨未来的发展，至少每3～6个月给下属评估一次。

（6）给予下属参加培训的机会，鼓励他平时多学习、多看书，要求其制订个人成长计划，分阶段进行检查。

第8阶段：全方位关注下属的成长（每一天）

在新员工转正之后，管理者要做好以下几点：

（1）关注下属的生活，当他遭受打击、生病、失恋、遭遇生活变故、心理产生迷茫时，管理者应多支持、多沟通、多关心、多帮助他。

（2）记住部门每个同事的生日，并在生日当天部门集体庆祝；记录部门大事和同事的每次突破，对员工每次的进步给予表扬、奖励。

（3）每月举办一次团队集体活动，增加团队的凝聚力。关键点：坦诚、赏识、感情、诚信。

学习情境二　培训项目设计概述

培训项目设计是培训计划的细化，是指根据企业现状和发展目标，对培训内容、方法、培训师、教材、受训人员、培训时间、培训地点、培训器材等要素进行系统的规划和安排的过程。

一、培训项目设计的要素

一般来说，一个培训项目设计表中应包含以下内容：

（1）培训名称：可以根据培训实施部门统一命名规则进行命名，但要确保清晰明确，没有歧义。

（2）培训时间：每天的上午几点至几点、下午几点至几点以及中场休息时间和培训期间自由活动时间都应加以标注。

（3）培训地点：如果安排在公司以外的地方，要标注步行、自驾、公交的交通路线，并标注大概所需时间。

（4）培训师：可简明备注培训师资历。

（5）培训对象：如有必要，可附具体名单。

（6）培训器材：包括培训师用的教学设备和教具，以及学员所需的教材和学习用品等。

（7）培训目的：本次培训中公司预期实现的效果。

（8）培训目标：从知识、技能和思想层面对培训目的的细化分解。

（9）培训方法：培训师的教学方法，应该与培训内容、培训对象的层次和接受能力相对应。

（10）培训内容：经过筛选的、符合预算的、能同时满足或者基本满足组织、任务和员工三方面需求的课程清单。

（11）培训预算：在培训项目设计表中，培训预算仅需列出简明预算即可。

培训计划示例参见表3-1。

培训项目设计表样例

表3-1　某公司培训计划示例

培训名称	QC常用七大方法
培训时间	2020年3月11日 8:30—12:00，13:30—17:00 共计7个小时
培训地点	行政楼1208会议室
培 训 师	陈牧
培训对象	各质量检测组的组长、质检员（共计42人）
培训器材	投影仪、笔记本电脑、白板、马克笔（黑、红各一支），42套学习用品
培训方法	讲授法、分组学习讨论、演示法
培训目的	熟练掌握并在工作中运用QC常用七大手法
培训目标	1. 知识方面：提升QC运作观念及加强QC系统知识 2. 技能方面：QC常用七大手法的运用技巧 3. 思想方面：强化“质量第一”的工作态度
培训内容	1. 剪线图法 2. 关联图法 3. 亲和图法 4. 矩阵图法 5. 系统图法 6. 过程决策程序图法（PDPC法） 7. 矩阵解析
培训预算	1. 学员膳费：¥1 680 2. 学员教材：¥1 500 3. 场地租赁：¥4 800 4. 其他杂费：¥3 000 合计：¥10 980　大写：壹万零玖佰捌拾元整

二、培训项目设计的原则

（一）实践发展原则

在设计培训项目时，首要的任务是给所要设计的培训项目进行定位。它有两个方面的含义：一方面是要确定培训项目的类别，另一方面是在层次上作出定位。由此确定培训项目和课程的目标，各个课程要素的选择也要以此为依据。

知识培训、技能培训和思想培训，这三个层次的培训是由表及里逐步深入且相互联系的。不同性质的培训，其深度也是不同的。由于知识和科技融合的趋势对人才的素质提出了新的要求——注重知识和技能转变为更注重态度、观念和心理，因此培训目标也要实现相应的转变：在传统的重视知识和技能培训的基础上，加强态度培训、观念培训和心理培训；由传统的注重培训目标的单一性和专业化转变为重视培训目标的综合性和多样化。

（二）因材施教原则

培训者的培训观念与课程设计有着密切的联系。每一种培训观念都有一套对培训目的、学习者、教员以及培训方法的界定和解释。

现代企业对培训的理解、设计、实施，都与传统的培训不同，它的“培训项目设计”是一种全新的概念。它不独立设置，而是与组织的经营与发展结合在一起。在这种培训项目设计中：课程的目标就是组织经营的目标；课程的内容就是组织经营的内容；课程战略的选择主要就是营造一个让员工可能在实际经验中自己教育自己的环境，而且这个环境是管理者和领导者可以控制的；课程的培训方法是以自主学习为主，管理者与员工互动、员工与员工互动、大家经验共享的模式；课程的时间设计是组织发展的全过程；课程设计的“课堂”，就是这个组织活动的整个空间连同它所在的环境。

培训项目设计还要充分考虑组织特征和学习者风格。由于培训课程的主要接受者是成年人，他们有自己的经验和学习经历，都有自己惯用的学习方法，有与岗位工作紧密联系的学习需求，因此，培训的实施要尽量遵循成年人的认知规律，注意选择那些能调动他们学习积极性的培训策略和方式、方法，以增强培训的效果。

三、培训项目设计的流程

培训项目设计包括以下五个步骤：

（一）确定培训项目的预期

培训是手段，达到预期目标才是目的。培训项目的预期目标源自培训需求分析。通过培训需求分析，培训实施部门能明确员工理想情况与现实情况之间的差距，而消除这种差距就是培训项目要实现的预期目标。

（二）确定培训项目中对象的需求

根据三要素分析模型，无论组织、任务还是员工，都对培训有着自己的需求。在企业所提供的资源有限的情况下，如何在不同的需求中找出各方均能接受的共同需求，是培训项目设计的重点。

（三）做好培训项目的教学设计

根据培训内容的不同，培训可分为知识培训、技能培训和思想培训，而不同的培训内容所需要的教学设计是各异的，培训与教育又具有相当的关联性，因此，可以借助教育教学设计模型来完善培训项目设计的思路，如图 3-1 所示。

（四）设计培训方法

根据培训内容和受训对象的特点，可以采用灵活的培训方法，以达到更好的培训效果。例如：角色扮演法适合模拟现实工作情况，要求学员设身处地地解决模拟问题，这对

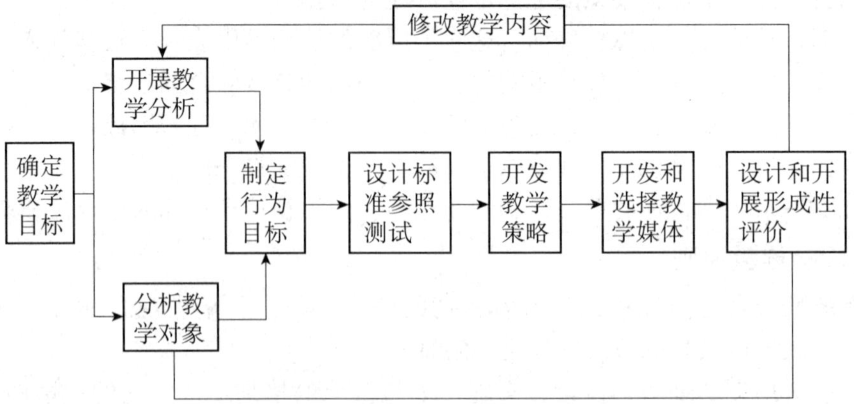

图3-1 培训中的教学设计步骤

学员和培训师的领悟力、控制力的要求较高；案例分析法适合进行系统的思考分析，让学员通过客观存在的真实案例解析，来学习诊断和解决问题的方法和思路。

（五）设计培训评估方案

培训效果评估就是对培训项目的评价，主要目的在于通过对培训前后受训对象在素质、能力、思想等方面的变化和提高程度进行观察和评价来确定培训项目的成效。

设计培训评估方案有助于对培训实施过程进行监控，一旦培训实施期间出现偏离现实的情况，就可通过评估及时发现问题、查找成因并及时纠正。

案例

万达培训：先定个小目标，比如说只做“有用”的培训

万达学院根据“有用”的指导思路，创立了一套独具特色的教学方法。

“万达之道”是一种以现场嘉宾访谈、学员互动为主要表现形式的新型跨界教学形式。“万达之道”紧紧围绕生存之道、成功之道、快乐之道三个主题，通过员工提问、情景解读、图画历史、看图说话、音乐解析、视频解读、嘉宾访谈等多种方式，来共同探讨、分享万达的组织智慧、文化精髓、管理技巧与工作方法。

“我是潜力干部”是一门干部选拔和竞聘的实战模拟课程，运用国内外科学的测评中心技术，如DISC行为风格测评工具、文件筐、案例分析、情景模拟、角色扮演等，并结合实战模拟节目的制作流程进行全程跟踪拍摄，全方位地评估、选拔有潜力的干部。“我是潜力干部”整体由五部分组成：团队融合、实战模拟、视频剪辑、成果汇报与嘉宾点评。

“微电影学管理”有两种具体的表现形式：一是从日常工作的实践案例中提炼出最佳管理手段和方法，学员结合提炼的最佳管理手段和方法，通过对人物、场景、管理过程及冲突进行改编，自导自演成微电影；二是节选与课程主题比较契合的电影片段，通过学员的研讨、讲师对知识点的讲授、最佳实践的分享与学员现场的情景模拟以及讲师的深入点评，从电影中学习管理。

“侃大山”就是通过催化师这种中立的行动学习过程设计者和研讨引导者，以提问的

方式引领参与者进行思考和总结，迫使参与者进行审视和判断，挖掘问题背后的真实情况，最终利用众人的智慧解决众人的问题，将学习成果固化并推广实施。

“任务树”通过综合体项目计划模块化管理明确集团各部门“要做什么”，万达学院的培训将落脚于“如何做”。从这一目标出发，万达学院在教学中应用“任务树”方法论，帮助各部门逐级进行任务分解，更好地把握工作中的难点和要点。通过“任务树”的梳理，学员能够对全年的工作任务做到心中有数，理解年度工作目标，梳理各项工作任务，明确各项工作的关键节点，进而准确完成工作任务。

“工作逻辑图”从具体工作案例出发，绘制出完成一项工作的动作流程，理解万达制度在具体工作中的应用，从而解决其中存在的边界不清、缺乏有效指令等业务问题。利用工作逻辑图，让学员理解在万达工作的某一类问题的标准动作和标准打法。

“能量集市”中，每个学员都提出自己面对的问题、心中的纠结，让所有学员帮助自己寻找解决方案。每个问题都体现个性化，每个问题都绝对精准。在“能量集市”教学法的课堂中，每个学员都是讲师，每个人自身都充满了能量，而这种能量只有在传递的过程中，才能逐步壮大。

“解决之道”能够激发群体智慧，通过结构化方法创造性地解决业务部门中普遍的、影响程度大的、成功经验较少的、具体的难题。对问题发生的原因达成共识，找到根本原因；整合不同利益相关者的观点，对解决方案达成共识。

“荣誉之旅”课程中，从具体工作问题出发挖掘问题产生的根本原因、运用集体智慧寻找解决方案、结合自己的工作实际落实具体的行动计划，是万达学院的主要教学方法之一。

学习情境三　培训机构与培训外包

一、培训机构的历史演变

对员工开展培训是随着社会生产力的发展需要慢慢演变而来的，源于西方社会的社会化大生产取代手工作坊时代。当时，企业受外界竞争环境的逼迫，不得不对工人开展技能教育；到了工业革命时代，企业生产对工人的技能要求越来越高，生产规模越来越大，企业主通过开展大规模、系统化的职业培训来满足企业对熟练工人的需求。同时，随着经济和科学技术的发展，逐步出现了专门的培训学校，之后各国政府也开始立法，要求社会为工人提供相应的培训以满足经济和技术发展的需求。

从近两百年的发展历史来看，培训主要经历了以下四个阶段：

（一）学徒培训

学徒培训又称艺徒培训，是指用工单位招收学徒工，使其在师傅的直接教导下，通过生产实践活动学习并掌握生产技艺或业务技巧，从而成为新的技术工人或专业人员的一种培训方式。

学徒培训符合因材施教的培养原则，因而是人力资源开发最有效的形式，特别是技术工作的技能开发，其效果更加突出。学徒培训不仅是我国传统的培训方式，世界上很多国家也都普遍采用。现代学徒制师徒见面会如图3-2所示。

图3-2 现代学徒制师徒见面会

知识延伸

现代学徒制是实现职业教育现代化的切入点

中共中央、国务院发布的《中国教育现代化2035》指出，我国要在2035年实现教育的总体现代化，因此率先实现职业教育的现代化是我国职业教育改革的首要目标。《国家职业教育改革实施方案》指出，职业教育与普通教育是两种不同的教育类型，具有同等重要地位。如何认识职业教育类型，是落实改革方案的突破口。

从教育类型看，职业教育是以雇主为主导的教育类型，无论是古代传统学徒制还是当代成功的教育模式，都是行业企业主导的教育模式，如德国的“双元制”、英国的现代学徒制和澳大利亚的TAFE学院。现代学徒制是我国实现从学校主导型职教模式向雇主主导型职教模式转变的政策抓手，建设现代学徒体系是落实国家职业教育改革方案的首要任务。

当前新冠肺炎疫情的全球蔓延和中美贸易争端给中国带来前所未有的就业压力，大力发展现代学徒制不仅可以有效地降低年轻人失业率，保持社会稳定，还可以有效提升我国职业人才培养质量，缓解企业“技工荒”，推动我国制造业转型升级。国际经验证明，现代学徒制对于降低青年人失业率具有十分显著的作用。根据欧盟2020年4月的数据，受新冠肺炎疫情影响，希腊15～24岁年轻人失业率达到了35.6%，西班牙达到33.1%，意大利达到28%；而成功实施学徒制的德语区国家年轻人失业率却非常低：奥地利为9.3%，德国为5.6%，瑞士只有3.3%。

（二）职业技术教育

职业技术教育是对职业教育的技术化和工具化，是提高劳动者就业能力、促进劳动就业的重要途径，同时为不同层次和能力的学生提供发展途径。职业教育的目的是满足个人的就业需求和工作岗位的客观需要，进而推动社会生产力的发展，加快国家产业结构的调整与转型。

职业技术教育是工业化社会的产物，它的兴起既是经济发展的需要，也是社会安定的需要。职业技术教育有中等和高等之分。

职业技术教育是发展地区经济和文化的生力军。职业教育量大面广，遍布各国大中小城镇。例如，日本这类专门学校的专业遍及工业、农业、医疗、卫生、教育、社会福利、商业、服饰、家政、文化等，这些专业一般都是根据本地区的实际需要而设立，目标明确，专业对口，毕业生很受社会欢迎。因此，大量发展短年制的职业教育对普遍提高国民的科学文化素质作用显著。职业教育对发展本地区特色的经济和文化至关重要。职业教育的遍地开花，有利于各地普遍的繁荣富裕、安居乐业。职业院校的毕业生已经是、将来也是本地区经济和文化发展的重要力量。

职业技术教育对于高等教育走向大众化起着不可替代的重要作用。高等教育学生总数中职业技术教育学生所占的比重很大，这使高等教育对绝大多数的普通百姓来说成为可能。职业技术教育大众化就是使适龄青年接受高等教育的比例达到和超过15%。高等教育只有在考虑到传统的精英教育的同时，也考虑到绝大多数普通百姓的教育需求，并吸引他们进入高等院校，才能真正走向大众化。职业技术教育正是满足了这样的需求，它是国家高等教育中不可或缺的重要部分，是促使高等教育加速进入大众化的重要因素。

职业技术教育正经历从工业社会到信息与服务社会的深刻转变。社会在变革，社会对职业教育的需求也在不断变化。一些传统的工作和工作岗位逐渐消失，另一些新技术和新工种如雨后春笋般出现。在这样的形势下，职业技术教育一方面要对已有的劳动力加强继续教育，使他们能够适应社会的进步和工作性质的变化；另一方面要改革教育，以培养新一代的劳动力。职业技术教育一方面为学生打下比以往更扎实的通识教育基础；另一方面，职业技术教育在培养专业技能方面也放宽了口径，既要使学生掌握适应当今社会的专门职业技能，又要使学生具有终身学习能力，在出了校门以后，不但能够持续提高职业技能，而且能够灵活地自我调整，更能够独立思维。这样就能够以比较宽的路子应对一个开放的社会和一个比以往变化快得多的人才市场。

案例

山东蓝翔技师学院的人才培养启示

在无数段子手和"热心"转发者的助推下，"高级技工哪家强，中国山东找蓝翔"已经成为全民津津乐道的口头禅。抛开炒作的因素，如果我们能冷静去思考一下蓝翔的模式，也许我们能从蓝翔身上学到不少东西（见图3-3）。

关键词：订单式培养

"订单"代表了市场需求，意味着人才培养有明确的需求指向性。以往我们常听说"海归"变"海待"，根源就在于人才培养和人才需求的不匹配。如果企业的人才培训也是从业务问题、业务需求出发，何愁业务部门抱怨人力资源部门不给力呢？以终为始，这才

图3-3　山东蓝翔技师学院某培训开班仪式

是人才“订单式培养”的核心。培训的需求调研，就需要这种“抓订单”的准头。

关键词：100%就业率

就业率100%和99%，在本质上还是有很大的不同。既然敢说100%，一定是有什么绝活、秘籍。从一则新闻上，我们也许可以看到这份底气的来源——“蓝翔规定，每个学员都有一个月的试学期。这期间，学员和教师都可以根据实际情况对专业进行调整。如果确实不是那块料，我们也就劝他们不要在蓝翔了。”说到底，这就是我们常讲的“人岗匹配”“因材施教”。关于培训的项目设计，分层培养一直是大家讨论的核心问题。在条件允许的情况下，尽可能做到有针对性，这是培训有效性的基础。

关键词：把“工厂”搬进学校

作为一个以职业技能培训为主的学校，实际操作能力是学生培养的核心。与此同时，这也是普通高等学校人才培养的“软肋”和“短板”。从蓝翔的公开报道，我们可以看到其在实习环节的巨额投资，让学员有充足的锻炼机会。大部分企业里的培训，为什么往往出力不讨好，业务部门时不时质疑培训的必要性，问题都出在培训的实效性上。如果企业在培训中，除了课堂培训，还能加入更多的情景模拟、实战演练、行动学习等混合式培养环节，这将大大提升培训落地的可能性。

关键词：教材研发

蓝翔花了很大笔墨介绍自己在教材修订和开发上的投入。相信大家都能理解这样一个现象，教材、课程开发往往是投入大、见效慢的一项工作，多数的企业往往喜欢实行“拿来主义”，要么就是小修小补。其实在很大程度上，企业的问题确实有很多共性。但这并不意味着类似的课程就能起到相同的作用。企业内部的讲师、内部的实际案例、适合内部学习的组织形式，都决定了学习的效果。对于企业培训来说，是否能够开发易懂易用的内部课程，决定了内部培训的品质。

关键词：不满意全额退款

企业内部培训在绝大多数情况下对员工都是免费的，如果培训没效果，学员最多抱怨浪费了时间。企业外派培训则往往代价不菲，如果没效果，就不仅仅是浪费时间的问题了。蓝翔的“不满意全额退款”，背后一定有它自己的底气。且不说是不是真的没有一个学员退费，单是这样一个口号，往往能让目标学员对于课程品质有一个基本的信心。企业培训的一个突出问题，就是讲师不需要为培训效果负责，没有回溯机制，这往往衍生了课程开发不严谨、授课态度不端正等问题。重建学员对于培训效果的信心，是培训管理者要关心的大问题。

(三) 工厂学校

工业革命后期，随着制造业的蓬勃发展，传统的作坊式生产方式逐渐被淘汰。由于新技术和新设备的广泛应用，企业更倾向于要求工人在短期内掌握完成某项特定工作所需要的技术，而学徒培训和职业技术教育在时间方面无法满足企业的需求。在这种背景下，工厂学校（即企业学校）应运而生（见图 3-4）。

图 3-4　企业学校（麦当劳中国汉堡大学成立）

案例

麦当劳也有大学，并且牛气冲天

麦当劳汉堡大学（McDonald's Hamburger University）被称为快餐届的哈佛（见图 3-5）。事实上，该校在中国的录取率不到 1%，这可是哈佛望尘莫及的。

图 3-5　麦当劳汉堡大学

在美国就读麦当劳汉堡大学的学生可以赚取多达23分的学分。1 600多所美国专科院校和大学都接受该学分转化。目前，这个项目在全球7个不同地区都设有学校：伊利诺伊州奥克布鲁克、东京、伦敦、悉尼、慕尼黑、圣保罗、上海。目前在莫斯科，麦当劳汉堡大学也即将开设其第八所分校。20世纪60年代初，麦当劳成为世界上第一个拥有全球性训练发展中心的餐饮企业。到今天，它与全球超过4 000所大学都有着紧密的合作关系。

麦当劳汉堡大学于1961年由麦当劳前高级董事长弗雷德·特纳（Fred Turner）创立，最初位于伊利诺伊州爱尔克·格拉乌村（Elk Grove Village）一家餐厅的地下室内，后迁至美国芝加哥橡溪镇（Oak Brook Town）麦当劳总部。1961年，麦当劳汉堡大学的第一批14名学员毕业。如今，每年有超过5 000名学员接受麦当劳汉堡大学的培训。麦当劳汉堡大学在全球麦当劳运营上扮演了重要角色，培育出超过8万名餐厅经理人。从1961年成立至今，全球有超过125 000名餐厅经理、中级经理和运营商毕业于麦当劳汉堡大学。

在美国，麦当劳汉堡大学拥有16名全职大学教授，能够满足28种不同语言的教学需求。尽管大学的名字是汉堡大学，但这里并不是教经理人如何做汉堡。事实上，这里真正教授的是如何经营一家成功的餐厅。麦当劳汉堡大学致力于成为最佳的人才培养中心，侧重领导力发展、业务增长和运营程序，并特别注重服务、质量和清洁度，以帮助学生做好从事餐饮业管理职位的准备。在实训中，训练者需要通过角色扮演来提升自己的服务能力，通过更长、更复杂的订单要求提高自己的业务技能。

2010年，从香港移师到上海的麦当劳中国汉堡大学，是其全球第7个训练基地。学校从1 000个申请者中仅录取了8名学生，远低于哈佛大学5.9%的录取率。因此，不管是麦当劳还是麦当劳汉堡大学，都在用实践告诉我们：只有坚持做好自己的事情，不断学习、上进、突破和创新，才能创造出让世人惊叹的奇迹！

如今，麦当劳汉堡大学也在不断加强与国内诸多高校的合作，探索人才培养新模式（见图3-6）。

图3-6　麦当劳中国汉堡大学与云南财经大学战略合作签约仪式

（四）职业化培训机构

随着经济的进一步发展和社会生产力的进一步提高，企业对员工的继续教育（培训工作）需求越来越迫切，并不是所有企业都有资金和能力建设自己的“工厂学校”，为了缓解这一矛盾，社会上出现了许多继续教育的专业团体，即职业化培训机构（见图 3－7），有些是国际性的，有些是全国性的，还有些是地方性的。

图 3－7　职业化培训机构

这些继续教育团队的培训工作已经开始遵循市场化的运作机制，为企业提供极具专业特色和有针对性的培训项目，满足了企业员工知识补缺、更新和提高的需求，为企业发展服务。

二、培训外包

培训外包是指将制订培训计划、办理报到注册、提供后勤支持、设计课程内容、选择讲师、确定时间表、进行设施管理、进行课程评价等核心职能外包出去的一种培训方式。它能使培训与开发活动以更低的费用、更好的管理、更佳的成本效益进行，并且责任更清晰。

培训外包的步骤如下：

（一）进行培训需求分析，作出培训外包决定

在作出培训外包决定之前，应当先完成培训需求分析。根据需求分析结果，结合培训成本预算，再决定培训是否需要外包。

（二）合理选择培训工作外包

外包决策应根据现有工作人员的能力和特定培训计划的成本而定。例如：当公司正处在急速发展期且急需培训员工时，可以适当考虑外包某些或全部培训活动；当公司处于精简状态时，可以将整个培训职能外包出去，或更明智地决定是否只将培训职能的部分工作外包出去。

（三）起草项目培训计划书

在作出外包培训决策之后，应当给培训服务提供商起草一份项目计划书。此项目计划书应具体说明所需培训的类型水平、将参加培训的员工以及提出一些有关技能培训的特殊

问题。项目计划书起草应征求多方意见，争取符合企业培训的要求。

（四）选择适合的服务商并寄送项目培训计划书

起草完项目培训计划书后，就要寻找适合的外包服务商并签订合同。一旦将公司人力资源开发（培训）的职责委托给公司外部的合作伙伴，就意味着要对其专业能力、文化兼容性和表达技巧有一定程度的信心。外包活动双方的这种高度匹配不但能确保培训质量，而且能确保有效对接、顺畅沟通以及培训的成功。

（五）考核并决定培训服务商

在与培训服务商签订有关培训外包合同之前，可以通过专业组织或从事外包培训活动的专业人员来了解、考察该服务商的资质。在对可选择的全部对象都作过评估之后，再选定适合自己的服务商。

（六）外包合同的签订

与培训服务商签订合同是整个外包程序中最重要的环节。在签订合同之前，应先让自己的律师审查该合同，并请专业会计或财务人员审查该合同以确定财务问题。需要注意的是，合同中必须注明赔偿条款，比如培训效果不佳或不符合企业的时间要求时应进行相应的赔偿等。签订合同时也最好让公司里最善于谈判的成员一同前往，以确保公司的利益。

（七）及时而有效地与外包培训服务商进行沟通

计算机软件培训是最经常被外包出去的培训活动，公司必须让员工了解培训情况并为他们提供这个重要领域的及时而有效的培训。因此，进行及时而有效的沟通就成了保证外包活动成功的关键。沟通应当是及时的和持续不断的，应当收集并分析员工对每项外包培训计划质量的反馈。

（八）监督并控制培训质量

在培训活动外包之后，还要定期对服务费、成本以及培训计划的质量等项目进行跟踪监控，以确保培训计划的效果。这就需要建立一种监控各种外包培训活动质量和时间进度的机制。

此外，在培训服务提供商的选择上，要考虑如下因素：

其一，培训服务提供商的名声及经验。

毫无疑问，知名度越高、信誉越好的培训服务提供商越让企业放心，因此，在选择培训服务提供商之前，应对培训服务提供商的声誉和经验指数进行全面的调查，以确定是否与其进行合作。通过对培训服务提供商的信誉及经验的调查，来证明它有能力在企业确定的时间内提供企业所需要的培训。

其二，获取相关的信息、数据。

考察该培训服务提供商的专业及业务活动水平的情况，例如：是否对本企业的项目计划书要求作出了正确而简洁的回复？是否提供了不相关的信息？是否能提供说明其长期以来持续有效益和有效率的业绩证明文件？等等。

其三，确认财务稳定性。

要求培训服务提供商提供信用证明，以了解该培训服务提供商在财务上是否稳定。如果所选择的培训服务商面临破产的危险，那么企业也会因此而蒙受动荡与混乱的考验，组织者不得不再经历一次提供项目计划书要求的过程，这对于公司来说是一项巨大的损失。

其四，核实培训服务商的人员招聘与培训的能力。

核实该培训服务提供商是否拥有一个招聘和培训自己雇员的系统，因为在长期培训活动的过程中，培训服务提供商不可避免会出现人员变化，因此拥有该系统可以保证其快速补充新人。

其五，具备共享价值观。

要求培训服务提供商理解本企业的价值观和文化并进行描述。在进行培训活动时须按照企业的价值观方式实施培训计划。

随着企业的成长，新的角色和新的培训需求会不断涌现，对此企业不但要制定长期战略规划，还要根据该规划去评价这些培训活动，使每个合作伙伴都千方百计地努力发展这种合作关系，以达成合作双方互惠互助的目的。

复习思考

1. 简述培训计划的作用。
2. 简述制订培训计划的步骤。
3. 结合实例论述培训项目设计的构成要素。
4. 简述培训机构的历史演变。
5. 什么是培训外包？简述其实施步骤。
6. 如何挑选培训服务提供商？

培训游戏

巧过蜘蛛网

1. 游戏编排目的

本游戏的目的在于让学员体会到团队合作中计划的重要性及团队合作精神的巨大作用。

（1）沟通与合作。

（2）领导能力培养。

2. 参加人数

全体学员。分成小组，再按每排网眼数分成若干排。

3. 时间

15～20 分钟。

4. 道具

用绳子编成的一张蜘蛛网以及说明书若干份。

5. 游戏规则

（1）在整个过程中，身体的任何部位都不得触网。

（2）每个网眼只能过一次，即不能两人过同一个网眼。

（3）所有学员从蜘蛛网的一侧通过网眼到达网的另一侧即为成功。

（4）如果整个过程中有任何一位学员碰到网绳，那么所有的学员必须全部回到起点并重新开始。

6. 注意事项

（1）本游戏考查学员的组织能力和团队合作精神。每组的领导需要有较强的计划能力和组织能力，在一得到说明书时就应该开始筹划，以便回到队中立即开始行动。其他学员作为组员应在遵从领导的同时给予有效的建议，但仍要以配合他人为主。

（2）由于是几个组同时竞争，因此其他组的表现也会对本组产生影响。这时队员间要互相鼓励，以减少外来的压力。

（3）作为一种有效的方法，可以先算出网的每行有多少个眼，然后将队员按这个数字配成几排，选出两位学员（最好包括领导）去举网。由于规定每个网眼只可过一个人，因此举网的人可以将第一排网眼举到适合队员钻的位置，等第一排队员钻过之后再换举第二排网眼，让第二排队员通过，以此类推。这种方法可以节省很多时间，当然也需要队员的高度配合。

7. 相关讨论

（1）该游戏最难的地方是哪里？应该怎样改进？

（2）你对计划的重要性有什么认识？你认为这次活动的计划制订得怎么样？

（3）请评价你所在的团队在活动过程中的团队合作精神如何，团队成员间是否有信任感。

模块四

培训师的培养

学习目标

1. 培训师概述
2. 培训师的选拔和培养
3. 课件制作（PPT、AxeSlide）
4. 培训课程的设计和开发

案例导入

五月花制造公司是美国印第安纳州一家生产厨具和壁炉设备的小型企业，大约有150名员工，博比是这家公司的人事经理。这个行业的竞争很激烈，五月花公司努力使成本保持在最低的水平上。

在过去的几个月中，公司因为产品不合格问题已经失去了三个主要客户。经过深入的调查，公司发现次品率为12%，而行业平均水平为6%。副总裁汤米和总经理考森在一起讨论后认为问题不是出在工程技术上，而是因为操作员缺乏适当的质量控制培训。汤米和考森相信实施一个质量控制的培训项目将使次品率降低到一个可以接受的水平上。考森接受汤米的授权负责设计和实施操作这一培训项目。

为更好地实施培训，考森联系了三位比较资深的外部培训师，但他们都因没有行业背景而被否决掉了。最后，考森选择了公司内部的培训师来开展培训工作，但合适的内部培训师需要提前一个月预约，考森等不了这么久，只能降低要求，选择了一个并不太令自己满意的内部培训师。

…………

培训后的评估发现，此次培训效果不佳，受训学员的最终评分为58分（一般内部培训师培训的得分为85～90分的居多）。可以说，这次培训是失败的。

案例解读

培训师的行业背景固然重要，但并不是鉴别培训师好坏的主要因素；我们对培训师的鉴别，最重要的是审查培训师擅长的领域和关注点。与其选一个有所需行业背景的培训师来讲他不擅长的课程，不如选一个没有行业背景但擅长所教授领域的培训师。

学习情境一 培训师概述

培训师是指能够结合经济发展、技术进步和就业要求，研究和开发针对新职业（工种）的培训项目，以及根据企业生产经营需要，掌握并运用现代培训理念和手段，策划、开发培训项目，制订、实施培训计划，并从事一线培训咨询和教学活动的人员。

培训师的主要工作内容有：

一是在特定、专长领域内不断学习研究，并根据市场需要设定系列培训课程。

二是根据不同行业、不同公司的培训需求，有针对性地进行培训课程的开发和调整。

三是运用多种培训方法和工具，讲授培训课程，实现培训目标。

一、培训师的基本要求

（一）有心

有心，是指培训师在制定培训课程时要用心考虑企业的实际需求。如果企业对培训内容有误解，一定要开诚布公地指出来，替企业考虑得多一些。在培训过程中，要时刻留意场下学员的反应，从他们的眼神和神态中，捕捉他们的学习状态。如果发现学员露出疲惫的神色，那么培训师可以立即做一个激励的小游戏，或者讲一个幽默的管理故事，将学员们的精气神提起来。如果发现学员露出迷茫的神色，培训师就要把刚才讲的内容采用另一种方式再讲一遍，以帮助学员听懂培训内容。

（二）有嘴

有嘴，主要表现为沟通表达能力突出。无论培训师多么有经验、课程内容有多好，都需要借助一张嘴表达出来，因此沟通表达能力对培训师而言很重要。曾有企业表示，他们挑选培训师，不管是多么有实力的专家，如果其语言表达不能让学员打 85 分以上，就一律辞退。

（三）有腿

有腿，是指身体要好，尤其下肢要具有相当的耐受力和承受力。专业的培训师一天的培训课程是 6～7 个小时，经常会连续若干天，这么长的时间站下来，没有强健的体魄是无法承受的。因此，身体素质和体能锻炼是培训师在繁忙的工作之余一定要高度重视的一项日常工作。

（四）有型

有型，是指要有讲师风度，在台上要有良好的台风。作为培训师，为人师表，形象上一定要对得起观众，如果让观众讨厌，则会影响观众的听课效果。培训师的着装要符合正式的场合，衣着整洁。在授课时，尽量杜绝挠头、插兜等小动作，让讲师的肢体语言生动而不“多动”。

(五)有脑

有脑，是指要具备足够的理论知识，具备足够的实践经验。培训师的工作职责就是传道、授业、解惑。只有你有一瓶水，才能传授给学员一杯水。一般而言，一天的培训课程是6～7个小时，培训师说出来的话，打印出来比书还厚。单靠过人的记忆力是不可能把这么多的知识丝毫不差地讲出来的，这就需要培训师多年扎实的积累。另外，企业培训师不同于一般的大学讲师。大学讲师传授的教学内容变化不会太大，可企业培训师每次针对的企业是不同的，要求每次的课程都按照企业的需要来进行开发和调整。这同样需要培训师具备深厚的知识功底和实践经验，具有非凡的思考、归纳、总结能力。

培训师是一个炙手可热的职业、一个受人尊敬的职业。但是，并不是每一个人都适合做培训师，只有经过努力、符合上述要求的人才适合做职业培训师。

知识延伸

培训师之父拿破仑·希尔

培训师是一个在近些年企业发展之下越来越多地被人们关注的职业。说到培训师这个职业，那就不得不说被誉为培训师之父的拿破仑·希尔(Napoleon Hill)，他是全世界最早的现代成功学大师和励志书籍作家，曾经影响美国两任总统及千百万读者。

拿破仑·希尔(见图4-1)于1883年生于弗吉尼亚州西部的偏远山区，早年家境贫穷。其母在他10岁时去世，之后其父另娶了一位妻子，即继母玛莎。玛莎的教育和鼓励对希尔的影响很大，令他受益终生。13岁时，希尔在继母的帮助下，用一支手枪换回了一台打字机，从此开始了写作生涯。读了两年高中之后，希尔考取了一所商学院，毕业后为弗吉尼亚州首席检察官鲁弗斯·艾尔斯工作了一段时间。在工作的过程中，希尔对法律产生了兴趣，于是说服弟弟维维安·希尔一起去乔治敦法学院就读，兄弟两人的学费都用希尔的稿费支付。最终维维安顺利毕业，希尔却中途退学，在《鲍勃·泰勒杂志》(*Bob Taylor's Magazine*)找了一份工作。杂志社的老板是罗伯特·泰勒，一名出身田纳西州的参议员，他安排希尔采访各界成功人士，撰写关于他们成功经历的故事。希尔在采访“钢铁大王”安德鲁·卡耐基时，两人一见如故，原本短时间的采访计划延长为整整三天。卡耐基建议希尔总结众多成功人士的经验，开创自己的“成功哲学”，然后把成功的方法教给其他人。这一建议彻底改变了希尔的人生，也让他走上了研究培训之路。

图4-1 拿破仑·希尔

之后，通过卡耐基的联系与帮助，希尔认识了亨利·福特、托马斯·爱迪生等著名人物，结识了政界、工商界、科学界、金融界等百位成绩卓著的成功者。这些成功人士的真实见解成为拿破仑·希尔一生的资本。希尔在研究和思考他们成功经验的基础上，进行比对与研究，终于找到了人们梦寐以求的人生真谛——如何才能成功。而做这一切，果真与卡耐基说的一样，整整花了 20 年的时间。之后，他根据自己的研究写了《成功规律》一书，为年轻人指点迷津。这本书一上市就热卖，一度创销售纪录新高，成为激励千百万人获得财富和地位的教科书。凭借这本书，他不仅成为美国社会享有盛誉的学者、激励演讲家、教育家和百万美元收入的畅销书作家，而且成为两届美国总统——伍德罗·威尔逊和富兰克林·罗斯福的顾问。

拿破仑·希尔的一生传奇而辉煌。他用自己的坚持和信念造就了自己不俗的一生。从他的故事中我们也不难发现成功人士闪光背后的不懈与付出。尤其是作为一名培训师，其需要具备的能力、知晓的知识、涉猎的领域，均远远超出其他行业的需要。

二、培训师的培训禁忌

培训过程中，培训师的培训水平直接影响学员的接受程度和培训效果，所有培训师在培训中都要留意以下几点禁忌：

（一）故弄玄虚

培训的最终效果还是要依靠周密的培训计划、针对性的培训课程、完善的培训准备、有效的培训实施，脱离了这些，仅靠故弄玄虚，是难以取得预期培训效果的。

曾有培训师号称要让学员体验“丰盛人生”，在培训中设立了“体验恐惧”的内容，多次将受训学员按入水中要其闭气体验恐惧，致使一名学员溺水身亡。还有的培训师一出场便“先声夺人”，自我介绍占去一堂课的 1/4，引发了学员的不满，最后嘘声四起而不得不中断培训。

（二）高深莫测

培训师有责任和义务将抽象的理论知识深入浅出地进行讲解，让学员从中得到满意的收获并将之应用到工作实践中。

有的培训师故意将培训内容讲得很高深，似乎只有这样才能体现自己的水平，这对于一些新学员来说是华而不实的。这样一来，不仅学员的培训积极性受到打击，培训效果也难以保障。

（三）照本宣科

必须明确的是，培训教材只是一种授课工具，是为了方便学员学习和培训师掌握培训进度的工具。有的培训师在培训期间照本宣科、平铺直叙、中心不突出、目的不明确、脱离实际，洋洋洒洒的一场培训并没有太多实际价值。培训的关键是讲解，通过讲师的“讲”达到学员的“解”，让学员听懂并理解才是目的。

（四）念流水账

有的培训师在培训过程中十分呆板，从大标题到小标题，从大概念到小概念，一、二、三、四、五依次下来，面面俱到，虽然条理清晰，但平淡无味，难以激发学员的学习兴趣，很难达到培训的预期效果。

（五）满堂灌

有的培训师一场培训一讲到底，讲的全部都是课程内容，学员的脑子里装不了，本子上记不完，应接不暇；不给学员一点讨论、思考和交流的时间，没有一点轻松愉快的“小插曲”。这样的培训，培训师讲得累，学员听得更累。

（六）拖延课时

善于掌控时间是一名合格培训师的必备条件之一。在有限的课时里，对自我介绍、课程导入、内容展开、问题讨论、课程结尾各用多长时间，培训师必须严格掌控，不可在某个自己感兴趣的环节上任意发挥，造成培训拖延而占用中场休息时间。这样一来，不仅学员听课后非常疲惫，甚至会打乱整体培训安排，造成整个培训环节的失调。

（七）语言障碍

培训师应当用一口流利的普通话开展培训，但有些人讲起课来口语太多，如“是不是”“对不对”，以及过多使用“呢、啦、吧、啊”等语气词。这些不良口语习惯如果带到培训课堂上，则会大大降低培训效果。

（八）离题太远

有的培训师难以驾驭培训主题，总会不自觉地按自己的思路信马由缰、任意发挥，也许学员听着非常起劲，但培训的中心内容被冲淡了，达不到培训的预期效果。

（九）死气沉沉

学员的年龄、学历、经历、阅历不尽相同，其接受能力、理解能力也大相径庭。因此，培训师须善于调节课堂氛围，设法吸引每个学员的注意力，切忌枯燥乏味、死气沉沉、催人欲睡。

（十）无限煽情

培训师应以精彩的讲解去感染学员、打动学员，但切勿为了做到这一点而一味煽情。例如，有的培训师还没上台就开始煽情，一边在讲台上小跑一边有节奏地击掌，喊着：“来来来，大家跟我一起来，动起来……”这样做确实够煽情的，但切不可运用过多，尤其新进员工培训中更是不宜过多采用。互动的目的不是好玩、为动而动，而是为培训内容服务，不可无限煽情，否则就有哗众取宠之嫌了。

三、评价培训师的三个标准

如何快速而有效地评估和衡量一名培训师是否合格呢？我们可以从知识和经验、培训技能、人格魅力三个层面来对培训师进行评价。

知识延伸

知名培训师曾仕强

曾仕强是中国式管理大师，被称为“中国式管理之父”，曾任台湾交通大学教授等职。曾仕强专研中、美、日管理比较，中、西管理思想比较，人际关系与沟通等。著有《中国式管理》《论语的生活智慧》《易经的奥秘》《家教：父母如何教养孩子》《人际关系与沟通》等。

（一）知识和经验

培训师只有在自己擅长的培训领域中具备丰富的理论知识、过硬的教学经验与实战经验，才能传道、授业、解惑。在培训的实施过程中，培训师要传授给学员的是一种清晰明确、具有针对性的解决问题的思路，而非泛泛空谈。这就要求培训师对自己所培训的领域具有深刻的认识和丰富的成功经验，同时要求培训师具备足够的知识底蕴，能理解和吃透相关的学术理论，这样才能把复杂而抽象的理论知识深入浅出地给学员作讲解，从而让学员轻松自如地运用到工作实践中去。

（二）培训技能

引人入胜的培训方法和技巧是提高培训效率的有效途径，因此，培训师必须掌握一定的培训技能，不仅要把握好“教什么”，更重要的是把握好“怎么教”。由于企业培训对象基本上都是成年人，培训师应根据成年人的学习特性设计丰富的培训活动，使学员的心态从“要我学”转变为“我要学”。

培训技能主要包括灵活运用各种培训方法和培训手段、严格执行培训进度、熟练使用现代化培训设备、驾驭培训课堂（见图 4－2）、营造培训氛围、调动学员情绪、运用多种表达技巧促使学员理解等。

图 4－2 培训师要能驾驭培训课堂

（三）人格魅力

培训师的人格魅力是培训师综合素质的集中表现。在培训过程中，培训师将扮演编剧、导演、演员等多种角色，从不同的角度来影响学员。培训师不仅是知识的传递者，还是学员的榜样、培训课堂的领导者、人际关系的艺术家以及学员的朋友和知己。

培训师的道德观、行为规范、个人修养、兴趣、礼仪等，都将在培训过程中一览无遗，培训师的人格魅力是决定培训师在事业上能否成功的关键因素（见图 4－3 的三位礼仪培训师）。

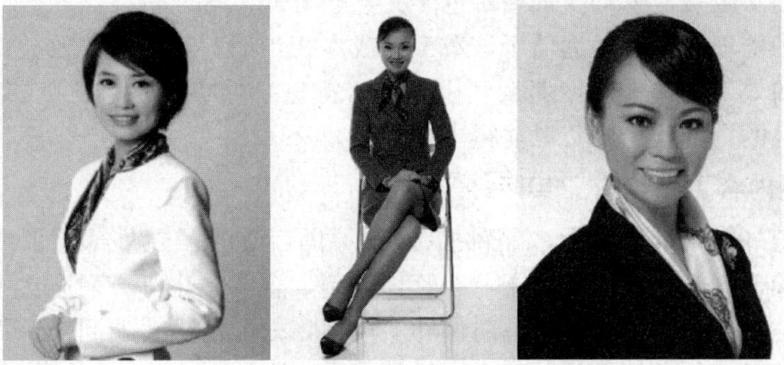

图 4-3　礼仪培训师吴霞、薛巍、杨珩

学习情境二　内训师的选拔和培养

一、内训师简介

在瞬息万变的知识经济时代，企业要想比竞争对手更快地占领市场、获得持续的竞争优势，就必须有比竞争对手更快的发展速度，这就要求企业对其自身的人力资源进行不断地培训和开发，以促进企业整体的学习和创新能力的提高。因此，对人才的教育培训在企业发展过程中发挥着越来越举足轻重、不可替代的作用。

当前，多数企业已经意识到培训的重要性，但是很多企业还未能建立起完整的培训体系，培训显得支离破碎、杂乱无章。然而，培训效果的高低取决于是否有强大、健全的体系支撑。通过建立有效的培训体系，将员工的个人发展纳入企业发展的轨道，让员工在服务企业、推动企业战略目标实现的同时，实现个人与企业的共同发展。一个完整的培训体系的建立离不开四大关键环节——培训内容（课程）的开发、培训师资的选用、培训方式的确定以及培训效果的评估。其中，培训师资是人的因素，是四大环节中的重中之重，其质量高低直接影响其他三个环节的工作方式和效果。

综合当前企业的培训来看，无非就是两大方式：一种是外部培训，包括送员工参加外部公开课程、聘请外部培训师授课或将培训外包；另一种是内部培训，请内部优秀的或经验较丰富的员工授课或让某些员工参加外部课程培训后再回来对其他员工进行培训。当前国内大部分企业倾向于选择前一种培训方式，而很少关注企业内部丰富的培训资源。内部培训，尤其是建立自己的培训师队伍，对于企业来说有其必要性和优势，主要体现在以下几个方面：

（一）培训费用较低

众所周知，无论是聘请外部师资力量来企业讲课还是把员工送出去培训，一般都按照人数或授课时间来收费，人均受训费用近千元甚至万元不等，价格高昂。而充分利用企业内部师资力量的培训费用要远远低于该数字，成本相当低。就培训的效益来说，若外部培训和内部培训的效果相差无几，那么利用内部资源进行培训的性价比就要高很多。因此，挖掘和培养自己的内部培训师资源显得十分必要。

（二）培训内容更贴近企业实际

我们经常把外部培训比喻为"隔靴搔痒"，原因就在于虽然外部培训资源很丰富，培训师的授课经验也很丰富，但每家企业在管理体制、企业文化等方面迥然不同，而外部培训的课程内容往往千篇一律，缺乏针对性和实用性，只能解决普遍问题，不能解决企业的个性问题。很多参加外部培训的员工有同样的感受：听课时觉得课程内容很精彩，感觉很受启发，但听完回来在实际工作中却发现没办法应用。而利用内部培训师进行培训，由于内部培训师长期处在企业实际工作环境中，对企业内部的运作情况有着较深入和准确的把握，可以根据企业实际情况进行"量体裁衣"式的培训，更容易帮助受训者提出针对性强的解决问题的意见和方案。

（三）沟通效果较好，有助于形成学习型组织氛围

内部培训师熟悉企业文化、岗位技能要求，清楚学员的需求，同在一家企业，和受训者基本认识甚至比较熟悉，更容易和他们交流。与外部培训师相比，内部培训师生之间的这种交流并不局限于培训课堂，培训师可以充分利用同事关系在授课之余给受训者提供更多的指导，实现一对一的深度交流，在企业内部搭建更好的沟通平台，从而保证更好的培训效果。同时，通过内部培训师的榜样示范作用及其与受训者之间的交流，有助于提高受训者自主学习的积极性，在企业中营造出分享知识、共同进步的氛围，有利于学习型组织的建设。

学思之窗

培育学习型组织，推进学习型社会建设

学习型组织建设是丰富学习型社会教育内容、扩展学习方式的重要载体。例如，以学习型组织培育建设为内容的社区教育实践，保障和满足城乡居民学习基本权利和终身学习需要，以促进全体成员居民素质和生活质量提高，推进学习型城市建设，营造人人皆学、时时能学、处处可学的终身教育氛围。

（四）对培训过程的管控效果较好

外部培训往往是将员工送出去或将培训外包给专门的培训机构，这也就意味着培训过程交由员工个人或外部机构管控，企业人力资源部门只能在前期对培训师资和培训课程进行筛选，在培训结束后通过考核受训者的方式了解培训的效果，无法对培训实施过程进行很好的监督和控制。而由内部培训师对员工进行培训，则可以在培训前监督并审核培训师授课内容的开发情况，在培训过程中维持纪律，及时协调培训师与受训者的沟通，培训结束后可及时对培训师的授课效果及受训者的学习效果进行评估总结，从而为下一次的培训

提供经验和教训。

（五）有利于激励优秀员工，促进其职业生涯的发展

在企业内部挖掘和培养优秀的或有经验的员工担任内部培训师，实际上就是对企业内部人力资源的充分开发和利用。对于优秀的员工来说，承担内部培训师的任务对其职业生涯无疑是一种新的挑战和尝试。通过培训授课，内部培训师可以大大提升个人在演讲、表达、控制局面和应对突发事件等方面的综合实力，而在开发课程的过程中，也有利于自身知识和技能的进一步巩固和拓展，与此同时，授课效果得到受训者和企业的肯定也会给其带来成就感，有利于激励优秀员工继续留在企业，攀登其职业生涯的另一个高峰。

因此，本着充分而有效地整合企业现有资源、实现知识共享和继承的目的，有必要通过内训师的选拔和培养来形成全员学习的良好氛围，从而不断提升员工的综合素质。

知识延伸

企业内训师的三重境界

企业内训师有三重境界，如图 4-4 所示。

第一重境界：做一个优秀的企业讲师

企业讲师训练是企业内训师实现从讲师到“牧师”跨越的起点和基础。企业讲师更多的任务是培训，而培训的核心内容是通过讲师对学员进行知识、方法等内容的传授与训练，帮助学员掌握解决问题的方法。因此，企业讲师主要以传递知识、讲授方法和技术为主。企业讲师一般由公司从业务骨干中选拔和培养，讲授自己的专业或专业的相关领域。

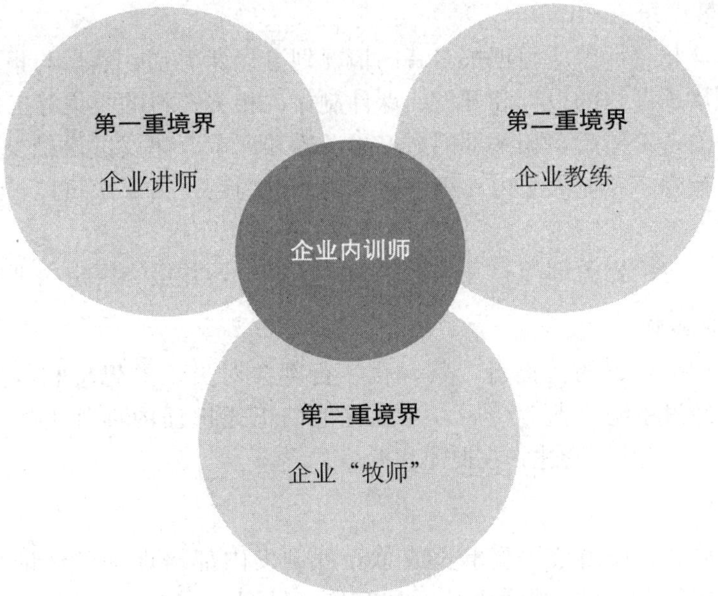

图 4-4　企业内训师的三重境界

企业讲师通常的修炼课程是TTT（Training to Trainer），侧重于演讲与呈现技巧、授课方法、课程开发等方面的训练。

第二重境界：从企业讲师到企业教练

一个好的企业教练就是通过与学员建立一种相互信任的关系，协助学员设立目标，激励学员在工作业绩上和日常生活中都力争最佳，将学员的优点发挥到极致并帮助他们获得非凡成就，而不是将焦点集中在修改缺点上。教练技术的核心内容是以人为本。教练以中立的身份用技巧反映学员的心态，使对方洞悉自己，并就其表现的有效性给予直接回应，令对方及时调整心态、明确目标并以最佳状态去创造成果。其目的是有效地将人力资源转化为生产力。

第三重境界：从企业教练到企业"牧师"

企业"牧师"的使命就是使员工接受企业文化，把员工自身价值的体现和企业目标的实现结合起来。如果说企业讲师的目的是使学员会做，企业教练的任务是帮助学员做到优秀的话，那么企业"牧师"的使命则是启迪和净化学员的心灵（或心智），使学员能够心甘情愿地做到卓越。

二、内训师的选拔

内训师的选拔有以下步骤：

（一）宣传及报名

企业可以通过内部网络、OA办公系统、会议等不同的宣传渠道，发出内训师选拔的通知，明确报名时间、报名要求、相关政策以及结果公示日期等内容，建议除本人报名外，还可采用领导推荐的报名方式参与报名。

（二）备选及评审

报名结束后，相关部门应根据报名者的情况划分授课类别，然后与报名者进行充分沟通，协助其完成培训课程的设计和开发、课件制作、相关资料的收集等工作。

报名者做好准备工作后，相关部门应安排试讲和评审，建议试讲最少安排两次：第一次应该局限于小范围、专业人士内；第一次试讲通过的话，第二次可以扩大范围、安排非专业人士参与。

试讲结束后，应由相关部门召开内部培训师评审会，并最终决定内训师候选人。

（三）培训及考核

内训师作为相关知识的传播者，其一言一行都会对员工的思想和行为产生一定的影响，因此，只有经过系统培训考核后，才能让他们正式担任内训师工作，这一点在下文"内训师的培养"中有专门论述，在此不再赘言。

（四）聘任上岗

培训考核合格后，应由公司董事长或总经理颁发内部培训师聘任证书，并在公司网站、OA办公系统或其他宣传渠道上公示和宣传（见图4-5），并且将正式选出来的内训师纳入公司培训资料库，这样既可以树立企业内训师的个人形象和品牌，也可以增加企业内训师本人的荣誉感。

图 4-5 南粤基金内训师聘任仪式

企业内训师的选拔和培养是一项需要持续完善的工作，需要主导部门及相关部门持续地投入精力，但一定要明确，今天投入的精力，明天会十倍、百倍地得到回报。

知识延伸

内训师：常见问题及对策，你中招了吗？

1. 担心自己讲不好

原因分析：内训师的心中有一些焦虑，他的需求是希望自己能够正常发挥，而他真正的目标则是完美发挥，也就是希望自己能讲得好，整体上没有什么问题。

解决方式：

一是提前刻意练习，通过反复练习形成套路，练习到用后脑勺都能想起来接下来要说什么；

二是精心设置培训开场，开场方式有金字塔式开场（我是谁，我要做什么，我要带领你们做什么）和套路式开场（“我和你们一样”，找到与学员的共同点，拉近与学员之间的距离）。

2. 气场不够，无法控场

原因分析：感觉自己不适合做内训师，特别是面对社会人士。优秀的培训师一定是有权威的。

解决方式：

其实最好的控场方式是熟悉受训人群。

运用 4W 法熟悉受训人群，每个 W 列举出 10 条，如“Who are they?”“What they want?”并在课程开始之前询问学员的困惑和期待，把这些做好总结，自然会更了解学员的需求。

3. 要满足所有人的需求

原因分析：拥有这样信念的人认为，在培训时，我就是课程的掌控者，只有我才能调动所有人，我有非常大的知识储备，因此，我能解决所有学员的各种各样的问题。

解决方式：

第一步：在课程开始的时候，提出关于课程范围的问题，展示大纲，包括会讲什么、不会讲什么。

第二步：课程范围设置好后，可以跟学员进行互动。例如，告知学员在此次课程中他们可能会遇到一些跟之前所听过/了解到的课程内容的不同观点，大家可以在课后讨论。当内训师不把话说得那么满的时候，学员就会降低预期。

4. 课中滔滔不绝地讲

原因分析：这种做法源自内训师的掌控感，他希望能够主动控场。其实，在成人培训中，这一点是特别忌讳的。

解决方式：

内训师在讲课的时候要画好自己的“界线”，只讲课程中的内容和感悟；更多的讲述要留给学员，内训师只讲那些能够启发学员的关键点。

当然有一类内训师可以口若悬河，讲课特别好，有极强的语言天赋。但对于大部分内训师来说，要做到这点是需要天赋的，如果想让学员融入，设置体验环节就很重要。

5. 学员注意力下降

原因分析：学员是人，不是超人，不可能在一堂课中始终全神贯注，内训师需要做的是调节与调整。

解决方式：

内训师可以偶尔停顿，然后对学员说：“我突然很好奇，我们的课程可能让大家有些分神，我注意到大家可能有一些困，那么你们能告诉我到底是怎么回事吗?”这个问题问出来之后，通过学员的讲述，就可以知道问题出在哪里了。

可以把培训分为若干模块，每个模块为1～1.5小时。花上两到三分钟在开场的时候先跟学员聊一聊，以集中大家的注意力。接下来讲一个小故事，引出课程的主题。然后讲一些专业知识，讲完之后马上进行练习。练完之后，一定要带学员进行总结和提升，最后讲一个小故事作为结尾。

6. 害怕遇到刺头学员

原因分析：内训师还是期望做课程的掌控者，不能接受那些不完美。

解决方式：

(1) 讲透讲精案例。

(2) 用通俗的语言呈现案例。

(3) 可在会场不断地走动。人们会对移动的人特别关注，这样做也方便和学员融为一体。

如果遇到一些“奇葩”的学员，在培训进行中，慢慢从关注自己向关注别人转化，先关注那些可以给你带来能量的人。这是让课程渐入佳境的方式。

例如，在课堂上先关注那些背挺得很直、认真做笔记、对你微笑的人，先从他们身上吸取能量。一般而言，内训师能照顾到70%～80%的学员就已经很不错了。总有一些学员是属于评判型的，他们并不是反对你，只是他们的思考方式一直处于评判的模式。

三、内训师的培养

内训师应具备以下特点：

(1) 较强的语言表达能力。

(2) 善于使用肢体语言。

(3) 具有良好的个人形象。

(4) 具有较强的沟通能力。

(5) 具备相关培训领域中较高的学历，一般要求：理工科本科以上，文科专科以上，企业文化或心理专业中等教育以上。

根据上述特点，结合企业选拔的内训师候选人，应有针对性地开展培养工作，发挥每个候选人的长处、弥补其不足，使其更好地胜任内训师的岗位。

对内训师的培养，主要内容集中在内训师的角色认识、内训师的素质和能力要求等专题培训方面。例如，如何设计培训课程、如何分析培训需求以及基本授课方法和技巧等。通过培训，不仅要让他们进一步明确内训师的使命，还要让他们形成较为统一的、标准的课程设计和开发流程。

内训师的培养方式比较灵活，除了专题培训外，还可视具体情况开展内训师活动和交流研讨会、提供资料自我学习、安排外派学习、参加各种外部培训课程和旁听所有内部培训课程等。

内训师培养方案样例

××公司内训师培养方案

一、内训师技能培养阶段

表 4-1　内训师的培养计划和内容

实施计划	培训内容
第一阶段 培训前准备	公司参训的候补见习级内训师根据“人岗匹配”的宗旨，由培训与开发主管提供统一的课程教案模板。参训候补见习级内训师（本表中称“学员”）按照指定的课程教案收集工作流程、案例、业务知识等相关资料，按照时间节点要求制作课程教案并呈报内训师管理小组审核。
第二阶段 集中进行《专业内训师TTT基础训练》	课程设置一：《PPT制作与使用技巧》1天（共计6～7小时），讲师针对学员在前期准备的课程教案，指导学员将其转化成幻灯片。 课程设置二：《专业内训师TTT基础训练》2天（共计12～14小时），培训讲师针对每位参训学员的授课内容进行授课技巧方面的指导，着重讲解如何运用自己的专业知识，从克服怯场练起，涵盖眼神使用、手势运用、培训场地的布置、培训教具的使用。 初次评审：邀请合作的培训机构职业讲师与内训师管理小组联合对学员进行为期半天的初审，初审内容涉及课程设计、现场管控、培训技巧、反应评估，经筛选合格的学员进入下一阶段的学习。
第三阶段 自我修炼与顾问服务	经过初级阶段的培训、指导、强化训练，学员就自己在PPT制作、授课技巧等方面存在的问题进行自我修炼，培训机构派职业讲师在固定时间段内（双方协商确定时间）进行现场指导、解疑。

续前表

实施计划	培训内容
第四阶段 集中进行《专业内训师TTT提升训练》	通过初级阶段的培训以及学员的自我修炼，由内训师对学员出现的问题作有针对性的讲授以提升每位学员的培训技巧，从与学员的有效沟通、控场、如何应对培训现场各类突发事件等方面进行培训答疑探讨。

二、内训师资格认证阶段

培训课程结束后，由内训师管理小组组织候补见习级内训师（后称“候补讲师”）进行试讲，并对候补讲师的试讲情况和前期选拔考核得分进行综合评审，根据最终评审结果给试讲合格的候补讲师颁发“××公司见习级内训师资格认证”证书。每年将组织定期复训并对内训师资格进行年审。[注：见习级内训师需授课满12个月以上，培训课程满意度在85%以上，年终考核成绩在90分以上，年授课累计50课时（含）以上。]

三、内训师授课实践安排

1. 师资管理职责划分

原则上所有师资的管理调配权归属内训师管理小组（后称“管理小组”），日常管理工作由内训师所在部门负责。

2. 实践安排

（1）管理小组根据内训师承担的教学任务（擅长的业务科目），制订相应的培训计划，开展内训师的实践安排工作。

（2）内训师严格按照培训计划所安排的授课日程进行授课，完成规定的教学课时；按照教学大纲认真准备教学内容，以确保高质量地完成教学任务。

（3）内训师定期更新和完善教学课件，使之符合教学内容的要求。

3. 补贴标准

管理小组按照内训师等级和培训课时给予必要的补贴，补贴发放以自然月为单位。

基本补贴标准为：

（1）见习级：40元/课时。

（2）认证级：60元/课时。

在前三个月的实习授课期间根据TTT适应原则，以上标准予以减半；内训师费用从综合管理部培训预算费用内支出。

四、内训师的日常考评和评审、晋级

1. 内训师的日常考核

（1）内训师管理小组对内训师授课情况进行跟踪调查，并对受训学员及内训师授课水平进行综合评估，每月5日前汇总评估结果，综合评估结果作为发放培训补贴的依据。

（2）内训师的最终补贴为：基本补贴标准×培训时数×综合评估结果×工作时间段系数（分为实习期时间段、正式期时间段，系数分别为0.5、1.0）。

1）对综合评估结果为91～100分的内训师发放100%的补贴。

2）对综合评估结果为81～90分的内训师发放90%的培训补贴。

3）对综合评估结果为71～80分的内训师发放80%的培训补贴。

4）对综合评估结果为70分及以下的内训师发放50%的培训补贴。

（3）对培训期间随意接听电话、中途离场的内训师每次扣发20元补贴，累计三次以上者取消内训师资格。

(4) 因个人原因严重影响培训进度及培训效果的，进行降级处理，情节严重者取消内训师资格。

(5) 内训师应理顺部门工作与培训任务之间的关系，做好个人时间安排，不得以教学为借口影响日常工作，一经发现取消其内训师资格。

2. 内训师的年度评审及晋级

(1) 管理小组每年2月或3月中旬组织内训师的评审晋级工作，对内训师进行年度考核评估。

(2) 管理小组以内训师授课时数、培训技能、自我评价、培训效果综合评估等项目为基本考核点，对内训师进行评审。

(3) 评估等级分为A、B、C三级：评估等级为A的可以晋升为认证内训师；评估等级为B的维持原等级；评估等级为C的给予2个月考察期，如仍未进步，则取消其内训师资格或降级为候补见习级内训师。

(4) 建立内训师淘汰竞争机制，对不按时完成培训任务、培训效果差、连续三个月综合评估结果为70分及以下者，取消其内训师资格或降级为候补见习级内训师。

学习情境三 课件制作

一、课件的作用

计算机辅助教学手段的出现，不仅给教育领域带来了一场革命，也在培训行业中掀起了新浪潮。计算机辅助教学将传统的电教手段融为一体，不仅能播放音像、演示动画，还具有交互功能，有助于突破教学瓶颈、活跃课堂气氛、调动学员积极性、增强培训效果。

随着技术的不断更新，计算机辅助教学开发平台呈现出多样化趋势，各种课件制作软件如PowerPoint（见图4-6）、Authorware、Flash、AxeSlide（见图4-7）、Prezi、课件大师等，层出不穷，各有千秋。

图4-6 PowerPoint软件

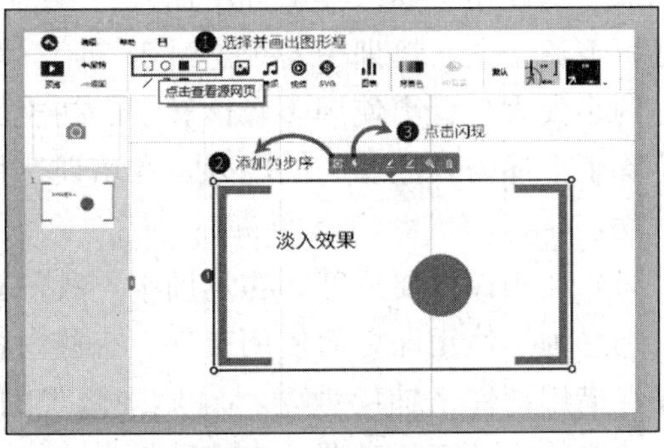

图4-7 AxeSlide软件

根据企业调研实况，结合课程设计思路，我们选择了目前培训领域应用最多、最广泛的 PowerPoint 软件为课件制作平台介绍课件制作思路，并本着与时俱进的思想，选择了目前发展潜力巨大、演示方式灵活生动的 AxeSlide 软件作为补充。

二、PPT 制作思路

作为目前最常用的课件制作工具，PPT 具有功能强大、简便易学的特点。一个优秀的 PPT 课件可以让培训生动活泼、效果突出；同样，一个不成功的 PPT 课件不仅无法激发学员的学习兴趣，还会妨碍正常的培训过程。

因此，在制作 PPT 课件前，有必要明确以下几方面内容：

（一）制作课件前要心中有数

PPT 只是实现培训师教学思路的一个工具，它不能取代培训师的大脑来进行思考。因此在制作课件前，必须依托教材，在充分熟悉培训内容的基础上明确授课重点、培训目标、培训方法。在明确了培训思路后，制作课件就可以做到有的放矢、心中有数，避免制作时手忙脚乱、事倍功半，反而带来不必要的麻烦。建议在制作课件前列出课件大纲，以提高制作效率。

（二）课件不是教材内容的翻版

有的培训师的课件虽然包装精美，但实质仍是教材内容的重复，这会招致学员的反感，还会影响课堂教学的正常进程。

因此，课件的制作力求新颖别致，用新鲜生动的课外知识和典型的实例来帮助培训师将所讲内容很好地传授给学员，给其以视觉和听觉等各种感官的体悟，从而更好地理解所学内容。这才是课件制作的本来目的。

（三）课件制作要充分占有材料

课件制作的实践证明课件的最大优点在于课外信息量丰富、知识点多。比如，与培训内容有关的图片、音乐、电影等都可以导入课件中，这就需要在实际制作前充分地占有材料。有位专家曾指出："只要你找好了材料，课件就成功了一半。"因此，课件制作要注重日常素材的积累和网络搜索引擎的高效利用。

（四）课件的制作不能花哨、烦琐

课件再好也不过是一种辅助手段，因此在制作时就应力求简洁实用，突出难点，适应培训课堂的使用。如果在课件中加入过多的音响效果和色彩鲜艳的图片、动画，就会画蛇添足、喧宾夺主。培训中发现，过于花哨、烦琐的课件在使用时很容易令学员走神，这样就会因小失大，背离使用多媒体教学的初衷。

除了上述需要注意的问题外，在培训过程中，要想有效地使用课件，还要留意以下几个方面：

（1）使用课件要适度。在培训中，我们要根据教学内容的需要，恰当地利用课件来教学，切忌为了使用课件而使用课件。有些内容可以用传统教学法表达清楚，不要为了赶时髦硬性借用课件来辅助教学，对那些微观的、抽象的、难理解的并能用课件去表现的内容，才应使用计算机和课件来辅助教学。

（2）运用课件也需要培训师来穿针引线。要发挥辅助教学的功效，离不开培训师对培训内容的精心设计和细致安排，如安排学员何时看何内容、何时进行讲解等。培训师要恰当且熟练地运用多媒体，尽量减少操作失误，利用课件提供的信息，适时调动学员学习的积极性和主动性，培养其良好的思维品质和学习方法，引导其进行分析综合、比较辨析、抽象概括、判断推理，从而提高其创新能力。如果培训师只管自己操作，不关注学员的反应和理解能力，一味赶进度、唱独角戏，就会将学员与培训内容割裂开来，就很难达到培训的预期目标。

（3）课件不能完全代替黑板书写。在实际培训中，仍有一些关键内容需要培训师手写。到现在为止，传统的黑板还是非常实用的，完全不用是不明智的；那种认为只需用多媒体上课而不用写字来教学的想法也是很片面的。

当然，多数情况下，培训场地难以提供标准的教学用黑板，那么此时，白板也是一个很好的选择。

在 PPT 课件制作方面，建议多向优秀的 PPT 作品学习并多动手实践，只有这样，才能更有效地提高制作 PPT 课件的水平。

三、AxeSlide 简介

AxeSlide 是一款简单而有趣的演示文稿制作软件，强调“以最动感的方式打动你的观众”，操作极为简便，画布的设计可以更方便使用者进行创意设计。

由于 AxeSlide 是基于 HTML5 技术开发的，因此较适合移动互联网的各种终端设备，不仅在电脑上，还可以在手机、平板等设备上进行展示。同时，可以进行云端存储，独立压缩成文件包，完全脱离 AxeSlide 软件本身使用。在移动互联时代，这些设计都给使用者带来了极大的便捷。

AxeSlide 最大的优点可以用几个词概括：缩放、旋转、无边界、实时保存、云端存储、简单易用、免费。除了做演示文稿之外，还可以用来做笔记和思维导图；其特有的缩放功能可以使学员的注意力从整体到局部集中，并演绎出电影镜头的效果；旋转功能可以使学员感受画面的跳跃感，使培训生动有趣。最关键的是，它还非常容易上手，一般一个小时左右的时间，使用者就可以驾驭 AxeSlide，做出一个小巧而精美的课件了。

学习情境四 培训课程的设计和开发

通常而言，课程开发的形式有自主式开发、合作式开发和外包式开发。其中，合作式开发形式较为多用，自主式开发对培训人员的专业要求较高，不仅需要多年培训管理经验的积累，而且需要对理论知识的掌握和实践经验的沉淀。合作式开发因选择合作方进行课程开发，故培训部门主要负责项目管理及过程监控工作。

在课程开发的过程中，作为企业培训部门，如何就关键点进行把控，对于培训项目成果及培训效果起着至关重要的作用。一般来说，培训课程开发应遵循以下七个步骤（见图4-8）。

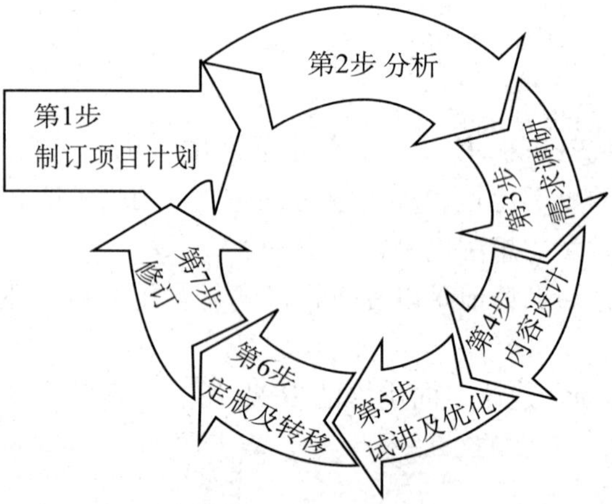

图4-8 课程开发流程

一、制订项目计划

根据选定的课程，提出课程开发立项申请，包括课程开发目的及可行性分析。待确认后，制订项目计划，计划中包括课程开发组织结构、开发阶段及进度安排等，参见表4-2、表4-3。

表4-2 课程开发立项申请

课程开发部门名称	培训中心	接受培训部门名称	公司各部门
课程开发必要性分析： 班组是企业的细胞，班组管理是企业管理的基石，加强班组长培训是提升班组长管理水平进而提高企业管理水平的需要。为进一步完善培训体系，提升培训课程的针对性，达到提升班组长管理技能的目的……			
课程开发难度与可行性分析： 本次课程开发工作非常重要且紧急，对于公司新任的1 000多名班组长，迫切需要基础管理技能培训，对于提升班组长管理水平非常重要。同时，培训中心人员具有多年的课程开发工作经验，熟悉开发流程，可以有效地支撑本次课程开发工作……			
课程开发目的： 1. 宣传公司班组管理理念； 2. 使班组长掌握基础管理技能和方法； …… 申请立项部门名称 ……			

表 4－3　课程开发组织结构及开发计划

<table>
<tr><td>课程开发部门名称</td><td colspan="2">培训中心</td><td>接受培训部门名称</td><td colspan="2">公司各部门</td></tr>
<tr><td rowspan="3">课程开发组织结构</td><td>项目角色</td><td>姓名</td><td>本人签字</td><td>上级主管签字</td><td>备注</td></tr>
<tr><td>开发组组长</td><td>张××</td><td></td><td></td><td></td></tr>
<tr><td>开发组成员</td><td>李××</td><td></td><td></td><td></td></tr>
<tr><td rowspan="8">课程开发计划</td><td colspan="2">课程开发各阶段工作内容</td><td>阶段成果</td><td>计划完成时间</td><td>备注</td></tr>
<tr><td colspan="2">立项申批</td><td>课程开发立项审批表</td><td>4 月 15 日</td><td></td></tr>
<tr><td colspan="2">调研访谈</td><td>课程需求调查报告</td><td>4 月 30 日</td><td></td></tr>
<tr><td colspan="2">确定开发任务书</td><td>课程开发任务书</td><td>5 月 8 日</td><td></td></tr>
<tr><td colspan="2">课程开发</td><td>课程大纲及内容确定</td><td>6 月 5 日</td><td></td></tr>
<tr><td colspan="2">编写相关文件</td><td>学员手册、PPT、讲师手册、案例集</td><td>6 月 30 日</td><td></td></tr>
<tr><td colspan="2">培训实施</td><td>课程优化版本</td><td>7 月 2—15 日</td><td></td></tr>
<tr><td colspan="2">课程转移、内化</td><td>内训师成功授课</td><td>8 月 15 日</td><td></td></tr>
<tr><td colspan="3">课程更新周期（单位：年）</td><td colspan="3">1</td></tr>
<tr><td colspan="6">培训中心意见：
……</td></tr>
</table>

二、分析

根据具体课程，与项目组人员就细节进行分析，形成课程开发任务书，包括课程名称、培训对象、授课时长、培训目的，并根据对培训对象的分析形成初步的培训内容和培训方法，如表 4－4 所示。

表 4－4　课程开发任务书

填写人：张××　　　　填写时间：2020 年 5 月

一、课程名称：从专业到管理
二、培训对象：班组长
三、授课时长（单位：小时）：14
四、培训目标 1. 使班组长正确理解管理的基本概念、管理的关键内容； 2. 让班组长在杂乱无章的工作中，采用以目标为导向的工作计划方法，使管理工作事半功倍； ……
五、培训内容 1. 从专业到管理观念转变； 2. 管理者的工作效率； ……
六、培训方式 1. 纸笔测试（可以多选）： 客观题：□ 填空题 □ 判断题…… 主观题：□ 简述题 □ 论述题…… 2. 操作测试（可以多选）：□ 角色扮演 □ 模拟测试 □ 实际操作测试等

三、需求调研

需求调研就是培训需求分析，在模块二中已经有所论述，此处略。

四、内容设计

内容设计要素包括课程目标、课程内容、课程模块、课程策略四部分。

（1）课程目标：根据环境的需求而定，提供了学习的方向和要达到的标准。课程目标的书写格式参见ABCD法——培训对象（Audience）、行为（Behavior）、环境（Condition）、标准（Degree），即在什么样的环境下有什么样的行为、可以达到什么样的水平。

（2）课程内容：包括范围（内容在水平方向上的安排）和顺序（内容在垂直方向上的组织）。

（3）课程模块：是指学习活动的安排和教学方法的选择，促进认知发展和行为变化。

（4）课程策略：是指教学策略，作为学习活动的一个内在部分，与学习活动有同样的目的。

课程设计要遵循相关性原则——课程内容与企业生产经营实践相结合，符合经营发展趋势；有效性原则——既满足学员需求，又反映组织的需求；价值性原则——避免习惯导向、领导思维的干扰，与生产经营结合是判断的关键。

五、试讲及优化

在内容初步设计完成后，开展示范课教学，征询学员意见以优化课程。示范课后组织学员召开课程研讨会，引导学员反馈对课程的意见。同时，如果在前期访谈中未收集到充分的案例，也可通过示范课再次收集。

为保证课程开发项目顺利完成内化转移，在此环节建议邀请内训师加入，一方面有助于内训师了解课程内容设置并提出修改意见，另一方面有利于培训组织者观摩、学习内训师的讲课风格和逻辑。

试讲的次数需要根据培训对象、培训师的水平来定。通过前期调研，已经对培训对象进行了基本分析，根据培训对象的工作领域、能力现状或学历层次等划分类别，针对不同类别分别开展示范教学，以全面了解学员的意见。同时，培训师的水平在很大程度上会影响学员对课程的反应，因为很多学员从主观角度评价课程，而培训师的授课效果直接影响学员对课程的感受，学员容易将对课程内容的意见与对培训师的意见混为一谈，所以选择合适的培训师更有利于培训项目负责人把握课程优化的方向。

示范课后，根据课程内容设计的原则，有选择性地考虑学员意见，同时考虑组织对培训的要求后，对课程内容进行优化调整。优化调整的内容包括课程深度、顺序和时间安排等方面。

试讲及优化流程如图4-9所示。

六、定版及转移

课程定版后，如何能够顺利转移是需要慎重考虑的问题，可参考课程内化和转移的“七步法”：

（一）讲师选拔

项目启动后，就需要开始内训师的选拔工作。让内训师介入整体课程开发项目中，参与课程设计、优化工作，有助于其深入了解课程内容。

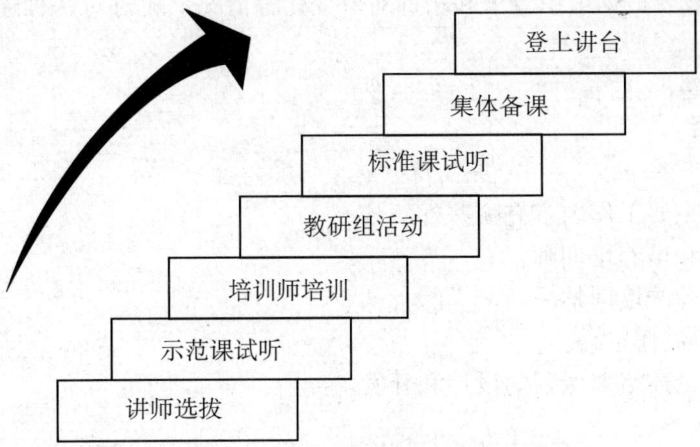

图 4-9 试讲及优化流程

（二）示范课试听

待课程设计完毕，进入试讲环节，应邀请内训师参与，使内训师了解课程内容设置并提出修改意见。同时，通过观摩、学习培训师的授课风格和逻辑，从培训师的角度观察、了解授课流程。

（三）培训师培训

毫无疑问，培训师培训仍被众多企业采用，被视为内训师培养的关键环节，但该环节不仅仅是两天培训课程这么简单，需要分层分级去执行。建议通过培训技巧培训、课程逻辑拆解培训和实战模拟三方面来操作。为巩固培训效果，在培训后需跟进实战模拟，请内训师就某一部分展开讲解，同时请培训师点评指导。

（四）教研组活动

一般来说，内训师多为所属部门骨干，本职工作繁忙，备课时间少，培训部门可定期组织教研组活动，一方面帮助内训师进一步熟悉课程，完善授课技巧；另一方面帮助内训师了解课程开发、案例教学等方面的知识，有效提高专业能力。

（五）标准课试听

要想快速实现上台授课，最简单的办法就是“模仿”。反复看视频、模仿成熟培训师的每一句话确实是一种非常有效的方法。因此在培养内训师的过程中，要多借鉴此经验，在了解课程的设计思路后，组织内训师参加标准课试听，进行自我反思，向其他培训师学习。

（六）集体备课

集体备课是内训师上台的最后一重保障，在开课前组织集体备课，能进一步提升自信，并可相互切磋、交流心得。

（七）登上讲台

通过一系列的培训和辅导活动，最终帮助内训师成功登台，顺利完成授课任务。

七、修订

随着企业内外部环境变化，对课程进行修订是必需的也是必要的。一般来说，课程应一年修订一次，或者根据组织要求和培训对象变化等情况，随时对课程进行修订，以适应新形势的需要。

复习思考

1. 培训师的主要工作内容有哪些？
2. 如何选拔和培养培训师？
3. 简述培训师的培训禁忌。
4. 简述 PPT 制作思路。
5. 结合实例论述培训课程的设计和开发。

培训游戏

建设大桥

1. 游戏编排目的

一个团队的成功取决于什么？一个团队的成功取决于很多因素，但是成员之间的相互扶持和鼓励是至关重要的。本游戏就可以帮助参与者体会团队制胜的重要性。

（1）团队中分工合作重要性的训练。

（2）团队创新能力的培养。

（3）团队合作精神的培养。

2. 参加人数

3～5 人一组。

3. 时间

30 分钟。

4. 道具

纸、剪刀、胶布等“建桥材料”。

5. 游戏规则

（1）每组参与者抽签决定各组的“任务计分纸”。

（2）按计分纸上的点数决定可选取的基本物资的数量，每一点可选一项物资。

（3）建一条长不小于 1 米、宽不小于 0.2 米、高大于 0.15 米的桥面。

（4）每组设计必须体现各组的特色并为各组的设计命名。

（5）时间限制为 30 分钟。

（6）完成后将各组的桥面相连，若过山车可从桥面上顺利通过，则游戏成功。

6. 注意事项

（1）一个团队是由不同的人组成的，每一个人有其不同的个性，因此团队才会有比个人更大的力量，关键是看有没有把合适的人用在合适的岗位上，把好钢用在刀刃上，让大家都能发挥自己的才能。

（2）在一场游戏之后，你会发现有的组建的桥非常漂亮，但是华而不实，经不起过山车从上面经过；有的组建的桥虽然没有华丽的外表，但是经得起考验。这其中的区别在什么地方？这些都值得大家好好地思考，因为这正体现了两种不同集体的处事态度，一种人是把功夫做在表面上，另一种人则是把功夫做在内瓢里，绩效如何一看便知。

7. 相关讨论

（1）什么样的设计在你看来最有新意?

（2）你们组的设计是什么样的?

（3）在设计的过程中，你们组是如何分工的?

模块五

培训成本控制

学习目标

1. 培训成本概述
2. 培训成本效益分析
3. 培训预算制定
4. 培训成本控制

案例导入

李某于2017年3月1日应聘到某航空公司（以下称航空公司）从事驾驶员工作，双方签订了为期3年的劳动合同，劳动合同中约定李某的劳动报酬为每月8 000元，每月发薪日期为15日，社会保险费由个人缴纳。

2017年6月，航空公司出资送李某参加直升机商用驾驶执照专业技能培训。双方签订了一份《飞行员入职培训协议》，协议中约定“李某参加培训结束之后，需要继续回到航空公司继续为其工作服务，服务期限15年，如申请人在15年内提出离职，应当向被申请人支付全部的培训费用”。公司共计为其支付培训费人民币68万元整。

2017年10月，李某培训结束回到航空公司工作。2019年6月开始，航空公司出现无故拖欠李某工资情形，一直到2019年12月底，航空公司将拖欠李某的工资陆续补发完毕。但2020年1月、2月的工资航空公司依然拖欠李某。2020年3月1日李某向航空公司递交了书面的解除劳动关系通知书，以航空公司未按照劳动合同约定按时支付工资，未为其参加缴纳社会保险为由，解除了与航空公司签订的劳动合同。

问题提出：李某是否需要向航空公司返还培训费用？

案例分析：本案中，航空公司虽然为李某花费68万元进行培训，双方也签订了《飞行员入职培训协议》，但是航空公司不按劳动合同约定为李某支付劳动报酬，不依法为李某缴纳社会保险均属于违法行为，即航空公司有过错在先。李某依照劳动合同法等相关规定，向航空公司提出解除劳动合同，符合法律规定。因此，航空公司应当向李某支付解除劳动合同经济补偿金，为其补缴社会保险费，并且李某不需要向航空公司支付培训费。

法律依据：《中华人民共和国劳动合同法》第三十八条规定，用人单位未及时足额支付劳动报酬的，未依法为劳动者缴纳社会保险费的，劳动者可以解除劳动合同。

《中华人民共和国劳动合同法》第四十六条规定，劳动者依照本法第三十八条规定解除劳动合同的，用人单位应当向劳动者支付经济补偿。

《中华人民共和国劳动合同法实施条例》第二十六条规定："用人单位与劳动者约定了服务期，劳动者依照劳动合同法第三十八条的规定解除劳动合同的，不属于违反服务期的约定，用人单位不得要求劳动者支付违约金。"

案例解读

培训费用是培训成本的主要构成部分，对此国家出台了相关的政策法规，《中华人民共和国民法典》《中华人民共和国就业促进法》《中华人民共和国劳动法》《工伤保险条例》《企业职工培训规定》等均有所涉及。一般来说，培训费用有以下特性：

(1) 签订劳动合同后，培训费用应由公司支付。

(2) 解除劳动合同后，公司不承担培训费用。

(3) 培训占用员工休息时间的，应当按加班计算。

(4) 员工在培训期间受伤的，应认定为工伤。

(5) 培训后跳槽者，用人单位不得扣押其资格证。

学思之窗

培养法治意识

法治中国背景下，只有具有法治意识、认可法治、遵从法律的大学生，才能成为新时代合格的开拓者和建设人。法治意识除了表现为自觉守法外，还表现为诉求法律保护意识以维护自身权益、具备法律监督意识以履行社会职责。

学习情境一 培训成本概述

一、成本分析的含义、目的、原则和方法

(一) 含义

成本分析是指利用成本核算资料及其他有关资料，全面分析成本水平及其构成的变动情况，研究影响成本升降的各个因素及其变动的原因，寻找降低成本的规律和潜力。

(二) 目的

实施成本分析，是为了达到以下目的：

(1) 正确分析成本计划的完成情况，客观评价成本责任单位的工作绩效；

（2）查找成本差异的原因，把握成本变动的规律，逐步提高成本管理水平；

（3）寻找进一步降低成本的有效途径和方法，不断提高企业经济效益；

（4）检查企业是否贯彻执行国家有关方针、政策和财经法规，促进企业自觉规范其经营行为。

（三）原则

成本分析应遵循以下原则：

（1）定性分析与定量分析相结合原则；

（2）全面分析与重点分析相结合原则；

（3）纵向分析与横向分析相结合原则；

（4）经济分析与技术分析相结合原则；

（5）成本分析和落实经济责任制相结合原则；

（6）事后分析与事前、事中分析相结合原则。

（四）方法

成本分析的方法主要有：

1. 对比分析法

对比分析法是通过将实际成本指标与不同时期的指标进行对比来揭示差异、分析差异产生原因的一种方法。在对比分析中，可采取实际指标与计划指标对比、本期实际指标与上期（或上年同期、历史最高水平）实际指标对比、本期实际指标与国内外同类型企业的先进指标对比等形式。通过对比分析，可大致了解企业成本的升降情况及其发展趋势，查明原因，找出差距，提出进一步改进的措施。

在进行对比分析时，应注意本期实际指标与对比指标的可比性，以使比较的结果更能说明问题且揭示的差异更能符合实际。若不可比，则可能使分析的结果不准确，甚至可能得出与实际情况完全不同的结论。在采用对比分析法时，可采取绝对数对比、增减差额对比或相对数对比等多种形式。

2. 因素分析法

因素分析法是将某一综合性指标分解为各个相互关联的因素并测定这些因素对综合性指标差异额的影响程度的一种分析方法。在成本分析中采用因素分析法，就是将构成成本的各种因素进行分解，测定各个因素变动对成本计划完成情况的影响程度，并据此对企业的成本计划执行情况进行评价，提出进一步的改进措施。

3. 比率法

比率法是对两个以上的指标的比率进行分析的方法。它的基本特点是：先把对比分析的数值变成相对数，再观察其相互之间的关系。常用的比率法如下：

（1）相关比率法：由于项目经济活动的各个方面是既相互联系、相互依存又相互影响的，因此可以将两个性质不同而又相关的指标加以对比，求出比率，并以此来考察经营成果。例如，产值和工资是两个不同的概念，但它们的关系又是投入与产出的关系。在一般情况下，人们都希望以最少的工资支出完成最大的产值。因此，用产值工资率指标来考核人工费的支出水平就很能说明问题。

（2）构成比率法：又称比重分析法或结构对比分析法。通过构成比率，不但可以考察成本总量的构成情况及各成本项目占成本总量的比重，而且可以看出量、本、利的比例关系（即预算成本、实际成本和降低成本的比例关系），从而为寻求降低成本的途径指明方向。

（3）动态比率法：就是将同类指标不同时期的数值进行对比，求出比率，以分析该项指标的发展方向和发展速度。动态比率的计算，通常采用基期指数和环比指数两种方法。

二、培训成本的定义

培训成本是指企业在员工培训过程中所发生的一切费用，包括培训之前的准备工作、培训的实施过程、培训结束之后的效果评估等各项活动的各种费用。

学思之窗

培养成本意识

成本意识是中华民族勤俭节约传统美德在现代管理中的体现。无论是“历览前贤国与家，成由勤俭破由奢”，还是“人无俭不立，家无俭不旺”，抑或“居安思危，戒奢以俭”，太多的警句格言、商界理念、名人轶事都在告诫我们，艰难困苦、玉汝于成，艰苦奋斗、勤俭节约不仅是一种习惯，更是一种精神，能够磨砺意志、陶冶情操，让人保持昂扬向上、奋发进取的状态，最终实现自身的价值。

培训成本可分为直接培训成本和间接培训成本两类。

（1）直接培训成本是指在培训组织实施过程之中，直接用于培训者与受训者的一切费用的总和。如培训教师的费用，学员的往来交通、食宿费用，教室设备的租赁费用，教材印发、购置的费用，以及培训实施过程中的其他各项费用等。

（2）间接培训成本是指在培训组织实施过程之外企业所支付的一切费用的总和。如培训项目设计费用、培训项目管理费用、培训对象受训期间的工资福利，以及培训项目评估费用等。

三、培训成本的分类

在西方人力资源会计中，培训成本被定义为人力资源的开发成本，是指企业为了使新聘用的人员熟悉企业、达到具体岗位所要求的业务水平，或者为了提高在岗人员的素质而开展教育培训工作时所产生的一切费用。企业人力资源开发成本的支出，有助于员工知识的增长、技能的提高，因此，从本质上来看，人力资源的开发成本是企业对人力资源进行的投资，是真正意义上的人力资源投资。

人力资源的开发成本主要包括人员定向成本、在职培训成本和脱产培训成本。

（一）人员定向成本

人员定向成本也称岗前培训成本，它是企业对上岗前的员工进行有关企业历史、企业文化、规章制度、业务知识、业务技能等方面的教育培训时所支出的费用。它包括培训者和受训者的工资、教育管理费、学习资料费、教育设备的折旧费等。

（二）在职培训成本

在职培训成本是在不脱离工作岗位的情况下对在职人员进行培训所支出的费用。它包括培训人员和受训人员的工资、培训工作中所消耗的材料费、让受训人员参加业余学习的图书资料费及学费等。

在职培训往往会涉及机会成本问题，它是指因开展在职培训而使有关部门或人员受到影响，导致工作效率下降，从而给企业带来的损失。如有关人员离开原岗位所造成的损失，受训人员的低效率或误操作给整条生产线乃至对整个生产过程的产量和质量造成的影响等。

（三）脱产培训成本

脱产培训成本是企业根据生产工作的需要，对在职员工进行脱产培训时所支出的费用。脱产培训根据实际情况，可以采取委托其他单位培训、委托有关教育部门培训或者企业自己组织培训等多种形式。

根据所采取的培训方式，脱产培训成本可分为企业内部脱产培训成本和企业外部脱产培训成本。企业内部脱产培训成本包括培训者和受训者的工资、培训资料费、专设培训机构的管理费等；企业外部脱产培训成本包括培训机构收取的培训费，受训者的工资、差旅费、补贴、住宿费、资料费等。

培训成本与受训者在企业中所担任的职务、所接受培训的层次、培训单位等有密切的关系。

学习情境二 培训成本效益分析

培训成本效益分析是检验企业培训成果的有效途径，对未来员工培训方案和计划的制订有着重要的参考价值。

一、培训成本构成

企业培训成本可分为两大类，即直接成本和间接成本，具体如表5-1所示。

表5-1 培训成本构成表

成本分类	内部培训成本	外包培训成本
直接成本	1. 培训讲师费（内请或外聘） 2. 培训场地租赁费（如果培训地点在企业内部，此项费用可免） 3. 培训设备、相关培训辅助材料费用 4. 培训教材费、资料费 5. 培训课程制作费用 6. 为参加培训所支出的交通费、餐费、住宿费及其他	1. 外包项目合同约定费用 2. 培训设备、相关培训辅助材料费用 3. 为参加培训所支出的交通费、餐费、住宿费及其他 4. 选择培训机构时所发生的费用，包括估价、询价、比价、议价费用以及通信联络费用、事务用品费用

续前表

成本分类	内部培训成本	外包培训成本
间接成本	1. 课程设计所花费的所有费用，包括工资、资料费及其他费用 2. 受训学员的工资福利等 3. 参加培训而减少的日常所在岗位工作产生的机会成本 4. 培训管理人员及办事人员的工资、交通费、通信费等 5. 一般培训设备的折旧和保养费用	1. 受训学员、辅助培训人员工资等 2. 培训管理、监督费用 3. 其他相关费用

二、培训效益分析

大部分培训带来的效益体现在以下五个方面：

（1）缩短工时，通过培训企业可以用更少的人力来完成工作，减少时间的浪费，提高工作效率。

（2）高效使用物料，提高员工的工作计划能力和工作质量水平，减少存货。

（3）高效使用设备，降低故障率，减少维修费用，减少停机损失。

（4）降低员工流失率，从而降低招聘成本、培训成本、职位空缺损失。

（5）减少事故的发生，降低事故的损失和处理事故的费用。

三、培训成本效益分析的步骤及注意事项

企业可将培训视为经营管理过程中的一项重要投资，在评估培训效果时可借鉴成本收益分析法，其具体步骤如图5-1所示。

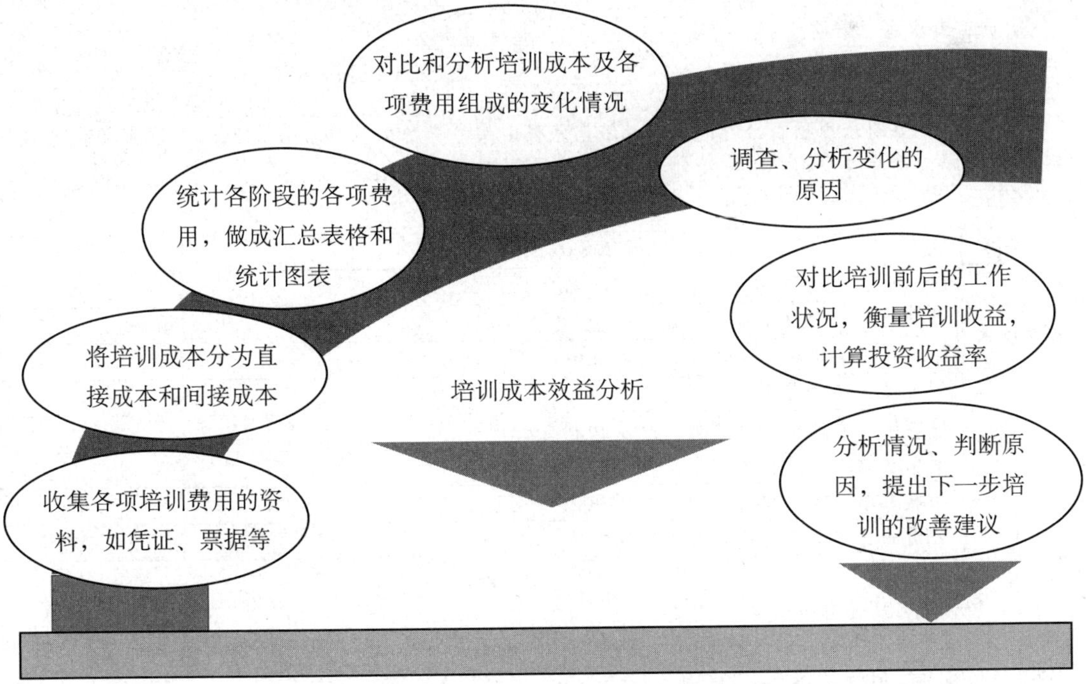

图5-1　培训成本效益分析的步骤

在运用成本收益分析法评估培训效果时，要注意以下五个问题：

（1）只有具有可比性的培训项目才能相互比较，比较的口径和单位应一致。

（2）真实反映培训工作的质量。

（3）考虑培训项目的机会成本。

（4）计算培训项目的投资回收期，要考虑该项目给其他项目带来的收益。

（5）评估的依据只能是培训对公司生产经营实际起作用的费用和收益。

成本效益分析报告样例

表5-2 某汽车零部件公司生产部培训项目成本效益分析报告

<table>
<tr><td rowspan="2">报告名称</td><td rowspan="2">汽车零部件公司生产部培训项目
合作成本效益分析报告</td><td>编号</td><td></td></tr>
<tr><td>执行部门</td><td></td></tr>
<tr><td colspan="4">

一、背景介绍

（一）调查与问题发现

公司的主要产品业务是生产各类汽车零部件。生产部一车间共有40名工人，其中5名班组长、2名监督管理员和1名车间主任。经调查分析，该车间在生产过程中存在以下三大问题：

1. 每天生产量的8%的产品因性能测试不符合技术指标要求而报废。

2. 生产现场环境管理不善，半成品堆放区域卫生条件差，影响半成品质量。

3. 生产操作人员常与管理、监督人员发生争执，操作人员缺勤率高。

（二）实施培训

为了消除以上问题，人力资源部在公司总经理的授权下，于____年____月____日至____年____月____日对车间管理人员进行如下培训：

1. 与质量问题和员工不良工作习惯有关的绩效管理知识与技能培训。

2. 人际关系、沟通能力培训。

3. 员工工作能力培训。

4. 团队领导力培训。

二、培训成本计算

此次培训，公司采用项目合作的方式，培训课程由人力资源部从外部咨询公司购买录像带和印刷材料，并聘请外部管理咨询讲师。培训成本分析如下表所示。

培训成本分析

</td></tr>
</table>

成本分类	具体成本说明	费用（元）
直接成本	培训项目购买费用（录像带及印刷品）	
	外部讲师费用（工资、交通及食宿）	
	培训场地租借费用	
	视听设备租借费用	
间接成本	培训组织者及辅助员工的工资及福利	
	受训者的工资及福利（根据离岗时间计算）	
	因联系培训有关事宜分摊的电话费	
	公司的总体支持，高层管理时间成本	

三、培训效益计算

经培训后产品质量明显改善，每日产量增加，废品率下降为4%，生产环境卫生得到改善，工人缺勤率降低等。培训效益分析如下表所示。

培训效益分析

经营结果	如何衡量	培训前	培训后	差异	每年收益
产品质量	不合格率				降低的废品数×单价
	废品数				
环境卫生	用包括10项内容的清单进行检查				无法用金额表示（间接改进质量）
产量	日产量				增加的产量×单价
工作态度	缺勤率				增加的工时产量×单价
可避免的事故	事故造成的损失与事故处理费用				培训后减少的事故所造成的损失与事故处理费用

四、培训成本效益分析

1. 按照各培训成本项目合计此次培训项目的总成本为____元。

2. 考虑到培训效果发挥的年限，培训收益可用以下公式计算。

$$TE=(E2-E1)\times TS\times T-C$$

其中：TE 为培训收益；$E1$ 为培训前每个受训者一年产出的效益；$E2$ 为培训后每个受训者一年产出的效益；TS 为参加培训的人数；T 为培训效益可持续的年限；C 代表培训成本。

根据成本效益分析调查数据，运用上述公式，计算出此次培训的收益。

3. 培训投资收益率如下：

$$培训投资收益率=\frac{培训收益}{培训成本}\times 100\%$$

套用此公式，计算出此次培训的培训投资收益率为____%。

五、总结与工作改进意见

（略）

编制人员		审核人员		批准人员	
编制日期		审核日期		批准日期	

学习情境三 培训预算制定

“凡事豫则立，不豫则废”高度概括了预算的重要性。从培训的角度来说，培训预算对于培训成本有着直接且重要的控制作用，也是培训成本效益分析的依据。制定培训预算的目的是对比真实发生的培训实施状况是否在原来设定的可控制范围之内。

学思之窗

培养计划意识

预算是数字化的计划，作为管理学的首要职能，计划具有非常强的指导性和约束性，能帮助大学生更好地生活和学习。建议从身边生活实际出发，如减肥、健身、打工等，通过计划指导目标达成，从而掌握计划职能，为未来步入社会奠定基础。

考虑到培训预算的复杂多变性，以下将先介绍培训预算的制定方法，再以难度适中、内容覆盖全面的年度培训预算为例，对培训预算的制定进行解析。

一、如何制定培训预算

要想制定培训预算，先要做三方面的准备工作：确定核算基数、明确预算方法、做好预算审核工作。

（一）确定核算基数

（1）确定年度的培训预算基数。一般可以根据销售收入来确定培训费用的比例，通常占销售额的5%；也可以通过利润额来确定培训费用的比例，通常占利润额的1%；还可以根据员工工资总额来确定培训费用的比例，一般不超过工资总额的15%。

当然，在企业不同的发展阶段，如生存阶段、发展阶段与成熟阶段，年度培训预算的基数也有差别。

（2）除了年度培训预算外，有时也需要针对阶段性培训做预算，此时，就要确定阶段性的培训预算基数。

对于项目开展所需要的临时性培训，可以根据项目的利润来确定培训基数，同时根据项目的进展情况设计“分段投入培训费用”的预算方案。确定核算基数的内容见图5-2。

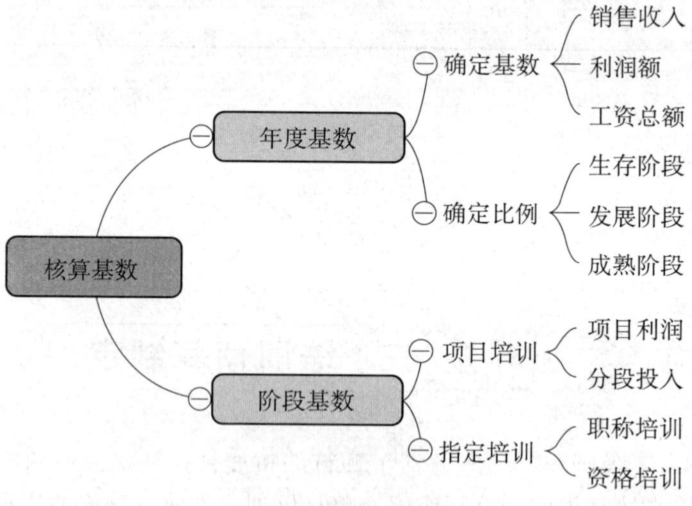

图5-2 确定核算基数

对于政府以及行业内部指定的培训，可以结合员工投入与公司投入进行比例预算。比如，在职称培训方面，企业一般占比为60%以上；在资格培训方面，企业一般占比为

90%以上。

（二）明确预算方法

1. 分类预算

针对不同的培训类别，要区别对待（见图5-3）。对外部培训，在进行培训预算时，一定要注意先进行成本分割，再进行具体的费用预算。内部培训预算则分为两个方面：

（1）自己做培训。这类预算只需要预算员工的工资费用，再加上一些设备、材料的损耗费。

（2）聘请培训师培训。除了要做上述预算外，还应根据实际情况对培训师费用进行预算。

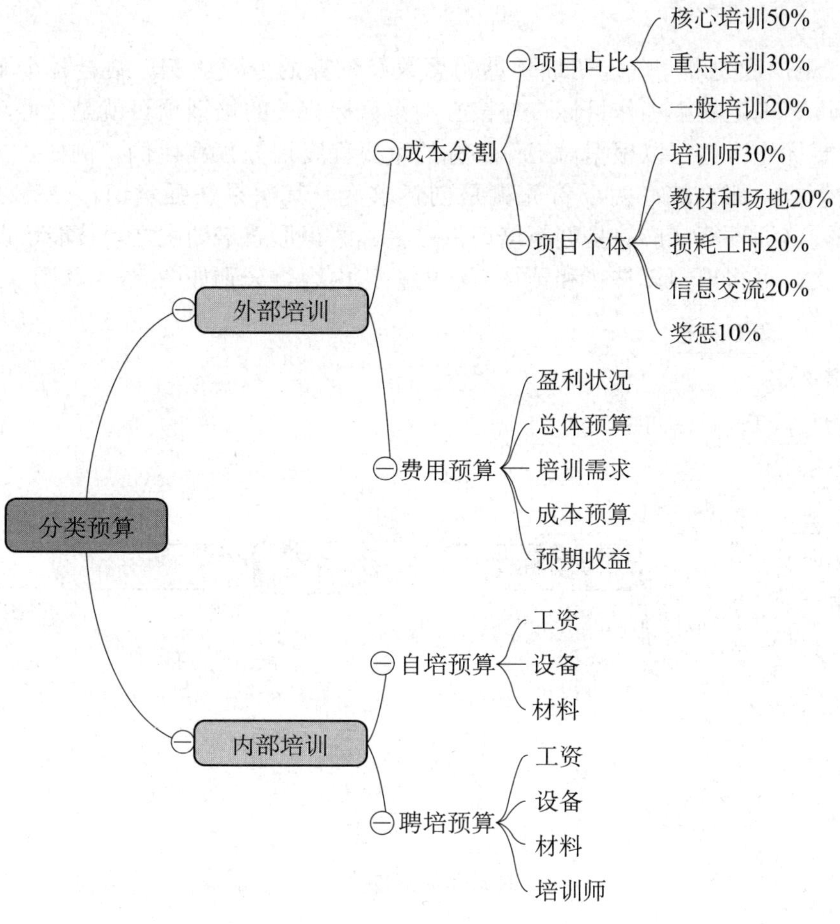

图5-3　分类预算

2. 预算技巧

（1）承袭预算适用于求稳定的企业，是一种相对简单和利于操作的预算方法，具体做法是：

1）将往年的数据作为培训预算的总体系数依据。

2）将历年数据的平均值作为培训预算的基数。

3）根据今年培训的增减项目情况调整预算。

（2）零基础预算则更多地运用于重视绩效的企业，是动态制定培训预算的常用做法，具体做法是：

1）结合公司计划中的各项工作目标，从零开始，逐项审核培训的作用和必要性，而不是指培训费用预算从零开始。先要对公司所有工作目标如工作目标需要的员工数量增长幅度、工作目标对于新技术的需求等进行审核，再制定培训项目并进行预算，这才是真正意义上的从零开始。

2）通过比照的形式，审核培训项目是否能满足企业需求、是否能够满足员工需要。审核合格性应该以今年的工作目标和工作计划为依据，先分解每一个工作目标，审核围绕工作目标的达标状况：培训要达到目标需要什么帮助；各项培训能获得什么目标收益；各项培训的必要程度；工作目标可选择的培训方案，并考虑有没有比目前培训方案更经济、更高效的方案。

3）可以根据优先顺序确定培训预算的总数及预算的分配比例。结合各个工作目标分析其重要程度，确定核心工作目标，与核心工作目标相关的培训项目就是核心项目，这个预算比例就要优先。也可以根据对工作目标的重要程度划分预算比例。例如，公司的发展目标是二次创业，那么核心需要首先就是创新求变，其次是增强意识，最后才是提高技能。相应地，培训预算就应该是创新培训占最多，意识形态培训次之，技能培训最少。

总结上文，可得出预算技巧和预算方法的整体内容，分别如图 5－4 和图 5－5 所示。

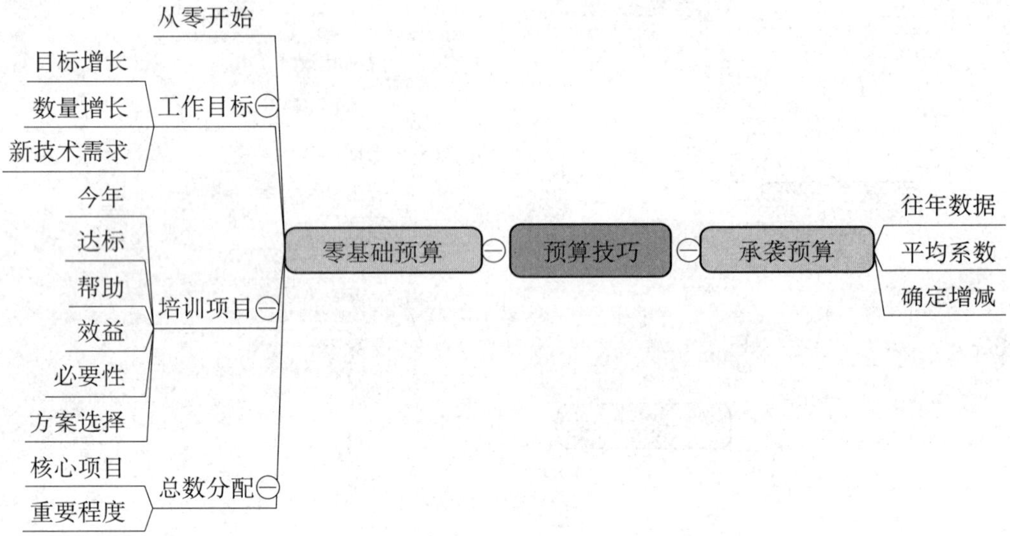

图 5－4　预算技巧

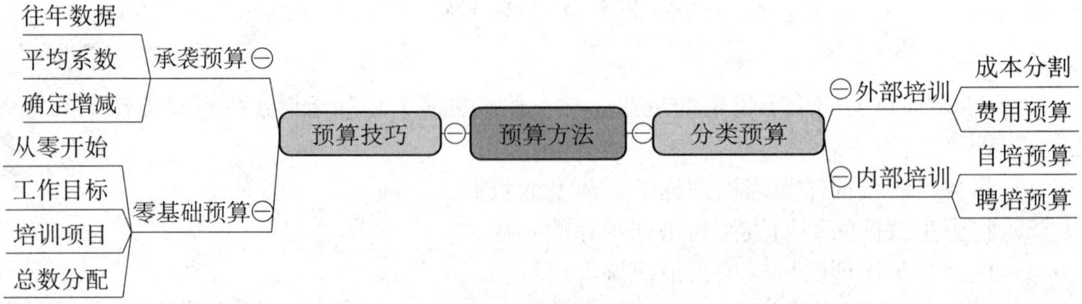

图 5－5　预算方法

（三）做好预算审核工作

预算制定好之后，需要对预算的依据进行讨论和审核：

（1）讨论每项培训科目的必要性和实际价值。

（2）讨论培训是否是企业现在能够用到的。

（3）结合培训的场地、人员等方面，看看是否有条件真正完成培训。

根据上述讨论结果，可以合理地增减培训项目和培训预算。例如，要外聘培训师来公司讲课，但是公司没有教室或足够大的会议室，那么在培训预算里就有必要加入场地租赁的费用。

当然，对于培训预算的成本，也要做好讨论。成本的讨论集中在预算的合理性，并要考虑是否还有一些节约的方法能使预算成本控制做得更好，同时要考虑核心费用是什么，以便在必须削减培训项目成本时可以有的放矢。

做好培训预算的最后一项工作当然就是编制培训预算报告，要将培训的费用以报表的形式进行汇报。在报表内容上，要求各项费用的分类要明确、不含糊，培训的各个阶段要清晰，各项分析数据要完整，要做到数据准确。

在预算报告中，也要有能够体现培训效果预估的内容：

（1）投入预算和产出效率的比例。

（2）明确投入培训预算后组织的培训项目，预估员工接受、掌握和提高的程度。

通过这两项评估，可以反思培训项目计划是否合理且有必要，在预算上是否可以削减不必要的项目，是否应该加入一些项目使培训更有吸引力、更能发挥效用。

整个预算审核的流程如图 5－6 所示。

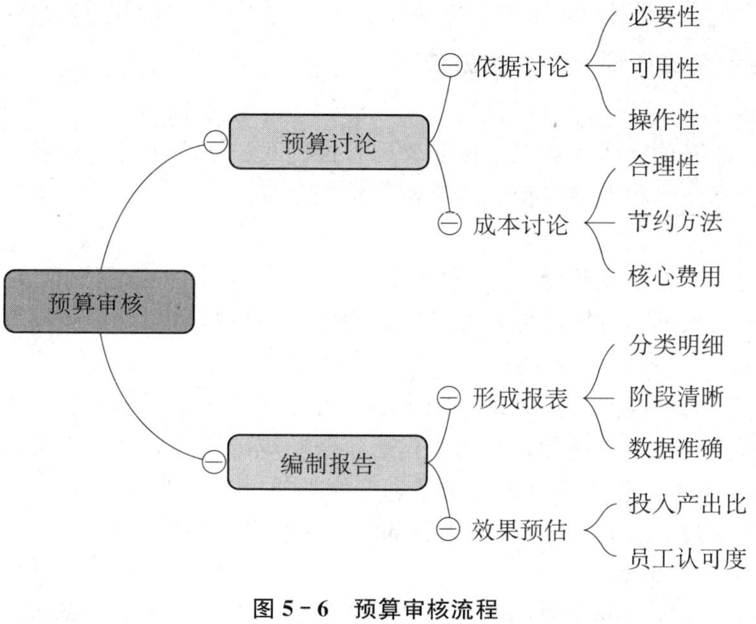

图 5－6　预算审核流程

二、制定年度培训预算

培训经费预算编制工作启动一般在每年的第四季度，此项工作应与人力资源年度计划、培训计划编制工作同步进行，培训部门应于每年12月底前完成培训经费预算编制工作，并随年度培训计划一并下发。

（一）制定年度培训预算的基本原则

（1）基本逻辑自下而上——先根据年度计划中的项目分解来确定费用需求分解，然后根据总量来进行全局调节。

（2）费用需求分析——对每一个项目组合进行费用需求分析，参照培训资源供应市场、自身组织能力、以往成本费用经验等进行综合分析。

（3）费用总量调整——对比企业成本控制提升空间、培训资源供应市场、费用可支出比例、年度经营状况对比等进行调整。

遵循这几个原则，利于管理层对整个培训活动进行全面审核，避免内部各种随意性培训费用的支出；利于提高主管人员计划、预算、控制与决策的水平；利于将组织的长远目标和培训目标、培训效益三者有机地结合起来。

（二）年度培训预算费用总量的调整

多数情况下，年度培训预算制定出来后，会与预算基准即人力规划中的年度培训预算的资源分配空间相冲突，必须进行调整。这样可以避免“盲目地根据比例确定预算总量后，大家没事也要编个项目来分钱、抢钱”的现象。其关键在于预算基准的确定，常见的方法如下：

（1）纵向比例参照法。参照去年、今年与明年的发展趋势，以及公司的盈利状况和培训策略。

（2）横向比例参照法。参照同行业竞争对手的培训资源投入力度和回报率。此时应该考虑竞争对手发展阶段、现时竞争策略，再结合企业自身的能力评价和战略目标来确定总量。

（三）制定年度培训预算的五大方法

1. 总额分解法

以培训经费计提总额作为参考，按照公司管控模式、法人主体、业务发展阶段、员工培训的特点来预算公司和下级单位预算比例及费用余额。

2. 人头预算法

依据不同的人员层次及数量、不同的部门类型，参考往年数据确定人均培训经费额度，加权得出部门预算总额度，在本额度范围内由部门进行培训计划及预算的最终制定。

3. 参考线标准

公司根据历年培训经费决算结果，制定各类人员、培训项目的预算参考线，各部门按照此参考线进行经费预算。例如，公司根据历年经验规定新入职技能工人外聘讲师费用不超过1万元/天，基层管理人员外聘讲师培训费用不超过1.5万元/天，中层管理人员外聘讲师培训费用不超过2万元/天等，作为各部门经费预算的参照。

4. 培训内容重要程度

根据各部门提报项目的重要程度，按照业务发展重点、新业务、培训对象紧急程度等因素进行预算，对于重要程度低、培训预算投入较高的项目进行预算缩减。

5. 根据人员类别

按照人员类别，如管理人员、专业技术人员、国内营销人员、技能工人、海外营销人员等进行分类划分，再结合企业业务特点和培训关注重点确定各类人员经费投入比例，将此比例作为培训预算编制的参照。例如，公司处在制造业，要重点向一线操作技能工人倾斜；若公司处在互联网行业，则要重点向技术开发人员倾斜等。

对年度培训经费使用情况主要从培训经费政策执行情况、培训经费决算分类使用情况和经费管理存在的问题及解决办法等方面开展分析。培训经费季度、年度决算后，要进行培训经费使用效果分析评估，可以从预算完成率、各单位使用情况、培训对象类别投入度等方面进行分析，综合评价培训费用的使用效果。

培训预算样例

表 5-3 某公司培训项目费用预算简表

序号	成本构成		标准		数量	预算额
	项目	内容	金额	单位		
1	前期相关费用	通信	50	元	1	50
2		交通	30	元	2	60
3		餐费	20	元	6	120
4	培训师相关费用	酬金	500	元	1	500
5		税金	0	元	0	0
6		餐费	20	元	3	60
7		住宿	0	元	0	0
8		交通	50	元	2	100
9		礼品	50	元	1	50
10	学员相关费用	衣服	20	元	15	300
11		教材	10	元	15	150
12	其他费用	集体照	5	元	50	250
13		纪念品	20	元	15	300
成本合计	小写：￥1 940.00 大写：人民币壹仟玖佰肆拾圆整					
编制人						
审核人						
备注						

学思之窗

培养大局意识

编制年度预算首先要学会从整体看问题、从全局看问题，不能只见树木、不见森林。这也是我们常说的大局意识、站位意识在培训预算领域中的具体应用。

学习情境四 培训成本控制概述

培训成本控制是指在培训项目成本的形成过程中，对培训过程及前期准备过程中所消耗的人力资源、物质资源和费用开支，进行指导、监督、调节和限制，及时纠正将要发生和已经发生的偏差，把各项培训费用控制在计划成本的范围之内，保障成本目标的实现。

一、培训成本控制的原则

培训成本控制原则是培训成本管理的基础和核心，在实施培训项目的过程中应遵循以下基本原则。

（一）成本最低原则

控制培训成本的根本目的在于通过成本管理的各种手段，不断降低培训成本，以达到可能实现最低目标成本的要求。成本最低原则要求随时关注降低成本的可能性和合理的成本最低化，一方面发掘各种降低成本的能力，另一方面结合实际制定合理的、通过主观努力可能达到的最低成本水平。

（二）全面成本控制原则

全面成本控制是指全体培训部门、全员和全过程的控制，也称“三全”成本控制，是指成本控制工作要随着培训实施的各个阶段连续进行，人人有责，既不能疏漏，又不能时紧时松。

（三）动态控制原则

成本控制应强调培训实施的中间控制，即动态控制。这是因为培训准备阶段的成本控制是根据培训计划的具体内容来确定成本控制方案的，而培训结束阶段的成本控制是事后控制，由于成本盈亏基本已成定局，即使发生了偏差，也来不及纠正。

（四）目标管理原则

目标管理的内容包括：设定和分解目标，执行目标，检查目标的执行结果，评价目标和修正目标，形成目标管理的计划、实施、检查、反馈循环，即 PDCA 循环。

（五）责权利结合原则

在培训实施过程中，培训组织部门、培训师在肩负成本控制责任的同时，应当享有成本控制的权利，同时应当接受成本控制的定期检查和考核，实行奖罚一致，只有真正做好责权利的统一，才能收到预期的效果。

二、培训成本控制的步骤

（一）分解预算成本

培训项目确定后，以审定的培训目标为依据，确定预算成本。预算成本是针对需要达到的培训目标，按照成本项目的核算内容进行分析归类而得到的。其中，直接成本的授课酬金、材料费、教学设备使用费根据培训计划计算求得，直接成本的其他直接费用、间接成本的培训管理费根据培训实施计划计算求得。

（二）确定计划成本

计划成本的确定要从两个方面考虑：一是按预算成本，二是按可能支出。在按预算成本确定计划成本前，一定要先计算税金、利润是否能够得到保障。

按预算成本和按可能支出两种方式得到的计划成本，要对照比较，互相修正。计划成本的确定要实事求是，要想实现培训盈利，必须控制成本，但成本支出并不是越低越好，因为实现培训目标所要求的成本支出有最低限额，成本控制必须在最低限额区间内进行。

（三）实施成本控制

实施成本控制的方式有三种：

（1）事前控制，是指确定培训计划和培训方案，进行事前控制，发现并预警问题，以避免危害的发生。主要关注点为：审核与评估培训计划、实施方案、管理办法、质量控制体系。常见的问题有：培训需求分析不到位、实施方案不完善、培训师及学员的协调管理有漏洞。

（2）事中控制，是指确保培训依照既定方案进行，推动并跟踪问题的解决。此类成本控制需要培训的组织者本身在培训项目中肩负判断取舍的责任，无论事前的规划和资讯，还是实施中的细节。

（3）事后控制，是指确认评估培训项目是否实现了预定的成本控制目标。事后控制的作用是采用相应的补救措施，防止损失扩大，并预防同类问题的再次发生。测试、验收是常见的事后控制方式，其意义不仅在于确认承办方完成了预定的任务，更在于发现问题和隐患，减少进一步的损失。

成本控制采用的总体原则应是：以事前控制为主，切实落实事中控制，以事后控制为辅。

学思之窗

培养危机意识

成本控制总体原则是危机意识的一种表现形式。我们要时刻保持危机意识，居安思危，正所谓“尽最大的努力，做最坏的打算”。只有这样，我们才能在激烈的竞争中保持良好心态，从而从容面对最后的结果。

（四）进行成本核算

成本核算要严格把握成本开支范围，划清成本费用支出与非成本费用支出的界限，划清培训项目成本和期间费用的界限。

实际成本中耗用材料的数量，必须以实际消耗量为准，不得以领代耗。实际成本中按预算价核算耗用材料价格时，其材料成本差异应按月随同实际耗用材料计入培训成本中。

（五）组织成本分析

财务部门每月按成本费用项目进行成本分析，提出截止日期，累计成本实现水平，并逐项分析成本节约或超支情况，寻找原因并根据成本分析报告，定期或不定期召开培训成本分析会，总结成本节约的经验，吸取成本超支的教训，为下一阶段的成本控制提供对策。

（六）严格成本考核

培训项目结束后一周内，该项目的结算收入与各成本项目的支出数额最终确定，培训实施部门整理汇总有关的成本核算材料，报财务部门审核。根据财务部门审核意见及培训实施部门、培训师签订的成本承包合同，主管部门对责任人予以奖罚。如果成本核算和信息反馈及时，那么在培训实施过程中分次进行成本考核并予以奖罚的效果会更好。

三、培训成本控制措施

降低培训成本的途径应该是既开源又节流，对培训成本控制的措施归纳起来有三方面：组织措施、技术措施和经济措施。

（一）组织措施

上级主管部门是培训成本管理的第一责任人，全面组织培训成本的管理工作，应及时掌握和分析盈亏状况并迅速采取有效措施；培训实施部门是整个培训项目实施和进度控制的负责部门，应在保证质量、按期完成任务的前提下尽可能降低培训成本；培训师也应精心组织培训，为增收节支尽职尽责。

（二）技术措施

制订先进、经济、合理的培训方案，以达到提高质量、降低成本的目的。培训方案包括培训目标的确定、培训模式的选择、培训进度的安排、培训的组织四方面内容，正确制订和选择培训方案是降低成本的关键所在。

在培训过程中努力寻找各种降低消耗、增强培训效果的新模式、新技术，以降低成本的技术层级，节省费用开支。

（三）经济措施

（1）授课酬金方面，应改善培训的组织过程、减少浪费；实行合理的奖罚制度，节约差旅费的支出。

（2）材料费控制方面，应改进培训材料的采购、运输、收发、保管等工作，减少各个环节的损耗，综合利用一切资源。

（3）教学设备费管理方面，主要是正确选配和合理利用教学设备，提高设备的使用效率，降低设备维修保养费用。

（4）间接费用控制方面，主要是精简辅助管理人员，合理确定管理幅度与管理层次，节约培训管理费。

培训成本控制的组织措施、技术措施、经济措施是三位一体、相互作用的。上级主管部门要以培训预算为依据，制定培训成本控制目标。培训实施部门与培训师应通力合作，形成以培训预算为基础的培训方案和经济效益最优化的培训成本控制体系。

案例

培训协议谁之过

2021年1月，某公司派人事主管A和另外两名同事一起去外地参加了一场培训，该培训的主要内容是“如何提高演讲的水平”，培训共3天，培训费用1万元、食宿及机票费用3 000元。

在去培训地当天，上飞机前，行政人事总监让员工A签订了一份空白培训协议，协议上没有写时间、费用、培训的内容，直接让A签了字。当时赶飞机，员工A就签字了。

培训完回公司以后一个月，员工A发现公司有个未公布过的制度，培训费用1万元（含）以上的，服务年限是10年。也就是说员工A要为公司服务10年，不然就要赔偿1万元培训费和违约金。A想离职，但是又不愿意赔违约金和培训费。A的理由是这个培训不是专项培训对自己没有任何意义，而且培训协议也是不合理的。公司已经把培训协议填写为“如何提高演讲的水平”，服务年限到10年后。请问：这件事A和公司到底谁对谁错，该如何处理？

处理措施：

（1）员工盲签，需要承担相应的责任。

（2）该制度为未公布的制度且公司没有告知员工，故该制度无效。

（3）该培训项目并非专项培训，不应限定服务期限，也不应产生违约金。

（4）建议公司完善相应制度，不宜以此胁迫员工开展工作，一方面对公司造成负面影响；另一方面员工若出于报复心理，消极怠工，坐等辞退，给公司带来的损失更大。

学思之窗

企业应落实“以人为本”理念

上述案例分析第（4）条指出“不宜以此胁迫员工开展工作”，实际上也是“以人为本”理念的落实。企业只有把员工的利益作为一切工作的出发点和落脚点，不断满足员工的多方面需要和实现员工的全面发展，才能不断激励员工，实现高质量发展。

复习思考

1. 成本分析应遵循哪些原则？
2. 培训成本的构成有哪些？
3. 如何制定年度培训预算？
4. 培训成本控制的步骤是什么？

培训游戏

谁是毕加索

1. 游戏编排目的

通过游戏，让学员了解沟通的艺术和重要性，认识到沟通对工作顺利开展的积极作用和对团队合作的黏合剂作用。

2. 时间

10分钟。

3. 材料

A4白纸、水笔。

4. 内容

（1）随机两人一组，并选出裁判长一人。

（2）裁判长预备数张画了圆形的白纸。

（3）每组两人背对背而坐，在指定的时间内，一人负责讲解裁判长手中的圆形，另一人负责画出圆形；画圆的人，只能听不能问，也不能让讲解的人看到。

（4）以时间结束时画圆最多、准确度最高的组为优。

（5）两人互换角色。

5. 相关讨论

（1）当你画圆时，你的感觉是什么？

（2）当你讲解圆时，你的感觉是什么？

（3）你认为该如何与团队中的成员沟通？

模块六

培训实施管理

学习目标

1. 培训实施流程
2. 培训场地布置
3. 培训纪律规定
4. 培训安全防范

案例导入

近年来，华为对新进员工培训进行了大刀阔斧的改革，将授课式培训、网络化培训方式全部取消，进而替换为“721 法则”培训。“721 法则”指 70％的能力提升来自实践，20％的来自导师帮助，10％的来自课堂学习。

案例解读

华为对员工开展的“721 法则”培训，向新员工释放了一个重要的信号，即“实践出真知”，强调实践对新员工未来成长的重要性，鼓励新员工要想有所作为，就必须实干，这也是华为务实文化的体现。

学思之窗

重视实践的价值

检验真理的标准只能是实践，理论与实践的统一是马克思主义的一个最基本的原则，任何理论都要不断接受实践的检验。

学习情境一 培训实施流程

一、培训实施前的准备

常言道，良好的开端是成功的一半。一个培训项目的实施，涉及多部门、多人员、多资源的组织和协调，前期的准备工作烦琐复杂，准备工作是否到位对培训质量有着直接的影响。因此，培训实施前的准备工作并不是辅助性的、无足轻重的、次要的工作，必须引起高度的重视。以下从培训资料准备、设备设施准备、后勤服务准备、人员准备四个方面来加以说明：

（一）培训资料准备

（1）培训教材，由培训主办方提供，根据参加培训人数印刷。

（2）领导发言稿，由受训方相关部门提供。

（3）签到册、培训指南（含培训场地周边交通、餐饮、旅游景点、购物景点等）和培训日程（至少预留出0.5～1天的机动时间，供受训学员自行安排）。

（4）展板、广告牌、条幅、易拉宝等宣传物料准备和布置。

（5）培训礼品，按受训人数准备，包括培训师。

（6）培训学员证的制作。

（二）设备设施准备

1．桌椅、名牌（也可用桌面智能终端取代传统名牌）、茶水饮料

桌椅是最基本的设备，可以根据培训的需要采用圆桌型或报告型。如果参加培训的人数较多，一般采用报告型，不需要准备座位牌；如果参加培训的人比较少，一般采用圆桌型，并且要制作座位牌即名牌，让与会人员方便就座。关于培训场地的布置，在后文有单独论述，在此不再赘言。

培训中的茶水饮料最好准备矿泉水，因为每个人的口味不一样，有的人喜欢喝茶，有的人喜欢喝饮料，还有的人喜欢喝咖啡，所以如果没有特别的要求，矿泉水是最能让每个人都接受的选择。

2．签到册、名册、培训议程

签到册的作用是帮助主办方了解到会人员的情况：一方面使培训组织者能够查明是否有人缺席；另一方面能够使培训组织者根据签到册安排下一步的工作，如就餐、住宿等。名册可以方便培训组织者和与会人员尽快掌握各位参加培训的人员的相关资料，以加深了解、彼此熟悉。培训议程是指为使培训顺利实施，所需要做的准备工作以及培训实施的具体步骤和流程，即把培训各项活动（包括仪式性、辅助性活动）落实到具体时间节点。一般来说，凡是培训时间满1天的培训，都应该制定培训议程。

3．黑板、白板、粉笔、马克笔、板擦

在有的场合，与会人员需要在黑板或白板上写字或画图来说明问题，因此，黑板或白板、粉笔或马克笔、板擦都是必不可少的工具。

4. 各种视听器材

现代科技的发展带来了投影仪、幻灯机、录像机、激光指示笔或指示棒等视听设备，给人们提供了极大的方便。在培训开始前，必须先检查各种设备能否正常使用，如果要用幻灯机，则需要提前做好幻灯片。录音机和摄像机能够把培训的过程和内容完整记录下来，有时需要立即把培训的结论或建议打印出来，这时就需要准备一台小型的影印机或打印机。

5. 资料、样品

如果培训属于业务汇报或者产品介绍，那么有关的资料和样品是必不可少的。比如，在介绍一种新产品时，单凭口头泛泛而谈是不能给人留下深刻印象的。如果在给大家展示一个具体的样品时，能结合样品介绍其特点和优点，那么给大家留下的印象就会深刻得多。

6. 会标、背景板、展板

会标一般是指印着培训名称和培训标语的横幅。为强化培训效果，许多培训将会标美化、渲染为培训背景板（采用喷绘画面），特别是一些特殊的场合如党代会等，采用喷绘背景板，可将党徽、旗帜等喷绘在画面上，从而节约培训成本和准备时间。但采用喷绘写真画面时，一定要注意采用环保材料，否则喷绘写真画面散发的刺鼻气味不仅会影响培训氛围，而且对与会者的身体健康不利。

（三）后勤服务准备

（1）根据场地布置要求，最晚在培训前一天完成培训室布置（会标、广告牌、灯光、音响、多媒体、投影仪、电源、桌椅、茶杯及服务员安排）。

（2）根据酒店提供的房况表，报到前两天与先到达的会务组人员协商确定会务组房间，选定领导、专家及主要学员入住的楼层、房间类型、房号、需要放置的水果种类及特殊安全保卫工作。

（3）提前两天检查餐厅环境卫生以及桌椅摆设、餐具的完好程度，再次落实菜单及服务到位情况。

（4）提前两天完成培训所需的学员证、资料、签到表、就餐卡等的制作，确认广告牌及宣传设备的摆设位置、灯光的亮度、通道的畅通情况等，以及会间摄影、摄像设备和人员的安排。

（5）与酒店保安部组成培训安全组，在培训期间加强门卫、楼层巡查，杜绝安全隐患。

（6）配备医疗人员，解决突发事件。提前购买常备药品，种类包括感冒药、消炎药、晕车药、止吐止泻药、创可贴、止痛药、解暑药、医用酒精、碘酒、氧气袋等。基本设备包括体温表、听诊器、手电筒、棉签等。联系好医生，随时确保可提供医疗服务。

（7）在大堂、各楼层、餐厅、培训室、电梯等处贴上培训指示箭头。

（四）人员准备

（1）培训接待员，负责签到登记、咨询、引导（至房间、餐厅、电梯、培训室）等工作。

（2）培训督导员，负责落实培训室布置、茶水供应及服务工作。

（3）摄影师，负责培训摄影、合影及通讯稿文字材料撰写工作。

（4）交通员，根据培训实到人数，落实车况好、驾驶技术好的配套车辆，同时负责培训临时接待服务工作。

（5）旅游生活员，根据学员人数安排旅游接待服务和培训期间的生活服务。

（6）财务人员，负责发票的开具工作。

二、培训实施流程

按培训实施的时间主线，可将培训实施流程归纳如下：

（一）培训接站

培训报到前一天起，安排全天候接站，在车站、机场设立醒目的接站牌，地点以正门出站口和行李提取处为优。

（二）培训报到

（1）在培训场地的醒目位置设“报到处”“收费处”“咨询处”“票务处”“签到处”。

（2）报到登记时，学员需填写姓名、单位、职务、身份证号码、通信地址、电话、收费金额、入住金额、入住天数、房间号等。

（3）提醒学员将贵重物品免费寄存总台、保管好个人财物，耐心、细致地解说培训报到须知及有关事宜，及时妥善处理好学员的要求。

（4）根据会务组的要求传达通知、指示，准确发放培训资料、纪念品、餐券、考察乘车券等物品。

（5）学员报到后，由接待员引导入住，同时办理行李寄存。

（6）当天打印培训通讯录并与培训师校对，及时发给学员。

（7）会务组24小时有专职接待人员，随时接待和安排参会学员。

（三）培训期间

（1）要求酒店落实叫早服务。

（2）准确统计用餐人数并安排学员用餐，及时解决培训期间临时发生的问题，确保培训正常进行。

（3）落实培训室布置情况。

（4）安排好旅游路线，落实返程机、车票的登记。

（5）及时统计票务预订情况、学员人数、行程，及时向旅行社反馈。

（6）与酒店财务人员协调好票据的开具事宜。

（7）统计返程的学员人数、时间和日期。

（四）培训结束

（1）向培训主办方提交书面报告，并附培训结算清单，包括此次培训的实际人数、天数、实际用餐人数、用餐标准以及培训期间的其他费用开支。

（2）向学员提供所需发票或其他单据。

（3）根据学员返程机、车票的时间及方向，分批送站。

（4）向学员赠送当地的特色精美礼品。

学思之窗

从小事入手

在实际工作中，培训的准备可能更加烦琐、复杂，这就要求我们耐得住寂寞，做好琐事、小事。很多时候，岗位工作内容是由80%的琐事和20%的要事构成的，不做好80%的琐事准备，就无法顺利地做好20%的要事。

学习情境二 培训场地布置

培训场地布置是指根据培训内容、培训师风格和学员人数、培训目标等因素，以教室、会议室、报告厅为主体来进行的房间布局设计。一般而言，培训场地的布置应遵循以下原则：

(1) 最大限度舒适放松。

(2) 最大限度方便参与。

(3) 保证目光自然交流。

(4) 确保通风、温度、湿度、照明和噪声的控制。

一、讲座式布局

讲座式布局见图 6－1。

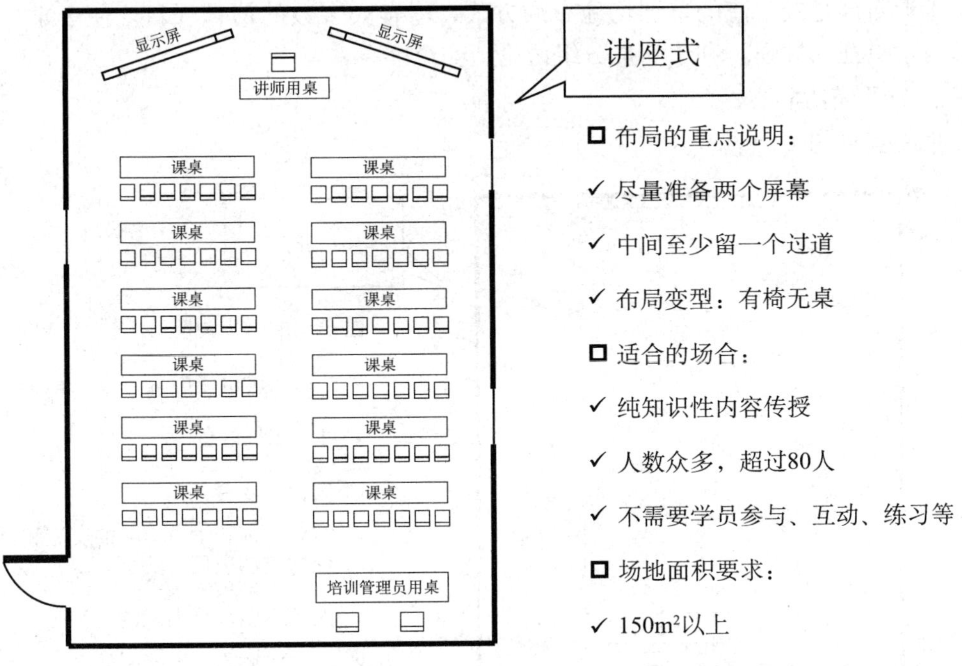

图 6－1 讲座式布局

讲座式布局适合规章制度类、流程步骤类和产品介绍类的培训，可容纳培训学员人数较多，培训重在信息的传递；缺点是环境封闭，不利于培训师与学员沟通。

二、鱼骨形布局

鱼骨形布局见图 6－2。

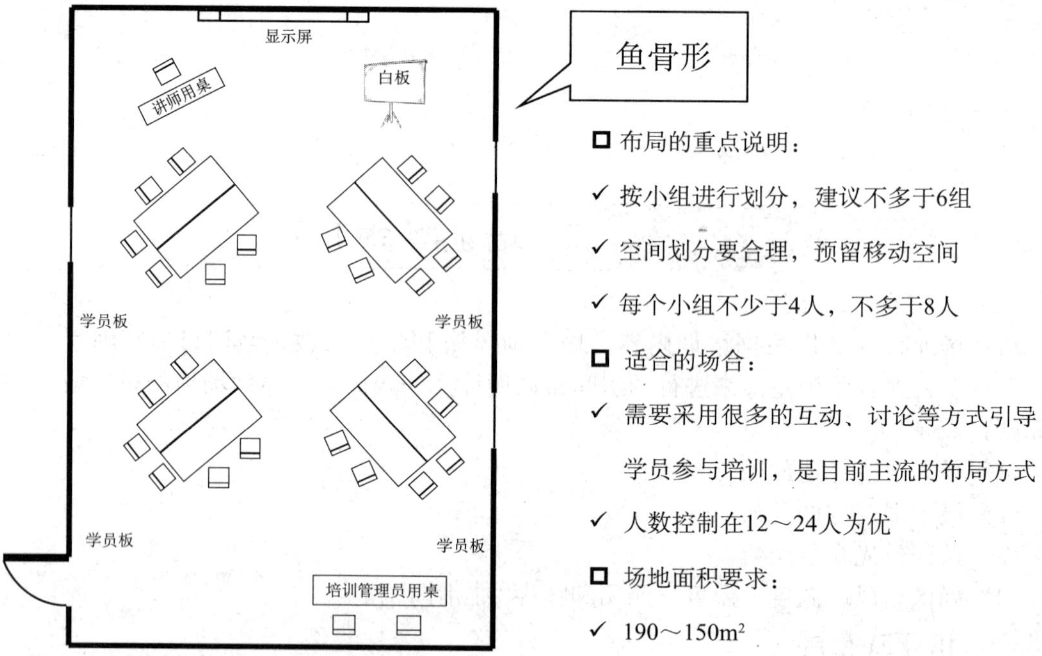

图 6-2　鱼骨形布局

鱼骨形布局是较主流的培训场地布局方式，适合大多数的培训项目，便于学员参与，培训师与学员互动性强，利于学员分组讨论、交流。

三、U 形布局

U 形布局见图 6-3。

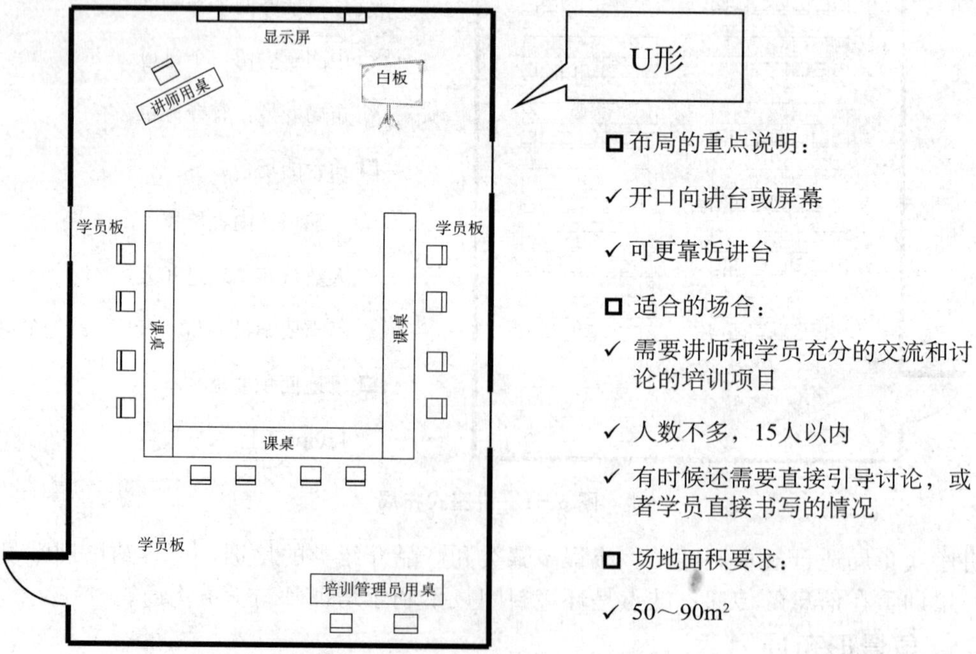

图 6-3　U 形布局

U 形布局更加便于学员与培训师开展充分的讨论和交流，这种布局适用于互动和参与型非常强的、人数不多的培训，也可用于需要全体学员充分讨论交流的培训项目。

四、室内拓展式布局

室内拓展式布局见图 6－4。

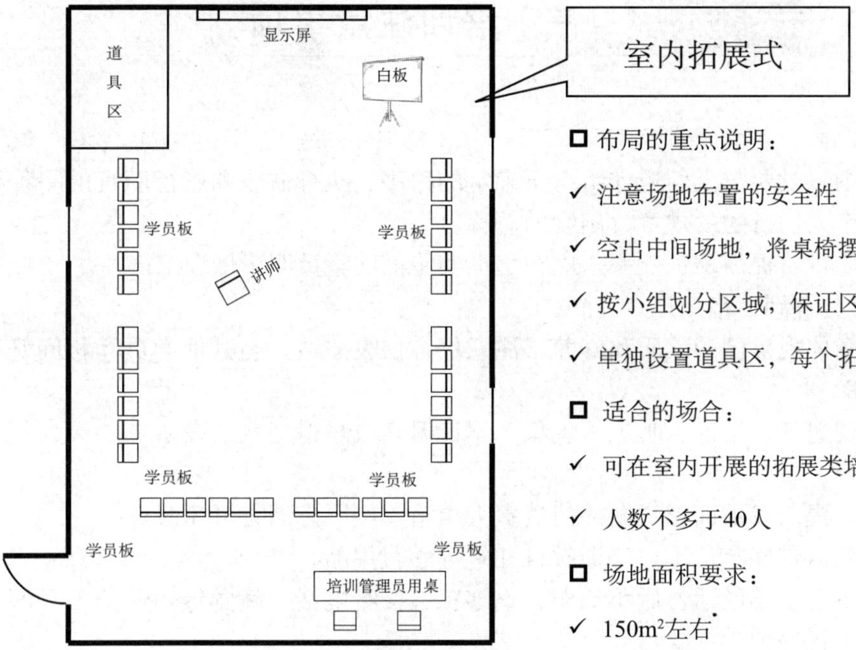

图 6－4　室内拓展式布局

室内拓展式布局首要关注的是安全性，这也是拓展类培训的第一考虑要素；室内拓展式布局便于学员在足够开阔的空间内完成任务，同时也给学员提供一定的区域进行讨论、分享和展示。

以上各类场地布局各有特色。一般而言，希望培训秩序第一并保持多数人的学习行为，首选鱼骨形布局；希望发动学员积极讨论，首选 U 形布局；希望限制学员间相互交流、提高其独立处理问题的能力，首选讲座式布局；室内拓展类培训，首选室内拓展式布局。

学思之窗

培养变通意识

当企业和培训需求固定后，不存在最好的场地布局，只存在最合适的场地布局，这就要求企业从实际出发，具体问题具体分析，为培训选择量身定制的场地布局方式。

学习情境三 培训注意事项

一、培训纪律

纪律就是规则，是要求人们遵守组织所确定的秩序、执行命令和履行职责的一种行为规范，是用来约束人们行为的规章、制度的总称。

为确保培训质量、提高培训效率，应在培训实施前向学员明确培训纪律。

（1）提前 10 分钟到达指定地点签到。

（2）培训期间体现自己的素质和修养，注意仪容仪表整洁，与其他学员互相问好，以礼相待、团结互助。

（3）不得出现迟到、早退、旷工等现象，累计迟到或早退三次，按旷工一天处理，旷工一天扣三天工资。

（4）请假必须提前以书面形式向部门负责人申请，经同意后方可休假。

（5）培训期间需带好笔记本、培训教材和笔等学习用品。

（6）培训时不得谈笑说话、做小动作、吃零食、接听电话、睡觉等，通信工具要调至静音模式，以免干扰培训。

（7）每一节培训课程结束后，要求学员熟悉、理解培训师所讲的内容，并为培训结束后的考核做好充分的准备。

（8）对培训考核不合格者做解雇处理。

（9）对培训期间不服从培训师安排、顶撞或故意刁难培训师者做解雇处理。

（10）对培训期间被解雇或辞退的人员，不做任何补偿。

（11）每场培训结束后，请带走个人随身物品，将桌椅归位，清理个人卫生区域的垃圾。

（12）损坏培训设备、设施者，除照价赔偿外，严重者还将追究其法律责任。

（13）员工参加培训期间的表现，与晋升、加薪及年终奖等挂钩。

二、培训安全防范

在一定的空间里进行培训，无论是室内上课还是在野外进行拓展训练，都存在一定的安全隐患。预防是最好的措施，未雨绸缪胜过亡羊补牢。

（一）室内培训的安全防范

室内培训的最大安全隐患就是火灾。因此，在室内培训实施前，有必要向学员普及火灾逃生自救常识。

1. 逃生预演，临危不乱；熟悉环境，牢记出口

培训前可带领学员熟悉消防通道，起码熟悉建筑物火灾人员疏散图，在条件允许的情况下，可以先做一遍火灾预演。也可以在培训场地周边张贴消防通道图、人员疏散图，便于学员随时查看。

2. 通道出口，畅通无阻；扑灭小火，惠及他人

确保消防通道无障碍物、所有消防门没有锁死和阻碍的情况。当火灾初起时，可以利用合适的灭火工具加以扑灭，既可消除自身的危险，又可惠及他人。

3. 镇静辨向，迅速撤离；不入险地，不贪财物

在火势不可阻止时，要第一时间按疏散图从消防通道撤离险境，人身安全放在首位，不要贪恋财物。

4. 简易防护，蒙鼻匍匐；善用通道，莫入电梯

可撕扯衣物做成简易口罩，蒙住口鼻，匍匐撤离火场，避免空气上层的毒烟造成窒息。切记不得从电梯撤离火场。

5. 缓降逃生，滑绳自救；避难场所，固守待援

如果通道被阻，可考虑用衣物、窗帘、电线等物品做成滑绳，在楼层不高的情况下缓降逃生，也可利用排水管道攀爬逃生。若是这些条件都不具备，则应躲在卫生间、厨房等空间较小、结构较牢固、有水源的地方固守待援。

6. 缓晃轻抛，寻求援助；火已及身，切勿惊跑

火灾初起时，往往难以被外界察觉，此时可以利用颜色鲜艳的衣物或纺织品，对外摇晃，以吸引他人注意进而获得救援。在身上已经着火的情况下，不要惊慌奔跑，这样只能让火势越烧越旺，应及时在地上打滚以压灭火势。

（二）室外培训的安全防范

室外培训要特别注意人身安全问题，主要集中在以下五个方面：

1. 培训器材要可靠

室外培训尤其是野外培训，经常会使用到一些特殊的器材，学员通过使用这些器材做一些具有一定危险性的动作，来获得某种体验，进而达到培训的目的。

在这个过程中，一定要选用质量可靠的器材来进行培训。在培训进行前，要对器材进行安全检查，确保无误后，方可交由学员使用。

2. 保护措施要周密

当学员在器材上做动作的时候，应该在器材的周围或下方设置安全网、防护垫，也可以在学员身上系安全绳。一旦学员出现动作失误、从器材上摔落时，这些保护措施能很好地保护他们的人身安全。

3. 培训师要专业

在各种培训活动前，应该由培训师负责动作演示和分解讲解，并指导学员做出正确的动作，直到熟练后，学员方可独立活动。

4. 行动要统一

严禁学员擅自行动，多数的意外都发生在学员不听指挥、擅自行动的情况下。本来可以避免的事故，就这样发生了。事故的发生不但会给学员造成伤害，对培训组织方来说也是麻烦。因此，在培训实施前，必须反复强调纪律的重要性，严禁学员擅自行动。

5. 医疗要跟上

培训师（或培训组织方另外挑选的医护人员）要掌握一些常见意外伤害的应对措施，如被蛇蝎蜈蚣咬伤或蜇伤、外伤出血、骨折脱臼、触电、中暑等意外情况，同时应备有紧急医药箱。

案例

户外拓展训练安全注意事项（范本）

一、参训纪律

1. 所有参训人员要听从领队或教练员的安排与指挥，未经领队或教练员许可，不得擅自离队进行其他与训练无关的活动；参训期间所有参训人员严禁吸烟、饮酒、赌博和使用毒品及其他任何违禁药品。

2. 在无教练指导的情况下，任何人不得擅自攀爬树木、岩石，游泳或做其他任何危险运动，否则后果自负。

二、心理要求

所有参训人员在参训期间心理要尽量保持放松状态，积极主动参与各项拓展训练活动，及时调整紧张情绪，保持内心自信，尽最大的努力完成各项培训项目。

三、健康要求

参加培训人员如果患有心脏疾病、哮喘、急性传染病、腰颈椎病、癫痫等易发性疾病和不适合参加公众活动的疾病，必须提前向领队或者教练员详细汇报，户外拓展训练人员按照疾病的严重程度和发病频率果断禁止患者参加活动或者禁止参加部分高危拓展项目，对患病严重的人员或者患者出现紧急情况，应该采取紧急措施并送医就诊。

四、着装要求

1. 所有参训人员必须着运动装，不宜穿紧身或过于肥大的衣裤，女士禁止穿裙子等参加活动。

2. 所有参训人员必须穿运动鞋或旅游鞋，禁止穿拖鞋、凉鞋、高跟鞋等参加活动。

3. 参训人员在整理装备时，应将路途中所需的食物、饮水与其他装备分开放置。手机相机等贵重物品要自备可密封的胶袋保存，防止浸水损坏。背包行李及贵重物品在离车时要妥善管理，防止被盗。下车时，要认真清点自身携带的衣服、食物以及其他贵重物品，一旦遗失，后果自负。

五、其他要求

1. 注意防晒。通常情况下，参训队伍在早晨出发，到达户外拓展地点已经将近中午。由于气温升高、天气炎热、骄阳似火，阳光中的紫外线特别强烈，皮肤长时间暴露在烈日下容易被烫伤，并容易发生中暑现象。参训人员应尽量避免沿海岸线或山脊行走或攀爬。拓展活动中要提前戴太阳帽或墨镜，涂好防晒霜，穿长袖上衣，并带上饮用水，并准备好藿香正气丸、清凉油等防暑药品。

2. 适度饮水。夏季户外拓展活动出汗多，必须及时补充水分，但是补充水分要适度。运动中和运动后大量饮水，会给血液循环系统、消化系统特别是心脏增加负担，导致更加疲劳，身体内盐分大量流失，容易引发痉挛、抽筋。参训人员应该少量多次饮水，减少饮水量，增加饮水频率和次数，让水分均衡适度地补充，保持体力。

3. 避免中暑。夏季参加户外拓展运动，由于气温高、运动量大，身体内的热量积累的比散发的多，如果不注意防范，热量难以散发，轻微的会导致热衰竭，严重的会导致中暑。由于训练活动中为了防晒，学员通常戴帽子、穿长衣长裤，但这样也导致身体热量难以迅速散热，为帮助散热，在烈日下运动时，应该用水把帽子浸湿，在阳光照射不到的阴凉处行走时，再把帽子摘掉，在休息的时候，尽量放下背包，解开部分上衣领口纽扣，在阴凉和通风的地方休息。当发现中暑现象以后，必须马上休息，找一个阴凉的地方，把患者的双脚抬高，头部稍微放低，立即补充水分并服下藿香正气丸等防暑药品。

4. 注意安全。户外拓展训练挑战性高、难度大，部分项目对身体素质有一定要求，参训人员必须注意安全。在参训过程中严格依照教练员的要求开展活动，注意安全细节。参与者要在教练员的指导下操作各种装备，谨慎地进行技术操作，不盲目操作。教练员应理智并且冷静地策划、制定活动计划和方案，快速、敏捷地处理危机，冷静地面对危险。

5. 团队协作。参加户外拓展活动的人员必须具有乐于助人的团队精神。团队中每个人都要明确自己的角色和责任，努力发挥自己的优势，与队友进行优势互补，提高整体的战斗力，确保活动效果。

六、环保要求

参训期间所有参训人员不得乱扔垃圾，对不可降解之物自行保存在专用垃圾袋中，并带到就近的垃圾中转站或带到培训基地以外的垃圾桶，共同保护环境卫生。

复习思考

1. 简述培训实施流程。
2. 简述培训场地常见布局类型。
3. 简述户外拓展训练可能存在的安全隐患。
4. 简述室内培训的安全防范常识。

培训游戏

鹿死谁手

1. 游戏编排目的

任何一个团队都需要全体的配合，而在任何一个团队中每个人都有各自的分工和各自的任务。无论是攻击手还是守护者，都需要默契地配合。只有认真完成自己的任务，才能让整个团队获得胜利。在现实生活和工作中同样需要各个岗位的人都认真完成自己的本职工作，把自己对整体的责任感始终放在第一位。

2. 参加人数

将全体学员分为两组，每组至少 6 人。

3. 时间

30 分钟。

4. 道具

彩带（两种颜色），军旗两支。

5. 游戏规则

（1）参加人员分成甲、乙两队。每人在手臂上绑一条彩带代表生命（每队一色）。

（2）各队选择适当的地点作为堡垒，堡垒半径 5 米内为该队的阵地，阵地后方设一个战俘营，每队留 5 位队员护守军旗，其余队员皆充当攻击手。

（3）只有攻击手全部被俘，护守军旗的队员才可以走出阵地成为攻击手，但是究竟派几个人成为攻击手可以由队员自己决定。

（4）一旦进入对方阵地即丧失攻击能力，只能闪避守卫人员，并伺机夺取军旗。

（5）攻击方式：双方攻击手碰面时彼此握手猜拳，输的逃，赢的追，如被追到，即交出生命彩带，到战俘营报到。

（6）军旗被夺即判定为输，否则时间一到，双方清点所持有的生命彩带的总数，多者为胜。

（7）活动场地中必须设置裁判数人。

6. 注意事项

（1）跑动时注意安全。

（2）对方可以随时伺机夺取军旗，但是如果被守军旗的队员抓住，则成为对方的俘虏。

7. 相关讨论

（1）如果你是守护者，你是否会觉得自己没有起到什么作用？你是否会在队友输了之后埋怨他？

（2）你觉得自己在团队中重要吗？

（3）你是否认识到团队需要每个人以及每个人在团队中都有自己的位置？

模块七

培训风险防范

学习目标

1. 培训风险概述
2. 培训风险防范
3. 培训协议（合同）拟订

案例导入

某电器有限公司与员工叶某于 2018 年 6 月 23 日签订了一份劳动合同，聘用期限为 1 年。合同约定：双方签订的培训协议作为劳动合同的补充附件，与劳动合同具有同等法律效力。2019 年 4 月 8 日，该公司与叶某签订一份出国培训协议，由公司出资，选派叶某去国外培训，培训协议约定了服务期限和违约赔偿方式。后公司根据项目建设调整情况，延长了叶某在美国的培训期限，但不久，叶某在美国“不辞而别”且去向不明。

为此，该电器公司申请劳动争议仲裁，要求叶某赔偿其在美国的培训费用。仲裁委员会经调查认为，双方当事人签订的劳动合同和出国培训协议合法有效，因此作出裁决，解除双方的劳动合同关系，叶某应向公司支付在美国的教育培训费 4 万美元。该电器公司虽然胜诉，但叶某已下落不明，所需支付的培训费也没有着落。

案例解读

员工培训存在风险，这种风险的表现形式多样，有效益回报风险、导向错误风险、流失风险、资金风险、素质风险等。如果在培训时对这些风险不加以控制和防范，很可能竹篮打水一场空。

学习情境一 培训风险概述

企业员工培训风险在理论界和企业界都是一大难题，培训是企业进行人力资本投资的重要形式，是企业积累人力资本、赢得竞争优势与可持续发展的重要手段。然而，由于人力资本的特殊性，一旦培训投资失败，企业所损失的除了投资的直接成本和间接成本外，还包括人力资本所能创造价值的机会成本。

1990年，“人力资本之父”西奥多·舒尔茨指出，全面的资本概念应该包含物质资本和人力资本两大维度。人力资本包括人的知识、技能和体力等，是一种隐性的资本，也是一种长期的规划和投资产品。这种投资与其他投资一样，都具有一定的风险性，因此必须加强对这些风险的管理。从中可以总结出，培训是属于人力资本的一种投资形式，与其他资本投资一样，既有收益，也有风险，体现了收益与风险并存的特征。企业既不能因有风险而放弃对员工的培训，也不能因培训重要而放弃对风险的防范。企业要加强在培训中的风险管理，防范风险发生，以尽可能少的投入获得尽可能大的回报，并充分发挥员工培训的积极作用，从而提高企业培训所能获得的利益。

一、培训风险的概念

风险即某一事件未来收益的不确定性或损失发生的可能性，按照这个定义，可以将企业培训风险界定为企业培训投资在未来收益的不确定性或培训后发生损失的可能性。大致包括两层含义：一种强调培训风险表现为不确定性，而另一种则强调培训风险表现为成本或代价发生损失的可能性。本书将企业员工培训风险定义为：企业在对员工进行培训的整个过程中，因观念、需求分析、计划制订、培训实施过程以及后期转化等多方面的失误而对企业造成直接或潜在损失的可能性。

二、培训风险产生的原因

（一）人力资本的特殊属性

1. 人力资本的依附性

人力资本具有依附性。对人体的依附，决定了人力资本具有自利性。一方面，人首先是经济人，都是利己的，都非常注重个人利益；另一方面，人又是理性人，可以随时将所得信息如价格和服务等进行充分利用，从而满足自身对利益最大化的追求。对于这种特性，亚当·斯密曾说过：我们能够得到满意的商品，并不是由于商贩的善良，而是因为我们能满足他们对利益的追求。我们不需要对他们诉说自己的需求，而只是谈交易能够给他们带来什么好处。

人力资本依附在人身上的特性，决定了它具有流动性。培训之后，员工的人力资本得到提升，必然追求高层次的需要。此时，如果企业加以一定的激励，员工的人力资本便会为企业所用，从而促进企业的发展。一旦组织内部不能实现该目的，员工便会通过流动的方式寻求与自身价值相匹配的环境和机遇。这种流动往往会造成企业培训后的人才流失风险。

2. 人力资本的不均衡性

由于个体的差异，人力资本具有不均衡性。这种不均衡性也体现在人力资本生命周期的不同发展阶段。个体在智力、体力以及知识技能等方面都存在差异，导致人力资本具有不同的效能，使得人力资本因个体的不同呈现出不均衡性。这种不均衡性使得培训收益在一定程度上得不到保证，从而导致风险的增加。

南开大学向志强博士在文章中指出，物质资本有一个从形成、使用、耗费、修复到最终废弃的过程。与此相同，人力资本也要遵循这样的变化规律，这一变化规律即人力资本生命周期，具体包括以下两个方面：

（1）存量生命周期。其表现为：人力资本存量的增长轨迹与年龄增长同步，达到巅峰后便逐渐减少，最后消耗殆尽。企业在选择培训对象时也必须遵循这样的规律，应当主要从人力资本存量处于上升阶段的员工中进行挑选，即年龄较轻并且有发展潜力的员工。如果培训对象选择有误，则会加大企业的培训风险。

（2）人力资本质量价值。其实质是知识、技术和健康等要素价值的具体体现，比人力资本存量价值具有更大的衡量难度，因为这些要素的价值大小并不是持续不变的，而是具有一定的变化规律——首先逐渐增加，到达一定时期之后再逐渐减少。这一变化规律决定了培训具有时效性，如果受训员工不能在时效范围内将培训中学到的新知识和技能运用到实践之中，企业就会因知识的更新不及时而产生损失。

3. 人力资本的无形性和非经济价值性

人力资本具有无形性，只能通过其载体表现出来。但人力资本又和普通的无形资产有着显著的区别：它是一种有意识的投资结果，具有一定的时效性，也可以脱离企业而单独存在，更能够通过成本和收益反映出来。

人力资本还具有非经济价值性，因为不管是从成本支出还是从投资收益的角度，人力资本投资均包含无法直接用货币计量的部分。从成本支出的角度，其成本除了实实在在的费用支出外，还包括其边际成本，如员工为了参加培训而不得不减少的工作量等。而从投资收益的角度，人力资本的投资收益不仅包含实实在在的经济收益，还包括其边际收益，如生产效率的提高等。同时，人力资本投资还能得到其他方面的收益，如受训后的员工将会养成更好的生活习惯、拥有更好的发展前景等。

（二）培训过程的系统性和复杂性

培训是一项复杂而又系统的工作，包括需求分析、计划制订、培训实施以及后续跟踪转化等多个环节，任何一个环节操作失误，都会使培训面临更多的风险。培训是一种资本增值方式，可以帮助员工增长知识、提高技能，任何培训都是前期准备、计划、实施以及后期转化等多个环节的有机整合，各个环节相互依赖、互为支撑，但培训又不仅仅是各个环节的简单组合，而是一个统一的有机整体。企业在开展培训工作时，只有充分注重各部分的有机结合，才能达到理想的培训效果。否则，企业的培训将会是徒劳。

（三）企业的不足之处

如今，大多数企业都意识到了培训的重要性，但是面对如此复杂的市场环境，企业的生存压力不言而喻。一方面，由于不能预期培训带来的长期效益，因此很多企业不愿意让培训占据自己有限的时间和精力，很少从战略的角度出发展开培训活动，企业员工培训的持续性和发展性无法体现；另一方面，企业一般不设置专门的培训部门，培训工作大多归属于人力资源部或行政部门，培训工作也是由其他人员兼职负责，培训负责人对培训缺少科学的认识，对培训工作的开展情况不闻不问，也不关心培训结果的反馈，很少从企业的角度思考企业的发展问题。他们更多的只是走形式，为培训而培训，从而导致受训员工把培训当成了“鸡肋”，使培训难以达到理想的效果，既花费成本又缺乏收益。

此外，员工发展平台受限，员工考虑个人因素多于企业因素，抱有随时离开的想法或在观望状态中抱着干一段时间再看情况的想法，对企业的忠诚度不够。

三、培训风险的识别

要对培训风险进行评价和管理，首先必须准确识别培训中可能存在的风险，这是风险管理的基础和前提。所谓培训风险识别，就是指企业预先对培训中可能产生的风险进行判断、归类以及确定风险性质的过程。

企业培训效果和培训收益的不理想是培训中各种性质各异的风险共同作用的结果，因此，企业必须在培训之前对培训中将要出现或可能面临的各类风险进行有效的识别。要正确识别培训风险，除了感性认识和经验判断方法以外，还可以采用客观分析方法，即对相关资料和企业以往的风险记录进行归纳整理，并进行科学的分析，从而发现风险产生及其造成损害的规律性。有效的风险识别不仅仅是指对培训中将面临的风险进行识别，更要对各种潜在风险进行准确的识别，并且后者的识别更加重要，在识别时遇到的困难也更多。在掌握了这些风险之后，还要对其加以分析和归类，并进行风险性质的判定，看这些风险是否可以通过有效的途径进行规避。只有这样，才能采取有针对性的处理措施，避免或减少企业培训损失。

对一个企业来说，培训风险的识别工作具有持续性和制度性。由于风险不是固定不变的，因此，风险管理人员只有不断地对风险进行识别，才能掌握其变化规律，进而发现新的风险。

一般来说，对于常见的各种培训风险，企业凭借以往的风险状况和相关风险资料就完全可以识别出来。但风险总是不断变化的，总会出现一些新的风险，对这类风险的识别就没有那么容易，其识别相对困难得多。因此，企业只有按照一定的途径、采用科学的方法，才能对这些风险进行有效的识别。由于个体能力有限，对培训风险的识别，不仅需要依托企业自身的力量，还需要借助外部力量来收集有用的信息。

对培训风险的识别可以采用不同的方法，但每种方法都有一定的缺陷，适用范围也各不相同，单独使用一种方法不一定能全面识别出培训中的风险。企业在实际操作中可以根据自身的不同情况采用不同的识别方法。为了更加科学且全面地对培训风险进行识别，企业也可以综合运用多种方法。常见的识别方法有以下几种：

（一）表格和问卷识别法

表格和问卷识别法是指有关专业人员根据自己掌握的知识和丰富的经验，设计好表格或问卷，企业运用这些设计好的表格或问卷来识别自身面临的培训风险。按照适用范围的不同，可以将这些表格或问卷分为通用和特定两种类型。通用型表格或问卷专为一般企业设计，不具有针对性，因此在使用时可能会发生风险的遗漏问题。特定型表格或问卷则可以避免这些问题，它专为某一企业量身定制，使企业的风险识别更加全面。但这类表格或问卷的投入也较高，需要专业人员参与制定，使用成本较高。

（二）风险列举法

风险列举法是企业基于相关培训资料、培训程序和相关培训经验，分析可能遇到的培训风险的一种风险识别方法。流程图分析法属于风险列举法的一种，是最常见的风险识别方法。这种方法可以让企业清楚地掌握培训中的关键环节和薄弱环节，并将这些环节作为调查和分析的重点，从而准确地掌握培训中可能面临的风险。

（三）风险因素预先分析法

风险因素预先分析法，顾名思义，就是指企业在培训开始之前，预先对可能出现的风险、不同风险的出现前提、可能出现的事故后果等作一个大致的分析。这种方法能够防患于未然，一旦发现风险的苗头，便可立即采取相应措施进行抑制，起到防止风险发生或降低风险损失的作用，一般适用于对新的培训活动的风险识别。

（四）安全检查表

安全检查表是运用系统工程的原理进行风险识别的一种方法。其操作原理是：通过对培训过程进行系统的分析，找出培训中可能存在或潜在的风险因素，然后对这些风险因素进行提问，并列举在表格之中。运用安全检查表不仅能够识别培训风险，还能够对培训事故进行分析。目前，最简单的安全检查表只有四栏，即序号栏、安全检查项目栏、“是或否”栏和备注栏，如表 7－1 所示。在国外，安全检查表是企业为识别培训风险使用得最普遍的方法。

表 7－1　某高新技术企业进行技术培训安全检查表

<table>
<tr><th>序号</th><th>安全检查项目</th><th>是或否</th><th>备注</th></tr>
<tr><td>1</td><td>离职员工是否因为培训离职？</td><td></td><td>如果是，基数多少，流失多少，占比又是多少？</td></tr>
<tr><td>2</td><td>培训支出与利润增长是否存在正向联系？是否继续追加或降低？</td><td></td><td>正向联系是多少？追加或降低多少？</td></tr>
<tr><td>3</td><td rowspan="2">公司是否愿意支付竞业限制成本？</td><td></td><td>假如不付出竞业限制成本，员工流失对企业的影响与培训支出对企业的影响，对利润或企业发展的影响怎样？</td></tr>
<tr><td>4</td><td></td><td>假如付出竞业限制成本，企业成本要增加多少？能否弥补员工流失带来的损失？</td></tr>
</table>

四、培训风险的类型

从培训风险形成的原因来看，培训风险可以分为内在风险和外在风险两类。

（一）培训的内在风险

培训的内在风险是指由于企业没有对培训进行合理规划和有效管理，导致培训的质量不高，未达到培训预期，培训成本效益低下。培训的内在风险源于培训本身，主要包括：

1. 观念风险

培训观念风险是指因高层领导者或者受训员工对培训没有一个正确的认识和定位而可能对企业造成的不良影响和损失。无论是企业的高层领导还是受训员工，对培训的认知和参与态度，均决定着培训的效果。

（1）企业的管理者对培训有认知的误区，认为培训会增加企业的运营成本。但实际上，培训不仅是一种运营成本，更是可以获得回报的投资，是通过员工素质的提高进而给企业带来经济收益和社会收益的一种人力资本投资。

（2）企业的管理者认为培训会让员工跳槽，造成大量人才流失。但从对大量数据的分析来看，真正造成员工流失的原因，多数集中在薪酬、管理制度方面，培训的影响微乎其微。

（3）企业管理者认为企业效益很好，无须培训。恰恰相反，企业效益越好的时候，越应该有危机意识。做好培训工作是保持企业可持续发展的长远之计。

（4）相比而言，越是企业高层领导，越需要培训。一个企业高层管理者的素质对于企业发展的影响最大，更需要他们时刻保持学习的心态，不断更新知识、改变观念，以适应企业发展的需要。

（5）部分普通员工对培训没有正确的态度，认为培训是摆花架子、走过场，对培训没有动力和兴趣，最终导致培训流于形式。

（6）培训仅限于不足型而不面向潜力型员工；培训跟风现象严重，流行什么就培训什么等。正是这些错误的观念，导致企业培训的盲目性和无效性，使企业的培训投资收益得不到保证。

2. 技术风险

培训技术风险是指在培训需求分析、培训计划制订、培训项目设计、培训效果评估等过程中，因不能及时而正确地作出判断和结论而给企业造成的损失。

（1）培训需求分析风险。企业对员工进行培训，是因为员工现有的知识、技能与企业现在及未来发展所需要的知识与技能之间存在差距，而培训需求分析就是对这些差距的调查分析。因此，在进行培训需求分析时，弄清企业发展所需要的知识和技能至关重要。而企业对自身发展方向不明确，对外部环境了解不够深入，对企业内不同岗位所需的知识与技能分析也不准确，会导致培训内容与需求相背离。同时，企业在进行需求分析时，应该清楚现有内部人力资源的能力素质，并作出准确的评估。若评估值过高，将会导致培训内容的难度高于员工可接受的知识水平，挫伤员工的学习信心，从而达不到培训的效果；若评估值过低，则会造成知识的重复，降低员工学习的动力，最终造成培训资源的浪费。与此同时，企业在进行需求分析时，没有要求培训对象的适当参与，也会加大企业的需求分析风险。因此，培训要想实现预期目标，在作培训需求分析时，需要非常清楚企业文化、潜规则，掌握不同职位、不同性别、不同年龄段员工的培训需求，更要掌握公司领导层和中层的培训意图、需求、意愿和设想。

（2）培训目标风险。培训的最终目的无非两类：一类是通过提高员工技能、改进员工的工作态度，为企业创造更多的财富；另一类是帮助员工解决心理问题、减轻工作压力，让员工更加幸福。培训目的不明确，就无法对培训需求进行有效的分析，而培训需求失真就会导致培训内容的制定存在偏差，最终使培训流于形式。

（3）培训制度风险。企业开展培训活动需要在一定的企业制度下进行，如果企业没有培训制度或者制度不健全，就会给培训带来风险。培训是一个由许多环节组成的动态过程，企业培训制度不仅包括培训中各个环节的制度，还需要保证各项制度之间的系统、连贯与和谐。没有科学的培训制度，企业培训就会陷入一种缺乏秩序的状态，使培训缺乏目的性和制度性，不能收到预期的培训效果。

此外，培训制度与企业的其他制度不相衔接，也是培训制度风险的一种表现。例如，企业培训制度必须与考核制度、晋升制度相协调。

（4）培训计划风险。培训工作要求企业制订科学的培训计划。企业如果没有培训计划，或者培训计划不系统、不完整，就会使培训遭受风险。培训计划风险主要表现为：企业缺乏科学的培训计划；当员工的整体素质达不到企业发展需要时，或请到合适的培训讲师时，或企业资金宽裕时，就临时安排培训；有培训计划，但操作性不强或不遵照执行等。

（5）培训实施过程中的风险。

1）培训师风险。一个知识渊博、经验丰富的培训师是保证培训质量的重要前提。好的培训师必须具备多种能力：首先，应具备丰富的专业理论基础知识；其次，具备收集信息尤其是对员工有用的信息的能力，同时能够将这些信息进行高效的处理，并应用于教学之中；再次，具备较强的口头表述能力和书面表达能力，具有较强的沟通能力，能够与人进行无障碍交流；最后，良好的分析问题和解决问题的能力以及相应的计算机技能等，都是一个优秀的培训师必须具备的能力。

2）培训内部环境风险。培训环境的好坏也会影响培训的效果。培训环境主要是指培训方式、教学设施以及培训地点的自然环境等软硬件设施。合适的培训方式会让培训收到意想不到的效果；良好的教学设施是传递信息的重要媒介，能够促进师生之间的交流，尤其与培训内容相匹配的教学设施是取得好的培训效果的重要保证；舒适的教室环境能够使受训者心情舒畅、利于学习，从而增强培训效果。

（6）培训后期转化风险。培训后期转化是指受训员工将培训中学到的知识技能转化为现实生产力的过程。如果培训后缺乏必要的相关制度建设，将会导致培训后期的转化风险，主要包括激励政策风险和培训效果评估风险。

1）激励政策风险。培训后是否有相应的激励政策或激励是否恰当，对受训员工新增的人力资本效能大小的发挥有着非常重要的影响。美国哈佛大学詹姆斯教授曾做过一项有关人力资本能动性的调查，结果表明：在没有激励的情况下，一个人能够发挥出来的能力不到其潜能的1/3，但如果激励政策得当，便可挖掘其潜能的80%以上。显然，企业是否有科学的激励政策直接影响培训中员工新增的能力能否发挥。

2）培训效果评估风险。企业对员工进行培训之后，必须运用科学的方法对培训效果进行评估，以了解培训活动的开展是否有用和科学，并适时作出调整。如果企业由于财力、精力和技术的限制，在培训后没有对培训效果进行及时的跟踪和评估，或评估方法选用不当，就会使企业面临培训效果评估风险。

除上述情况之外，培训预算不足、培训实施缺乏管控、培训期望过高等原因都会妨碍培训实现预期目标。

（二）培训的外在风险

培训的外在风险是指企业外部环境变化可能给企业培训带来的风险，具体包括以下几方面：

1. 组织风险

培训的组织风险是指培训后员工可能出现的流失，给企业人才组织结构上带来的风险。培训不仅能够提高员工的工作效率、增强其自信，还能够使员工的工作效率更上一个台阶。知识的增长、眼界的开阔也使得员工对自我价值实现的要求水涨船高。此时，员工迫切需要的是一个能够更好地发挥其能力的机会或平台，如果企业不能提供这样的机会或平台，员工就会寻求其他途径来满足自身职业发展的需要，就会导致企业人才流失的问题，从而给企业带来直接或间接的损失。一旦员工在受训后跳槽到竞争对手的企业，甚至会“为他人作嫁衣裳”，为竞争对手培养人才。同时，培训后大量人才的流失还会对企业声誉和员工心理产生消极影响。因此，企业必须采取相应的措施来降低企业人才流失的风险。

2. 竞争风险

这是组织风险的深层次表现形式，当培训后出现员工流失的现象时，流失员工的去向基本上是同行业的竞争对手，这些流失的员工掌握着本企业的“情报”和新知识、新技能的应用，对本企业而言，无疑增加了竞争对手的实力，使得本企业面临更大的竞争风险。

3. 专有技术泄密风险

任何一个企业在生产经营实践的过程中，总有自己专有的经验或技术。随着企业的发展，需要更多的人掌握这些专有的经验或技术，这就需要通过培训加以实现。很明显，培训的人数越多，企业专有经验或技术泄密的风险越大。

4. 培训收益风险

培训收益风险是指培训带来的直接或潜在的效益增长，不能弥补企业对培训的投入。企业培训是一种人力资本投资，其动机是获取利益，同时也面临培训收益小于培训投入的风险：首先，在培训过程中，如果某个环节出现问题，就会使培训面临收益风险，使企业得不偿失；其次，培训投资获得的收益不是一蹴而就的，而是需要一定的时间才能够体现出来的；最后，在知识不断更新变化的时代，科技创新、市场需求的转变等诸多不确定因素都会导致企业面临培训贬值的风险。这就对人力资源管理部门提出了更高的要求，即根据培训经验来确定是否开展培训、培训带来的收益能否超过或大幅超过培训成本。

5. 培训外部环境风险

企业外部环境是指企业所处的发展阶段、行业内培训现状、政策法律环境。企业只有明确自身发展的阶段、识别行业人才具备的能力、了解行业政策的前提，才能设计有效的培训。

学习情境二 培训风险的评价和防范

一、员工培训风险评价

员工培训是一种投资，投资收益与风险并存。世上没有绝对安全的投资，投资风险是客观存在的。不同的是，有的风险发生的概率较大，有的风险发生的概率则较小；有些风险引起的后果非常严重，有些则比较轻微。因此，对企业员工培训风险进行评价很有必要。

培训风险评价是指通过有效的风险识别和准确的风险估测，把培训风险发生的概率、可能产生的损失结合企业实际情况进行分析，预估企业产生培训风险的可能性及风险可能引起的后果，并和安全标准进行比较，得出企业培训的危险程度，最后决定是否需要采取防控措施及采取什么措施。对企业员工培训风险进行评价的目的就在于通过量化企业员工培训风险指标，一方面使企业能够全面而准确地了解自身在员工培训投资方面的管理状况；另一方面使企业通过有效的信息反馈，解决培训中面临的问题，从而使企业的风险管理水平不断得到提升。

二、员工培训风险评价指标设计的原则

要对企业的培训风险进行评价，首先要在风险识别的基础上，运用科学的手段，遵循一定的原则，设计出评价指标体系，这是风险评价和风险防范的前提。其原则主要有以下几个方面：

（一）目的性原则

在设计中小企业员工培训风险指标体系时，首先要明确目的，做到有的放矢。设计出的评价指标必须能够准确描述培训风险的类型、特征等，为风险的判定提供科学的依据。目的性原则是企业员工培训风险评价指标体系设计的出发点和落脚点，也是衡量指标体系是否合理、有效的重要标尺。

（二）科学性原则

在明确目的之后，指标体系的设计就应紧扣这一评价目的，实事求是地概括评价对象的具体信息。各指标的概念要做到意思明确，不应模棱两可，指标之间原则上不得有较强的关联性，尽量防止明显的重叠，对肉眼不易识别的隐含的相关性，应当利用有关数据分析软件和科学的方法，将其进行弱化或消除。同时，指标体系的设计还必须以现有的各种理论为基础，从而使指标的含义和计量都具有科学性。

（三）系统性原则

系统性原则也是中小企业在进行培训风险评价指标设计时必须遵循的一大原则。这一原则要求中小企业进行评价指标设计，从系统的角度出发，使设计出的指标体系基本包含全部培训风险指标，并能从总体上反映培训风险的具体情况，不应有所局限。此外，在设计培训风险评价指标体系时，还要从不同的侧面来对指标进行合理的设计，这样才能对风险作出全面和准确的评价。

（四）层次性与逻辑性原则

企业员工培训风险评价指标体系是一个复杂的指标体系，其内部指标众多、层次繁杂，各类指标之间或同一层指标内会出现重叠、逻辑混乱的情况。因此，在进行评价指标设计时，应根据前人研究和相关经验，适当摒弃一些不太重要的指标，并运用专业知识理清指标之间的逻辑关系，使设计出的指标体系符合层次性和逻辑性的要求。

（五）实用性原则

设计培训风险评价指标是为培训风险评价服务的，因此该指标体系应该具有实用性。在进行培训风险指标设计时应严格遵循实用性原则，尽可能从多个层面精简指标的数量，这样既能够全面反映培训风险的整体情况，又能够让数据相对容易获得。

（六）前瞻性原则

培训风险评价指标的设计既要满足当前评价的需要，又必须具有一定的前瞻性。所设计出的指标既要能够准确反映当前培训面临的风险，又要对未来可能发生的风险有一定的预期，以适应风险变化的需要，为未来的培训风险评价提供一定的服务。

（七）定性与定量相结合原则

由于对风险的研究是一项具有前瞻性和开放性特点的研究，不同性质的风险指标之间存在很大的差异，没有优劣好坏之分，因此在设计培训风险评价指标时，只有遵循定性与定量相结合的原则，才能避免因主观评价而导致的结果失真的现象。

三、员工培训风险评价指标设计

根据前文对企业员工培训风险的含义和产生原因的分析，以及对企业员工培训风险的识别，这里建立了如表7-2所示的企业员工培训风险评价指标体系。

表7-2 企业员工培训风险评价指标体系

中小型企业员工培训风险评价	培训观念风险 X1	企业管理者认为培训是浪费时间和金钱的活动 X11
		企业员工没有参加培训的意愿 X12
		培训只需面向工作中有不足的员工，不用面向有潜力的员工 X13
		对员工进行培训只是培训工作者的职责 X14
		培训不需要领导的参与和支持 X15
		流行什么就培训什么 X16
	培训需求分析风险 X2	企业没有进行培训需求分析 X21
		员工未参加培训计划的制订 X22
		培训内容不能满足员工的工作需要 X23
	培训制度风险 X3	没有培训制度 X31
		培训制度不够系统、科学 X32
		培训制度不能与其他人力资源制度相协调 X33
	培训计划风险 X4	没有长期的培训计划 X41
		有长期培训计划但不合理 X42
	培训师风险 X5	培训师不具备相应的知识和技能 X51
		培训师不能理论联系实际 X52
		培训师不具备良好的沟通能力 X53
	培训环境风险 X6	培训教材选择不当 X61
		培训方式选择不当 X62
		培训地点选择不当 X63
		培训设备选择不当 X64
		培训后勤保障不到位 X65
	培训评估风险 X7	培训后没有进行效果评估 X71
		培训效果评估不及时 X72
		培训效果评估方法不当 X73
		培训师没有后续的跟踪指导服务 X74
	激励风险 X8	培训后没有更多的激励 X81
		培训后激励不当 X82
	人才流失风险 X9	培训后大量人才流失 X91
		培训后员工流失造成培训费用浪费 X92
		培训后员工流失造成企业专有技术泄露 X93
		培训后员工流失对其他员工造成消极影响 X94
		培训后员工流失对企业声誉造成消极影响 X95
	培训收益风险 X10	培训收益具有不确定性 X101
		培训内容可能很快过时 X102

四、培训风险防范的方法

虽然培训存在诸多风险，但必须看到，我国现阶段处于转轨时期，相当一部分传统产业处于衰退阶段，而新兴产业的发展又没有及时跟进，产业结构处于活跃、升级的关键期，大量高素质、高技能的人才供给不足，仅依靠高校培养难以满足要求；同时，知识的更新日益加速，任何人若不及时更新知识，就会难以赶上时代步伐，最终丧失竞争力。因此，员工培训是必须坚持的，我们要做到就是在确保培训效果的基础上，尽力降低培训风险。

（一）通过培训过程管理降低培训风险

要想降低培训风险，首先要求企业做好培训管理工作，从培训前的需求分析到培训后的培训效果评估，都要合理规划并加强管理。

1. 培训需求分析

培训需求分析源自客观、全面、真实的需求信息收集。需求信息不仅是指企业的发展战略，更是指员工的个人意愿。虽然企业的培训是为企业的发展战略服务的，但必须考虑员工的个人情况，如员工的知识技能现状、兴趣爱好、职业生涯规划等。只有兼顾企业发展战略和员工的个人需求意愿，培训需求分析才能更真实有效。

需求信息同时也会明确地告诉员工：公司目前需要什么样的人才，这些人才需要具备哪些方面的能力，具备这些能力会有什么样的职业前景，不具备这些能力会面对什么样的职场危机，等等。这些信息可以帮助员工建立积极的职业发展期望和不进则退的危机意识。

（1）转变落后观念，明确培训对企业成长的重要性。当今已是知识经济和信息经济的时代，企业间的竞争不仅仅是传统的技术、资金等资源的竞争，更是建立在人力资源基础上的创新能力的竞争。同时，面对复杂的市场环境，企业只有在发展中不断学习、不断追寻突飞猛进的先进科技和管理理念，才能够在残酷的竞争中占据一席之地。企业只有重视对员工的培训、促使员工综合能力的提高、保持人力资本的持续升值，才能使企业业绩得到持续提升，从而实现企业的长期战略规划。

（2）根据企业所处的发展阶段，开展深入的需求分析。根据 ISO10015 国际培训标准中关于关键质量要素的阐述，在确定培训需求时可分五个步骤进行：第一步，明确组织的总体需求；第二步，明确并分析岗位对人的要求；第三步，分析现有人员的能力水平；第四步，明确现有人员的能力和所要求的能力之间的差距；第五步，识别差距中可用培训来缩小的那一部分，确定培训需求细则。

企业所处的发展阶段不同，对培训的需求也不尽相同。一般来说，在企业的创业之初，其培训重点应该放在市场营销方面；在企业进入成长状态以后，应更多重视对企业管理方面的培训；处于成熟期的企业，应更加注重企业文化建设方面的培训。企业应该准确定位自己所处的生命周期，开展深入的培训需求分析，在此基础上确定培训的目标和内容。

（3）让培训对象参与培训需求分析。企业要进行深入的培训需求分析，除了组织重视、各部门配合人力资源部门的工作之外，还需要让培训对象参与培训需求分析。企业只有对培训对象的培训需求有了准确和深入的了解，才能减少培训需求分析的盲目性，增强培训的针对性。当然，让拟受训员工参与培训需求分析，也可能会使企业收到员工的一些不切实际的需求，这就需要相关部门和人员进行有效的甄别，以免造成资源的浪费。

（4）完善组织结构，明确各部门职责。许多企业没有专门的培训部门，也没有专门的人员负责培训工作，有的甚至没有单独的人力资源部门。这种组织结构具有较低的经营和管理成本，其经营手段灵活，能够有效地应对市场环境的变迁，但也使企业的培训工作存在一定的风险和隐患。

企业应该建立完善的组织结构，明确各部门的职责，专人专责，各司其职，同时应当注意加强各部门之间的沟通和协调。只有这样，才能有效降低企业的培训风险。

（5）重视内训师的选拔和培养。在进行培训师的选择时，应尽量从内部挑选，并在实际工作中注重对内训师的培养。从企业内部成长起来的培训师，由于对企业业务和组织结构很熟悉，往往可以根据企业的实际需求设定相应的课程体系和培训方式，更能激发员工的学习兴趣和参加培训的积极性。这不仅可以提高企业培训的效果，还能为企业节省一定的成本。许多大型企业都有自己的内训师队伍，结合企业实际情况，打造符合企业自身特色的内训师队伍。

当然，内训师的选择也不是随心所欲的，内训师必须具备一定的能力和条件。例如：必须具备相应的知识技术或管理经验；必须具备良好的语言表达能力、沟通能力、授课能力和人际交往能力；能够理论联系实际；认同企业的组织文化；等等。这就需要企业在实际运行中注重对内训师的培养。

2. 培训计划

不同发展阶段的企业有着不同的经营目标，而经营目标则是制订短期培训计划的基础和依据，不同的经营目标有着不同的培训重点，企业要选择合适的培训内容和培训方式，培训内容要因人、因企业战略需要而异，而每种培训方式也都有其优缺点（见表7-3），因此培训方式也要多样化，做到扬长避短。

表7-3　不同培训方式的优缺点

培训方式	有效性	持续性	便利性	人均投入	娱乐性
内训	好	好	中	中	好
公开课	中	好	中	中	好
E-learning	中	好	好	小	差
EDP	好	中	中	大	中
点对点	好	中	中	大	中

表7-4为某公司不同发展阶段培训重点示例。

表7-4　某公司不同发展阶段培训重点

企业发展阶段	企业经营目标	培训重点
成长期	扩大市场，增加销量	改善市场策划与销售人员的能力和态度
成熟期	提升企业内部管理水平，对企业内部流程进行重组	改善管理人员的能力和态度
衰退期	准备加大新产品上市的步伐，延长现有的产品线	改善研发人员的能力和态度

3. 培训课程

培训课程设计得当、符合员工需求，给企业带来的收益是无可非议的。关于如何设计培训课程，前文有专门论述，在此不再赘言。

4. 培训评估

关于培训效果的评估，美国威斯康星大学教授柯克帕特里克于1959年提出了“四层次评估模式”，这种评估模式已成为我国企业培训效果评估的主要标准。该评估模式包括以下四个层次：第一层次为反应层面，即了解学员对培训的总体反应和感受；第二层次为学习层面，即了解学员对培训内容的理解和掌握程度；第三层次为行为层面，即评估学员在培训后的实际工作中行为方面发生的变化，如工作态度、工作方法、工作效率方面发生的变化；第四层次为结果层面，即评估培训效果。

培训效果评估在培训管理中起着特殊的信息反馈机制作用，主要是调查和收集受训者和相关人员对培训项目的看法，受训者学习后态度行为的变化是否达到了培训的预期目标，以及培训对企业整体绩效的提升和培训需求的满足。进行培训效果评估，有助于受训员工了解自己的培训效果，同时让其上级了解下级接受培训的情况，以便提出新的培训需求，为企业以后的培训提供依据，从而进一步提高培训质量。

任何制度离开了考核便形同虚设。培训效果评估能有效地促使被评估对象不断地逼近预定目标、不断地提高培训质量，还能为下一阶段培训计划的制订提供依据。因此，企业只有对培训进行认真的总结和反馈，并针对每次的培训情况制订下一次的培训计划，才能保证培训的效果，保证培训资金的投入真正有好的回报。同时，应将培训效果与员工晋升、福利和薪酬密切结合起来，让员工重视培训，从而增强培训效果，形成良性循环。

5. 激励机制

激励机制是企业培训得以成功实施的配套措施和有力保障，主要包括以下几个方面：岗位任职资格、绩效考核标准、晋升规定和薪酬分配。也就是说，员工只有在接受培训后才能完全具备任职资格、达到绩效考核标准、获得晋升机会，其薪资待遇才有可能提高。

对于经过系统培训、知识技能有明显提高的员工，企业不仅要及时、适当地加以重用，还要适时地承认其新的人力资本价值。

多数情况下，培训后人才流失往往源自员工对现有薪资待遇的不满，如果有一套完备的培训后激励机制，就能极大地缓解培训后员工流失的问题。

(1) 严格奖惩机制，赏罚分明。根据强化理论，在对某一种行为进行肯定或否定之后，会促使这种行为重复发生或不再发生。培训之后，员工无论是在专业技能还是在个人素质方面，都得到了不同程度的提升，对企业也将作出更大的贡献。如果企业没有与之相匹配的薪酬福利，必然会影响员工的工作积极性，甚至导致大量的人才流失。因此，企业在培训的同时，必须建立与培训相协调的激励制度。对培训后表现突出的员工应给予肯定，并在物质和精神上予以一定的嘉奖；反之，对培训后表现不好的员工应予以批评，促使这种行为不再发生。

(2) 利用榜样的力量，优先培养一批典型人才。根据社会学习理论即模仿理论，当个别员工能力突出，为企业作出重大贡献，相应获得丰厚报酬的时候，其他员工便会产生崇拜心理，就会进行模仿。企业可以利用社会学习理论，在企业中优先培养一批典型的管理和技术人才。他们不仅能促使员工纷纷向其学习，更能展现出企业的经营理念，成为传播企业文化的代表。利用榜样的力量，不仅能够让员工看到企业对员工的重视，提高员工对企业的忠诚度，还能为员工提供一个努力的目标和方向，促使员工努力工作，提升企业的整体效益，从而降低人才流失风险。

（3）对员工进行职业生涯规划，使员工与企业共同成长。职业生涯规划是指根据员工所在企业的实际情况和员工的个人情况，对员工的职业发展做一个全面的规划，包括员工现在所处的岗位、职业发展前景、未来的发展方向以及自身发展目标等。对员工进行职业生涯规划，不仅要考虑员工职业发展的需要，还要结合企业的发展战略，使企业目标与个人目标相一致。因此，成功的企业培训应该是将员工的职业生涯规划与企业发展战略相结合，重视对员工的培养，结合企业的发展战略，为员工营造一个不断成长的环境。员工只有对自己在企业中的发展前途有一个清楚的了解，才会自觉自愿地为企业奉献，才能忠诚于企业。企业只有真正做到以人为本，让员工成为企业的主体，才能做到员工与企业共同成长。

6. 法律保障

人才流动既有合理的流动，也存在不合理的流动，二者的区别在于是否遵守劳动纪律、执行劳动合同、保守商业机密。因此，企业在加强职业道德教育、重视各类人才、增强内在凝聚力的同时，应着手建立各种合理的防范措施，运用现有的法律和制度，限制不合理的人才流动，以降低企业培训的投资风险。

一方面，企业应当树立维权意识，在对员工进行培训之后，可以利用法律的约束机制来限制不合理的人才流动，从而降低人才流失和专有技术泄密的风险。例如，法律规定，劳动者在试用期内，无论什么原因和情况，都可以单方面解除劳动合同。这就警示企业，在拟培训对象成为企业的正式员工之前，尽量不要对其进行培训，更不能对尚处于试用期的员工进行专有技术的培训。如果实际情况确实需要培训，企业可以让员工提前转为正式员工，或利用契约的方式来降低风险。

另一方面，为了避免劳动者侵犯企业的核心技术和商业机密，在对员工进行培训前，企业应该对培训风险尤其是人才流失风险作一个充分的预估，同时和受训员工签订有关培训权利和义务的合同，并在合同中规定竞业禁止条款，约定员工在离职后的一定期限内（一般应低于3年）不得到竞争对手单位就职，以此来降低因培训而导致的企业核心技术或核心产品泄密的风险。

（二）通过建章立制降低培训风险

规章制度是企业的行为准则，只有制定并严格执行规章制度，企业的生产和运作才能步入良性循环。同理，建立健全相关规章制度，能更有效地防范培训风险。

（1）完善人才档案制度。人才档案制度的内容设计要具有动态性，如月工作汇报、季度工作小结、半年工作总结、年度考核和民主评议等项目，还有培养目标、培养方法、进展情况等，使人才档案真正为选择、使用人才提供全面而可靠的依据。

（2）建立严格的人才选拔、聘用和考核制度，可以使企业在选拔和使用人才时有较系统和客观的依据。

（3）建立科学的员工绩效评估机制，把员工对企业的贡献和待遇公平合理地联系起来，让员工既能看到自己的待遇，又能看到自己对企业的贡献，从而有效地减少员工因横向比较而感到待遇不公的现象的发生。

（4）企业要建立完善的培训制度，改善培训不规范的现象，变过去随心所欲的“人治”为“法治”，建立起一套完备的培训制度，以规范培训的各个方面。

（三）通过企业文化降低培训风险

企业文化也称组织文化，是指企业在长期的发展中所形成的目标、信念、价值观以及经营理念和行为规范的总和。它没有强制性的约束作用，却被企业员工认可，愿意共同遵守。优秀的企业文化具有强大的凝聚力和向心力，能调动全体员工的生产积极性和创造性，使企业得以长足发展。

根据学习型组织理论，企业应该营造一种大家共同学习、挑战个人的学习极限、养成科学的思维习惯、实现共同的理想和目标的组织氛围。随着人们生活水平的不断提高，企业员工早已不是单纯的“经济人”。企业如果仅靠物质和精神上的激励，是无法有效地吸引和挽留员工的，尤其是优秀的员工。许多企业没有明确的企业文化，也不注重企业文化的塑造，这对企业的长远发展非常不利。企业需要建立优秀的企业文化，并带动全体人员进行企业文化建设，在企业中营造优秀的学习氛围，使企业成为一个积极向上、乐观奋进的学习型组织。在优秀的企业文化的保障下，在组织内部成员共同学习的氛围中，员工不仅能够增长知识、提升专业技能，还能提高自身综合素质、实现自己的人生价值。

对培训而言，将优秀的企业文化价值观和经营哲学作为企业的灵魂，不仅决定着整个企业的发展走向，而且指引着企业培训的方向。优秀的企业文化指导下的培训，有助于把员工的利益与企业的长远利益紧密地联系起来，同时受到管理者和员工的普遍重视，员工不但有参加培训的欲望和动力，而且能享受培训带来的成功和喜悦。通过培训，员工的工作技能、精神面貌、服务意识得到提高，成为知识型工作者，能够让客户感到满意和放心，使客户愿意与企业建立长期的业务往来和合作关系。更重要的是，在培训中，员工不断了解企业的价值观和使命，明晰企业的经营理念和规章制度，在工作中自觉以企业经营理念为指导，遵守企业的各项制度，加强了责任感和使命感，使企业的规章制度内化为员工的自觉行为，大大提高了企业的管理水平和工作效率。

（四）风险的回避和转移策略

对于一些小微型企业或对员工质量要求不高的中小型企业来说，如果培训风险太大，也可以进行风险的回避和转移。

1. 风险回避——外部招聘

风险回避是指由于培训风险太大，企业主动放弃培训或调整培训计划，从而规避风险或降低风险损失的一种方法。如果企业能够以更低的成本从外部招聘需要的人才，那么内部培训便变得毫无意义。但现实的情况是，在实际运行中，外部招聘只是内部培训的一种补充策略。

对于一些劳动密集型的企业或者是企业中的一些大型流水线上的操作工人来说，实际的工作对其技能的要求较低，只需要简单的体力劳动就能完成，企业直接就能从劳动力市场上获得大量人力资源，这样做的成本甚至比培训成本更低。此时，企业培训风险太大，也完全没有培训的必要，便可以采取风险回避策略，直接从市场上获得所需人力资源。

2. 风险转移——培训外包

风险转移是指借助合同或协议，将风险转移到第三方身上。从企业培训的角度，风险转移主要是指培训外包。

培训外包的目的就是通过将企业的全部或部分培训业务转交给专门的培训机构来将风险转移给第三方，其实质就是一种风险转移的管理模式。当前，许多培训机构的专业化水平越来越高，企业为了使培训工作更加专业，也愿意将培训业务外包给专门的培训机构，这样不仅可以节约资源，而且能够在一定程度上降低企业的培训风险。目前，培训已经是人力资源管理活动中外包最多的业务之一，许多培训机构也出于专业化的考虑，为企业量身定制培训服务。

当然，培训外包也面临一些潜在的风险，如投资收益难以计量、企业商业机密的安全性问题等，这就需要企业在外包之前选择合适的外包项目和可靠的外包商，并做好审查工作，适时加强监督。

（五）通过创新培训方式降低培训风险

企业培训的关键在于，一方面，创造有利于员工学习的氛围和环境；另一方面，训练员工，使之获得相应的知识和技能。但实际上，我国早期的培训更多注重培训过程管理，而忽略了营造互动的学习氛围，在这方面，可以借鉴国外的咨询式培训和自助式培训。

1. 咨询式培训

咨询式培训是指培训公司作为外部顾问介入企业内部，首先分析企业存在的问题及原因，对培训需求和企业运营情况进行调研，然后根据企业的个性问题设计培训提纲、选择培训方法。这种培训关注企业整体，以解决问题为导向，更具有针对性，效果更明显。

2. 自助式培训

自助式培训是指企业利用标准化的培训教材，通过员工的自我管理、自我实施和自我应用评估来达到培训目的的一种培训方式。这种培训方式经济、灵活、方便，员工可以根据自己的职业发展规划或兴趣来选择培训的内容和形式，既避免了企业无效培训带来的经济浪费，也提高了员工参与培训的积极性，在一定程度上提高了培训的效率。

案例

线上培训降低培训风险

现实中，大多数公司的新员工培训组织特别麻烦，每次新人入职就三五个人，而且还不定时，很难开展系统化的培训安排，尤其新冠肺炎疫情的爆发，无疑给企业运营成本带来影响。随着疫情的缓解，企业纷纷复工。培训作为一个相对人员聚集的活动，暂时无法开展，在这样的情况下，线上培训闪亮登场，各地政府纷纷出台线上培训的相关补贴政策。看起来，线上培训发展的形势一片向好，企业线上培训的开展也越来越熟练，但是我们是否掌握了线上培训的正确打开方式？这是一个值得思考的问题。我们来看下面两家公司的线上培训如何开展，是否降低了培训风险。

［案例1］ A企业为互联网某领域的一家行业独角兽企业，在开始实施培训时一直采用传统企业内训形式。培训需求来源主要是绩效差距、人才培养计划、培训需求调研三个方向。而实施组织方均为HRBP（人力资源业务合作伙伴）。授课者有内部专家、外部专家、

采购课程等。

然而每当 HRBP 在培训落地时，都会发现受训者会产生抵触，不是说要调整程序，就是说有个会议要开。之后，这家公司开始模仿阿里巴巴集团的新员工培训模式。由人力资源部组织新员工学习企业价值观、企业文化，但是收效甚微。

于是，企业痛定思痛，更换了小而美的培训形式，进行新员工培训的策划。

新员工培训跨度时长累计超过两个月，共分为三个模块：

第一模块为企业文化、核心价值观培训及考核；

第二模块为企业制度及员工手册培训；

第三模块为企业各主要业务项目介绍。

培训时间：新员工入职第一天至转正前。

培训形式：

1. 采用真人出演＋动画形式，由企业 UI 形象小蓝星玩偶充当动画解说，将以上内容拍摄成每集 8 分钟以内，共计 5 集的短视频。幽默风趣、有血有肉的短视频形式在企业公众号、官网设置观看入口。

2. 在未来的一个月内，由新员工自己选择时间，通过微信小程序上企业文化、核心价值观的有奖问答进行培训后反馈，全部答对者可获得额外调休假一天，可分为两次每次半天通过上级审批后进行休假。新员工未通过答题可选择返回继续观看视频一直到通过为止，以答题最高分为此项培训考核分。

3. 每一名新员工均需要三个模块考核都通过才允许转正，同时，通过新员工三大模块考核也在制度上有明确规定，员工有两项考核分为 60 分以下即视为“不符合岗位录用条件”，企业可以解除劳动合同。

正是因为这家公司最终改变了方法，不是一味模仿他人而是针对自己的员工特征进行调整，设计策划更符合“用户”习惯的“培训产品”，将产品形式不断优化与调整，小步迭代，让这种策划与设计变成了企业制度文化的一部分得以传承。

当然，并不是每一家公司都有研发能力，可以通过小程序或者线上系统实现。我们来看另一个案例。

［案例 2］苏州一家销售型企业职能人员占比 15%，其他 85% 的岗位均为与市场营销有关的工作人员。并且这群基层营销人员基本为中专或大专毕业，平均年纪不超过 22 岁。因为行业原因，培训一直是企业非常看重的一个模块，包括新员工培训、产品性能及行业知识培训、销售技巧及商务谈判培训。

从 2017 年开始，95 后员工占比逐年提升，企业当时还在采用传统的培训方式，如组织新员工观看视频或者人力资源部组织培训。然而培训效果较差，员工敷衍了事，人力资源部人员精疲力竭，新员工怨声载道抱怨没效果，做了还不如不做。

最终在 2019 年，企业新入职的人力资源部负责人张三策划了更合适的企业培训方式。通过长达 2 个月、多达 100 多次的访谈以及至少 10 次以上的头脑风暴，人力资源部最终与业务负责人、核心员工、管理层共同讨论出更合适的培训策划方案。

新员工培训形式并没有太多改变，依然是由人力资源部相关人员定期组织，但新员工培训后的考核形式转变为新员工述职。

新员工培训内容包括企业制度、员工手册、企业发展历程、企业重要产品及项目介绍、各部门之间的流程等几个模块。考核方式不再是过去传统的填表考核，而是将每个月新增的新员工变成一期训练营。从2019年1月开始，次月加入的新员工会在当月新员工训练营毕业典礼上向上一期的训练营师兄师姐进行展示，再由上一期师兄师姐，对每个人评分，判断这一期新员工每个人都能胜任岗位要求，包括对应该了解的内容的理解度、表达能力等多个方面。依次滚动，即每一期合格的新员工会在下一期自动成为下个月新的新员工训练营的师兄师姐，上个月评分最高的会成为团长，评分占比会略高于其他考核人。

如此一来，新员工非常自觉自愿地学习甚至会主动与更多老员工讨论，以便于更好地理解培训内容。

销售技巧培训的形式从过去固定时间授课变为灵活不定期授课，与每个月的员工绩效辅导改进计划方案共同实施，一旦发现某些员工的绩效辅导改进计划中有需要销售技巧提升培训的，会在每周销售例会时，由周销售冠军进行案例分享及技巧分享，再由这些需要培训提升的员工以书面形式进行总结。在规划次月绩效改进计划时由上级主管再次根据业绩进行评分。如此一来，销售技巧的培训不再是为了培训而培训，无论是谁都被逼学习，而变成与绩效改进与绩效提升的重要利器，最终的结果是“绩效提升”，而不是“完成培训”。

后疫情时代，在线培训因其方便、快捷、自由度高的优势而成为趋势。适合在线培训的企业主要有：不需要实际进行机械操作的技能培训、管理层进行方法论的学习、企业进行案例教学、偏文化方向的培训等。在线培训不合适基于工作场景的绩效提升培训，如机器操作、基于案例场景的销售沟通案例解决等。在线培训最大的缺点是企业掌控度较低，因此，策划在线培训时必须有完善的配套机制，尤其是各种系统平台的支撑，否则将流于形式。

资料来源：三茅人才资源网，见 www.hrloo.com.

学习情境三 培训协议（合同）拟订

一、培训协议（合同）的概念和法律特征

培训协议（合同）作为非典型性合同，我国学界对它的研究鲜有涉及。因此，关于培训协议（合同）的概念仍未达成共识。从现有研究来看，有学者指出培训协议（合同）是指培训机构和用人单位或学员以及用人单位与其职工之间确立培训关系、明确双方权利义务关系的协议；也有学者将培训协议（合同）表述为接受培训一方为适应经济和社会发展的需要而与培训机构在平等、自愿基础上约定，对受培训者进行专门职业能力和智力开发的明确权利义务关系的协议。综上所述，本文将培训协议（合同）定义为用人单位与其职

工之间确立培训关系、实现特定的培训目的而签订的明确双方民事权利义务关系的协议。它具有如下特征：

（一）培训协议（合同）是劳动合同的一部分

培训协议（合同）中的条款根据《中华人民共和国劳动法》（简称《劳动法》）、《中华人民共和国劳动合同法》（简称《劳动合同法》）等进行调整。在发生争议时，劳动法律关系中的培训应受《劳动合同法》第 22 条的约束："用人单位为劳动者提供专项培训费用，对其进行专业技术培训的，可以与该劳动者订立协议，约定服务期。劳动者违反服务期约定的，应当按照约定向用人单位支付违约金。违约金的数额不得超过用人单位提供的培训费用。用人单位要求劳动者支付的违约金不得超过服务期尚未履行部分所应分摊的培训费用。用人单位与劳动者约定服务期的，不影响按照正常的工资调整机制提高劳动者在服务期期间的劳动报酬。"争执不下时，用人单位或劳动者应依据《劳动法》第 79 条的规定进行调解或仲裁；只有对仲裁裁决不服时，当事人才可向人民法院提起诉讼。

（二）培训协议（合同）标的具有无形性和智能性

首先，培训协议（合同）的标的是特定服务给付行为，履行培训协议（合同）给付义务的过程就是主体按照约定实施培训服务的过程。就服务本身而言，具有无形性。其次，培训并非一般的劳务，它包括知识、技能和态度三大类内容。它依赖市场经济的需求而成长，根据各种实际需求而进行岗位培训、项目培训、专业技术培训、行业培训和各种行业、层次的继续教育。培训主体是通过传授知识技能、优化态度或提供咨询来实施培训服务活动的。上述各类培训服务是培训主体智力劳动成果的凝结，是培训主体的员工运用大脑思维功能进行的有目的的智力劳动。因此，培训协议（合同）标的又具有智能性的特点。

（三）培训协议（合同）是协商约定条款

通常情况下，培训协议（合同）是劳动者和用人单位之间在法定条款之外，根据双方的具体情况，协商规定的权利、义务条款。培训协议主要约定培训的项目和时间、期间的工资待遇、培训费用的支付、培训结束后的服务期限等相关内容。为降低培训风险、控制不合理人才流失现象、减少企业的不必要损失，企业应该重视培训协议（合同）的约束作用。

二、签订培训协议（合同）

培训协议（合同）关系成立后，培训双方应全面、适当地履行合同义务。但实践中，常因违约致使培训合同的目的难以实现。因此，有必要对培训合同的违约形态及后果逐一分析，以便加深对培训协议（合同）违约问题的认识和理解，为采取行之有效的违约救济奠定基础。

（一）服务期限与劳动合同期限的区别

服务期限是指劳动合同当事人在劳动合同或者其他协议中约定的劳动者应当为用人单位服务的期限。服务期限条款不是劳动合同的必备条款，而是用人单位在招收或使用劳动者的过程中提供了特殊待遇后，与劳动者协商确定的一个附属期限。

劳动合同期限是指劳动个体规定的双方当事人权利、义务的有效时间。《劳动法》第

20 条规定："劳动合同的期限分为有固定期限、无固定期限和以完成一定的工作为期限。"

劳动合同期满企业要求劳动者继续履行服务期的，双方当事人应当续订劳动合同，企业不得强迫劳动者继续为企业服务，除非双方对服务期的履行方式另有约定。

因此，企业一定要注意，劳动合同在处理劳动关系争议时处于核心地位，如果签订培训协议时约定的服务期限与劳动合同中的服务期限不一致，应及时变更劳动合同或在培训协议（合同）的服务期限协议里作相应的文字说明。例如：如果劳动合同服务到期，劳动合同中关于劳动合同服务期限的条款自动失效。

（二）劳动合同的终止与解除的区别与联系

1. 劳动合同的终止与解除的区别

劳动合同的终止是由于劳动合同规定的期限已满或者双方当事人约定的终止条件已经出现。劳动者和用人单位依法订立劳动合同而产生的劳动法律关系至此不再存在。按照《劳动法》的规定，劳动合同期限届满和双方约定的终止劳动合同条件出现，劳动合同即行终止。

劳动合同的解除是指劳动者和用人单位在合同期满以前依双方协议或一方的意思表示提前终止劳动合同的执行，解除双方的劳动法律关系。按照《劳动法》的规定，劳动合同双方当事人协商一致可以解除劳动合同。

2. 劳动合同的终止与解除的联系

劳动合同的终止可以分为两类：一类是自然终止，另一类是因故终止。解除劳动合同属于劳动合同的因故终止。在合同期满以前，如果要提前终止劳动合同，则必须遵守《劳动法》以及地方劳动法规的相关规定。

因此，如果合同期满，员工要求终止合同，用人单位不得要求劳动者支付该项培训费用。如果在试用期内，员工提出解除劳动关系，企业也不得要求劳动者支付该项培训费用。

（三）培训协议（合同）中约定培训费的赔偿问题

首先，企业用于劳动者职业技能培训的费用的赔偿可以在劳动合同中约定，但约定劳动者违约时，负担的培训费和赔偿金的标准不得违反《劳动法》的相关规定。由于培训的受益者不仅是受训者，用人单位也是受益者之一，因此不分服务年限的"一口价"是不合理的。例如，单位出资 3 万元送员工去培训，双方的培训协议规定员工必须再为单位服务 3 年，在这 3 年里，不论是第 1 年还是第 3 年跳槽，员工都必须赔偿 3 万元的培训费。这种规定显然不合理。因此，承担违约责任必须按照法律规定和合同约定，不能无原则行事。

其次，企业要明确培训费用的赔偿方式。依据《劳动法》的有关规定，如果试用期满，在合同期内，企业要求劳动者支付该项培训费用，具体支付办法是：约定服务期的，按服务期等分出资金额，以职工已履行的服务期限递减支付；没有约定服务期的，按劳动合同期等分出资金额，以职工已履行的服务期限递减支付；没有约定合同期的，按 5 年服务期等分出资金额，以职工已履行的服务期限递减支付。例如，刘某与企业在培训协议中的约定如下：服务期限是 3 年，企业支付的培训费是 9 000 元，如果刘某违约解除劳动合同，赔偿方式按刘某已履行的服务期限递减支付。即：将培训费按服务期限等分，刘某每服务一年递减 3 000 元。刘某经培训结业后，在单位工作了一年，提出与企业解除劳动合同，那么刘某应当赔偿企业两年的培训费即 6 000 元。

赔偿方式的确定为企业在应对因培训费用引发的培训争议时，提供了很好的法律依据，避免了很多不必要的麻烦。

（四）签订培训协议（合同）时的注意事项

（1）对试用期员工一次培训的费用投入不要太高，只进行一些基本的入职培训即可。虽然试用期也属于劳动合同期限，但由于试用期是一个比较特殊的时期，加之用人单位对员工的性格、情况等还不太了解，如果急着送其出去培训且费用很高，那么一旦该员工在试用期内离开企业甚至不辞而别，将会给企业带来很大的损失。

（2）企业应保存好原始凭证作为证据，可在劳动合同中约定好某些细节内容。例如，徐某于 2015 年 3 月进入某管理顾问有限公司，合同期从 2015 年 3 月至 2017 年 12 月 30 日。合同约定了员工解除合同的培训费赔偿方式。2016 年 8 月 18 日，徐某提出辞职，公司同意其辞职，但要求徐某支付培训赔偿费 9 378 元，徐某认为赔偿费太多，申请劳动仲裁。在庭审中，公司出示了徐某参加的 ISO9001 内审员培训、主任审核员培训、ISO14001 推行实务讲座等 7 项培训的费用、日期，金额清清楚楚，且有徐某本人的亲笔签名，故仲裁委判决公司胜诉。

（3）企业委派员工出国培训，应尽可能让员工到投资方的外商方总部受训，以便管理。若条件不成熟，企业与国际培训机构签订的委托培训协议中要约定保证受训人员回国、回委托企业的有关事宜。例如，培训合格证书、职称证书等应交给企业，由企业发给经委派培训的员工。尽量避免受训人员在培训期间发生跳槽、出逃等事件。

培训合作协议样例

培训合作协议

甲方：北京卓奇商学院（北京卓奇餐饮管理公司）

乙方：（讲师姓名及身份证号码）

甲方北京卓奇餐饮管理公司，因业务开展需要，在对乙方学识背景及培训资历进行相关了解的情况下，聘请乙方为甲方的高级培训讲师，对相关培训班进行授课，并在此基础上建立长期合作关系。

双方在平等、尊重、互信的基础上就培训合作达成如下协议：

一、培训合作内容

1. 课程名称：

2. 培训时间：____年____月____日至____月____日（周六、周日除外）

上午____，下午____。

共____天，每天____课时。

3. 培训形式：

4. 培训地点：

二、费用支付

1. 甲方按每天____元（大写：______________）的课酬支付给乙方，两天共计____

元（大写：______________）。本协议所涉及的税金由甲方承担。

2. 本协议签订当日内甲方将预付款____元付到乙方指定的账户中，剩余款项在培训结束当日（即____月____日）中午以现金全额支付。若因为甲方造成不能如期开课，乙方不退预付款；如因为乙方造成不能如期开课，需在造成违约事实的当日内将预付培训费用退回到甲方账户。

3. 甲方承担培训讲师从开课前其所在城市往返培训地的差旅费和培训期间的食宿费用；甲方负责提前为培训讲师预订返程机票（或火车票）和酒店；培训讲师于培训前一天到达培训地，结束当天返回。

4. 培训讲师银行账户：

户　　名：

开户银行：

账　　号：

三、甲方权利和义务

1. 甲方为培训的举办方，负责业务的经营，包括对市场的分析、课程的前期设定、针对客户的招生工作、培训场地及时间的安排、培训班的管理工作等。

2. 甲方须提前跟乙方沟通培训内容，以便乙方进行相关课程准备，并就培训时间、培训形式双方达成一致并确认。

3. 甲方在招生工作中，利用甲方自身的资源（包括但不限于网站、平面媒体广告、电话、邮件、公司画册、其他宣传渠道及甲方会员资料库等），负责对讲师及课程内容进行对外宣传，提高市场对乙方讲师及课程的认知度。

4. 甲方负责在培训前对客户的需求进行调查和了解，将客户公司类型及受训学员的相关信息提供给乙方，以便于乙方针对学员做相关课程准备，使培训课程更有针对性。

5. 甲方负责提供培训地点及准备培训设施，一般包括多媒体投影仪、麦克风、白板笔等，甲方安排专人在培训现场协助培训讲师。

6. 乙方同意甲方在课程现场进行拍照、录像，录像时间不能超过4小时，照片和录像资料需交乙方审核和备份，并且照片和录像资料不得用于商业用途。

7. 甲方负责在课程结束后，现场对学员进行培训评估、填写培训调查表，并向乙方提供学员反馈结果及现场授课照片；培训结束后，双方应及时交流培训需提高及改进的地方；如有学员对培训不满意，则双方共同协商解决的办法。

四、乙方权利和义务

1. 乙方为培训服务的提供方，负责对甲方培训班进行授课，并尽职尽责保证课程顺利进行。

2. 乙方收到甲方的培训邀请，在双方沟通后，应提前将培训讲师的真实背景资料及培训课程内容资料发给甲方，供甲方用于课程招生宣传使用，并保证培训讲师个人资料的真实有效性。

3. 乙方负责在开课前一周提供给甲方完整的电子版学员讲义，供甲方复印并发放给培训学员；如培训讲师授课所用的讲义资料有修改或增补，乙方应把修改后的版本在结束授课后3天内提供给甲方。

4. 乙方应提前到达培训场所，并准备好授课所用的培训讲义、资料和笔记本电脑。

5. 乙方应根据甲方所制定的培训时间表，适时控制培训进度，并保证课程内容顺利完成。

6. 乙方以甲方专业培训讲师的身份授课，在培训过程中只能以甲方的立场进行授课或宣传，甲方负责客户后期相关培训的跟进，受训对象为甲方的客户，乙方不得对甲方的客户进行利益侵害。

7. 乙方有义务协助甲方在培训结束后，对受训学员针对培训的相关问题进行解答，以电子邮件的形式进行必要及简单的售后服务。

五、关于后续合作

1. 培训结束后，在双方合作满意的基础上，双方将建立长期合作关系；甲、乙双方有维护对方知名度的责任，并允许对方在对外宣传报道中提名。

2. 针对后期的培训活动，双方应另行签署协议以再次明确双方的权利和义务，或以培训确认书的形式确定合作细节；如果没有，则按此协议执行。

六、违约责任

1. 乙方如不按时授课或授课内容严重偏离原订培训计划，造成甲方培训损失的，甲方有权利不支付培训费用（预付款退还甲方）及其他应当报销的费用。

2. 甲方应按时向乙方支付培训费用，逾期未支付的，应当向乙方支付滞纳金。滞纳金的计算标准为每延期一日，支付培训费用的0.5%。

七、本协议一经签订，任何一方不得单方终止，否则违约方应当向对方支付违约金____元（大写：______________）。给对方造成损失的，还应当承担赔偿责任。由于重大自然灾害等不可抗因素造成任何一方违约的，均不在赔偿责任之列。

八、本协议未尽事宜，双方协商解决，并可签订补充协议，补充协议与本协议具有同等法律效力；如协商不成，任何一方均可向相关司法机构申请仲裁。

九、本协议有效期为签订合同之日起至合同执行完成当天。

十、本协议自双方签字、盖章之日起生效，传真件有效。

十一、本协议一式两份，甲、乙双方各执一份。

甲方（盖章）：	乙方（盖章）：
电话：	电话：
传真：	传真：
代表签字：	代表签字：
签订日期：	签订日期：

委托培训协议样例

委托培训协议

甲方（培训机构）：

乙方（企业/单位）：

为进一步提高职工文化层次，乙方委托甲方对____名职工进行岗位培训，并组织参加统一考试。为使培训工作顺利开展，明确双方的权利和义务，经甲、乙双方友好协商，签订以下条款：

一、甲方的权利和义务

1. 甲方负责全部培训工作，完成规定的科目和学时，直到参训人员文化课考试结束。甲方必须保证参训人员的考试通过率不低于75%。

2. 甲方应在培训开始前两周和乙方确定培训时间和培训内容，并在培训开始前5个工作日前将培训方案报乙方备案。

3. 未经乙方允许，甲方不得在上课时随意录像。

4. 甲方在培训结束后提供免费的职业能力和职业性格测试，并将测试结果反馈给乙方。

5. 甲方负责培训期间产生的培训（包括资料）及考务费用，并承担50%的证书办理费用。

6. 乙方参训人员考试合格获得技能证书后，甲方应向乙方支付相应的培训津贴。

7. 甲方负责对考试不合格学员进行补考，补考费用由甲方支付。

二、乙方的权利和义务

1. 乙方负责培训对象的报名组织工作，并提供培训对象的花名册、身份证复印件、照片及社保缴费证明。

2. 乙方应组织参训人员参加考试，参考率原则上不低于80%。

3. 未经甲方授权乙方不得公开甲方的课程、培训资料以及教学过程。

4. 乙方应在开课前至少两周通知甲方上课时间，如要更换上课时间，则需提前通知甲方。

5. 乙方参训人员考试通过后，由乙方参训人员承担50%的证书办理费用（证书费用参照人力资源和社会保障部证书费用标准）。

三、培训实施

甲方按照乙方就近原则和不影响乙方正常经营原则，与乙方协商培训时间和培训地点。

四、费用支付

1. 培训费及考务费由甲方支付，乙方参训人员不缴费。

2. 乙方参训人员经培训并考试合格后，应按照考试通过人数将证书制作费用的50%支付给甲方，以便甲方制作证书。

3. 甲方在乙方参训人员获得证书后，按照获得证书人数将20元/人的培训津贴支付给乙方。

4. 付款时间：乙方应在考试成绩发放后10个工作日内，将制作证书的费用支付给甲方。甲方应在证书发放后10个工作日内，按以上第四款第3条规定的付费标准，把培训津贴一次性支付给乙方。

五、补充：____。

六、违约责任：甲、乙双方应共同遵守以上条款，未尽事宜双方协商一致后，写入补充条款，补充条款具有同样的法律效力。遇不可抗拒因素无法履行本协议时，双方均不承担违约责任。

七、本合同一式两份，甲、乙双方各执一份，签字后即生效，至双方账目结清无异议后失效。

（本页以下无正文）

附件1：《职工技能培训报名登记表》

甲方（公章）： 乙方（公章）：

代表人（签章）： 代表人（签章）：

____年____月____日 ____年____月____日

员工培训协议书样例

员工培训协议书

为了提高员工基本素质及职业技能，公司鼓励并支持员工参加职业培训。为确保员工圆满完成培训学业，并按时返回公司工作，公司与受训员工订立如下协议：

1. 公司同意该员工赴________________（地点）学习________________（内容），学习期自________年____月____至________年____月____日，共计______（天/月）。

2. 受训员工应按公司指定或公司约定的学校及专业就学。如需变更，应事先及时通知公司，并得到公司的批准。否则，以旷工论处。

3. 受训员工的学习时间，计入工作时间之内，按连续工龄累计。

4. 受训期间的工资视情况按原工资的______%支付；奖金按通常支付额的______%支付。在晋级或工资办法修订时，受训员工作为在册人员处理。社会保险原则上按有关规定作为在册人员处理。受训员工在受训期内不享受年度休假。

5. 受训期间医药费用按在职人员对待，但由于本人过失或不正当行为而致病（伤）者除外。当受训人员患有不能继续学业的疾病时，应接受公司指令，终止学习，返回公司，并依有关规定处理。

6. 受训员工在学习期间，必须每隔____天（即每年____月____日前）向公司人事部书面报告学习情况，并附学校有关成绩等记录。

7. 受训员工应自觉遵守培训校方的各项规定与要求。凡因违规违纪受到校方处分的，公司将追加惩处，视同在本公司内的严重过失。

8. 受训员工的学费由本人承担________元，由公司承担________元。

9. 受训员工辞职，其工龄在一年以内的，需向公司交纳公司负担部分的全部培训费用；两年以内的，需向公司交纳公司负担培训费用的50%；三年以内的，需交纳25%；三年以上的则可免交培训费用。因违纪被公司辞退的员工亦照此办理。

10. 在培训期间，受训员工接受公司交付的调查或出差任务，差旅费按员工差旅费规则支付。

11. 培训结束，受训员工应及时返回并向公司报到。

12. 为确保上述协议规定的执行，受训员工应在就学前向公司交付（大写）______元（小写）______元作为保证金。受训员工如有逾期不归、在受训期内从事超越学习范围的业余活动或擅自更改培训方向与内容等行为，若涉及法律责任，由该员工自负，与本公司无关，其保证金归公司所有。受训员工圆满完成学业，若无任何违反上述规定的行为，则其保证金按时返回，在向人事部报到后半个月内，公司退还保证金。受训员工若未通过结业考试，公司将在从其保证金中扣除与本次培训相关的费用（含学杂费、书费、调研费、实习费、上机费、住宿费、交通费等）后，退还其保证金余额。

13. 受训员工在学习期间成绩优异、有杰出表现者，公司将视情况给予奖励。

××公司（签章）： 受训员工签字：

____年____月____日 ____年____月____日

复习思考

1. 企业常见的培训风险有哪些？
2. 培训风险的防范措施有哪些？
3. 针对员工的培训协议和针对培训师的培训协议有哪些不同？
4. 业内有句话“招聘不容易，培训少条命”。相比招聘，培训工作有时候更是吃力不讨好。企业对员工进行培训，目的是使员工掌握新的工作技能、本领，更好地服务企业，为企业创造更大的财富。一方面，培训后员工流失让HR感觉到自己所做的工作仿佛是在给竞争对手做嫁衣，自己的投资打了水漂。而另一方面，很多老员工认为培训更多的是挤占工作时间，降低工作效率，走走形式，最后培训费用支出了，培训考核也通过了，然后培训后员工又回归到了培训前的状态，那么培训工作是否还要开展？如果开展，应该从哪些方面着手才能降低培训风险？
5. 有人说，培训就是企业福利，对此你如何看待？

培训游戏

给予赞美

1. 游戏编排目的

鼓励受训学员向他人说出正面的感想，并知道如何赞美他人和接受赞美。

2. 游戏内容

（1）两人一组将学员分为若干组。

（2）要求每位组员写下4～5条有关你和组员的特征评价。

（3）这些特征评价都必须是正面的、积极的（如穿着大方得体、声音悦耳动听等）。

（4）5分钟后，观察者向大家说出自己对组员的描述评价。

3. 相关讨论

（1）你对这个游戏是否感觉不太自在？如果是的话，为什么？

（2）怎样才能使我们更轻松地向他人表达正面的评价？

（3）怎样才能使我们更轻松地接受他人的正面评价？

(4) 为什么人们总是能很快给出负面评价而正面赞扬却少之又少?

4. 游戏总结

(1) 为什么要给予赞美?

提示：改善与他人的沟通和关系、让他人了解自己的行为是否正确。

(2) 给予赞美时我们要怎么做?

提示：选择适当的时机、合适的措辞，具体说明对方值得赞美的事例。

(3) 接受赞美时我们要怎么做?

提示：表示感谢、大方接受。

模块八

培训成果应用

学习目标

1. 柯氏四级培训评估模式
2. 成人教育学习理论
3. 影响培训成果转化的因素
4. 员工职业开发

案例导入

厦门一家连锁企业在福建有多家连锁店，固定由HR定期到各地培训，成本过高。新冠肺炎疫情期间，企业被迫停工，开始加大培训力度，希望在疫情结束后员工技能能更上一层楼。于是HR策划了在线直播培训。利用网络收费平台组织大家在某个时间一起线上学习，学习形式有PPT＋真人教学、纯外部采购视频教学以及访谈互动三种形式。

针对培训的考核同样也是通过在线试卷（利用问卷星）填写，在规定时间内填写完毕，可填写多次，但取最高成绩为考核分。

这些都不是最值得关注的，这家公司在采用线上培训以后，每次考核结束一个月，将对新员工考核分值进行分级，并由HR及企业老板录制视频，类似上学时的A等生、B等生、C等生。对于A等生，老板会亲自通过视频鼓励，并由HR列入“人才观察库”中，鼓励这群新员工提前转正。对于B等生，由HR公布成绩，并会进行对应奖状的发放，新员工大多会在朋友圈晒出来。对于C等生，会由HR提醒用人部门进行关注，更多辅导并给予更多关注。

案例解读

关于培训的开展，HR要思考的几个重点问题：(1) 公司的培训形式是否适合相应的员工？(2) 培训素材是什么？(3) 如何有效考核培训结果？由案例可以看出，新冠肺炎疫情期间，在线培训非常适合新员工，在线分级的月考既能够帮助公司挖掘员工潜能，更能够有针对性地帮扶，这样的培训有谁不爱？

学习情境一　柯氏四级评估法

在知识飞速发展的时代，培训得到了越来越多的重视和认可，越来越多的组织加强了对员工在知识、技能和态度等方面的培训。但是，培训到底发挥了多大的作用，培训评估工作就显得异常重要。科学而有效地评估培训效果，对组织充分了解培训对提升员工素质和促进组织发展等方面的作用具有重要意义。培训评估工作虽然已经广泛开展，但是评估工作开展的深度及人们对评估工作的满意度与期望值还相差甚远。由中国人力资源开发网组织的“2005 年中国企业培训现状”调查的统计数据显示：在企业安排培训后，有 13.04%的企业很少进行效果分析和评估，有 41.30%的企业偶尔会进行分析和评估，有 30.43%的企业通常都会进行分析和评估，仅有 15.22%的企业要求全面进行分析和评估。

企业培训绩效评估指标单一，满意度评估仍是培训效果评估最常用的方式。报告显示：在对培训进行评估的企业中，有 79.09%的企业选择采用满意度来评估，有 51.16%的企业采用笔试或口试的方式来评估，有 37.21%的企业以培训前后员工行为的改善情况作为评估标准，采用培训投资回报率或其他专业评估工具的企业仅为 2.33%。

从上述数据中明显可以看到，企业培训绩效评估存在的最大问题就是重视程度不够和评估指标单一，最重要的是没有完善的企业培训绩效评估模式，导致培训绩效评估执行不到位。

1959 年，基于工作中的实际应用，国际著名学者威斯康星大学教授唐纳德·柯克帕特里克开创性地提出了柯氏四级培训评估模式（Kirkpatrick Model）（见图 8-1）。它是目前世界上应用最广泛的培训评估工具，在培训评估领域具有难以撼动的地位。

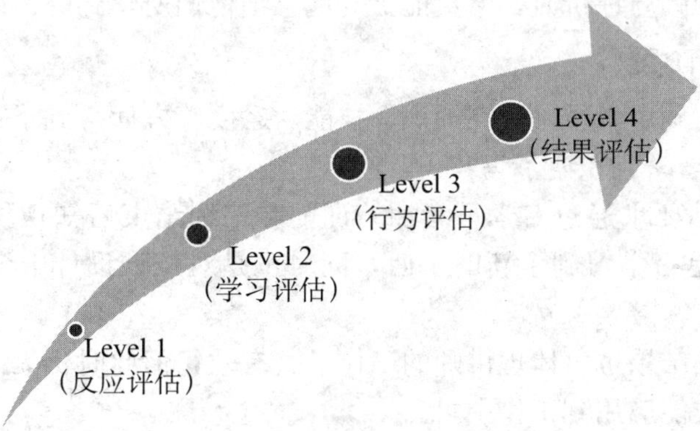

图 8-1　柯氏四级培训评估模型

一、柯氏四级培训评估模式的内涵

柯氏四级培训评估模式简称“4R”，主要内容有：

Level 1 反应评估（Reaction）：评估受训者的满意度。

Level 2 学习评估（Learning）：测定受训者的学习获得程度。

Level 3 行为评估（Behavior）：考查受训者的知识运用程度。

Level 4 结果评估（Result）：计算培训创造的经济效益。

二、柯氏四级培训评估的四个阶段

通常而言，企业对一个培训项目展开具体的评估大体上要经过以下几个步骤：一是对培训项目的具体要求和目标进行评估，从开始制订项目计划，就要重视对其培训项目的具体目标、要求进行分析评估，这也就是前文所说的培训需求分析；二是在培训过程中，通过各种形式考核和听取教师以及学员的意见，检查培训进程，以发现问题，按既定目标的要求改进培训各方面的工作；三是在培训结束时，根据原培训计划的要求和内容，通过口试、笔试、实际问题的解决等方式，综合地考核学员是否达到了培训的要求；四是进行追踪性评估，学员实际知识和技术水平的提高、管理能力的增强以及行为改进等方面的结果不是通过一两次考核就能衡量出来的，有的要经过对学员一段时间的实际工作表现进行追踪调查，才能进一步较准确地评估某一专项培训的效果。

在西方国家的企业员工培训中，很重视通过追踪的方法来对培训项目的效果作出评估。实践证明，柯氏四级培训评估的准确性较高。

（一）学员反应阶段

在培训结束时，向学员发放满意度调查表，征求学员对培训的反应和感受。其主要包括：对讲师培训技巧的反应、对课程内容设计的反应、对教材挑选及内容质量的反应、对课程组织的反应、是否在将来的工作中能够用到所培训的知识和技能。

学员最明了他们完成工作所需要的是什么。如果学员对课程的反应是消极的，就应该分析是课程开发设计的问题还是实施带来的问题。这一阶段的评估还未涉及培训的效果，学员能否将学到的知识和技能应用到工作中去还不能确定，但这一阶段的评估是必要的。培训参加者的兴趣、受到的激励以及对培训的关注对任何培训项目都是重要的。同时，在对培训进行积极的回顾与评价时，学员能更好地总结他们所学到的知识。

（二）学习效果阶段

在培训结束时，确定学员是否在知识、技能、态度等方面得到了提高，其实就是要回答一个问题：“受训者学到东西了吗?”

这一阶段的评估要求通过对学员参加培训前和培训结束后知识技能测试的结果进行比较，以了解他们是否学习到了新的东西，同时也是对培训设计中设定的培训目标进行核对。

这一阶段的评估结果也可体现讲师的工作是否有效，但此时仍无法确定受训者能否将他们学到的知识和技能应用到工作中去。

（三）行为改变阶段

这一阶段的评估要确定受训者在多大程度上通过培训而发生了行为上的改进。可以通过对受训者进行正式的测评或非正式的方式如观察来进行。

尽管这一阶段的评估数据较难获得，但意义重大。只有受训者真正将所学的东西应用到工作中，才能达到培训的目的，并为开展新的培训打下基础。

需要注意的是，由于这一阶段的评估只有在学员回到工作中才能实施，因此评估一般要求督导人员参加。

（四）最终结果阶段

这一阶段的评估要考查的不再是受训者的情况，而是从部门和组织的大范围内了解培训所带来的组织上的改变。这种改变可能是经济上的，也可能是精神上的，如产品质量得到了改变、生产效率得到了提高、客户的投诉减少了等。这一阶段评估的费用、时间和难度都是最大的，但对企业的意义也是最重要的。

柯氏评估的四个阶段（见表 8-1），实施从易到难，费用从低到高，是否进行评估、评估到第几个阶段，应根据培训的重要性决定。

表 8-1 柯氏四级培训评估分解

序号	水平	目的	评估内容	方法	操作性
1	反应	培训水平	● 培训的水准包括内容、教员和安排组织等	● 评估表	● 快捷容易
2	学习	学习水平	● 考查学员的掌握程度	● 考试测验或提问	● 适合知识性和技巧性培训
3	行为	实际应用	● 培训后在工作中应用的程度	● 观察访问 ● 对比法	● 需要有经验的评估者和领导参与
4	结果	绩效改善	● 培训后带来的绩效改变	● 检查工作 ● 对比法	● 难分清其他影响绩效的因素

三、全新柯氏四级培训评估模型

随着柯氏四级培训评估模型的广泛应用，一些问题也接踵而来。对柯氏四级培训评估的内涵和精髓的误解以及实际应用中的偏差极大地限制了该评估方法的效用，最突出的就是：柯氏四级培训评估模型的作用只能发挥前两个层次，即反应层和学习层；在培训教学设计对接、员工胜任力培养和绩效管理方面还存在较大的局限性。

根据客户的要求，詹姆斯·柯克帕特里克（唐纳德·柯克帕特里克之子，柯氏评估当代掌门人，曾服务于欧莱雅、本田汽车、通用电气等公司）推出了柯氏四级培训评估模型的升级版——全新柯氏四级培训评估模型（见表 8-2）。这个模型通过一种简单的、可视化的方式来表述如何应用各级评估来强化培训效果。新的模型将一级评估和二级评估结合在了一起。这是因为学员对培训的直接反应和对知识、技能及态度的获取是同步发生的。从改进型评估（在培训的过程中）的立场来看，好的培训师会非常警觉地观察学员是否既投入地参与到培训中（一级）又学会了应当要学习的内容（二级）。这两个层级的改进型评估可以通过各种正式的或非正式的方法来进行。相对于改进型评估而言，总结型评估（在培训结束后）通常采用比较正式的方法，较常见的是调研问卷（一级评估）和知识或技能操作测试（二级评估）的组合。

表 8-2　全新柯氏四级培训评估的四个层级

层次	内容
结果层评估（四级评估）	由培训及后继强化措施所带来的期望的业务结果
行为层评估（三级评估）	学员在多大程度上将培训所学到的应用到工作中并带来相应的行为改变
学习层评估（二级评估）	通过参与培训，学员获得了多少应当获得的知识、技能和态度
反应层评估（一级评估）	参训学员对培训喜好程度的反应

如果培训计划得当且实施有效，加之第一级和第二级的评估合理充分，那么学员在工作中的行为改变以及获得预期业务结果的过程就会相对快一些。这就意味着图 8-2 中指向第三级（行为改变）和第四级（业务结果）的箭头就会相对短一些。然而在实际应用中，图中箭头所代表的差距（即从较低层级的评估向较高层级的评估的跨度）通常是非常大的，而且对于学习团队而言，如何跨越是一个很难弄清楚的障碍。因此，第一级和第二级的评估从某种程度上将会被重新定义为帮助学员有效地操作实际工作（第三级）和产生业务结果（第四级）所做的准备工作。

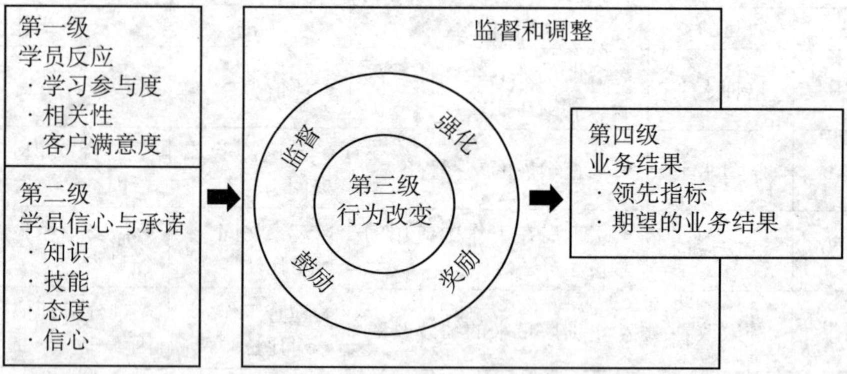

图 8-2　全新柯氏四级培训评估模型

此外，全新柯氏四级培训评估模型（见图 8-2）还引入了一个新的机制——监督和调整。这个监督和调整的矩形覆盖了所有三级评估和一部分四级评估的流程和活动。其目的在于针对三级和四级评估过程中的各环节以及相应的评估方法和活动进行适当的监督和调整。这个矩形代表了培训给企业带来更大价值的机会区域。全新柯氏四级培训评估模型突出了对培训评估的整体化思考，如图 8-3 所示。

（一）第一级——学员反应

目前，全球大多数的组织都在使用一些量表来进行某种形式的一级评估，并称这些量表为“反应量表”“微笑量表”或“快乐指数量表”。其评估方法以调研方式为主，并且在培训结束后以书面或网络的形式立即实施。

经过多年的使用，这些反应量表已经被极大地改进了，甚至有些已经通过某种技术手段实现了自动化。鉴于它们在企业中的应用极为普遍，许多企业简单地认为它们就是培训评估的全部。通常来说，设计得非常优秀的反应量表能够给我们提供一些很有价值的数据和信息。这些数据和信息一方面可以帮助我们改进培训项目，另一方面可以显示出培训在初始阶段对提升企业盈利能力的作用。但不幸的是，只有较少的反应量表是设计得非常合

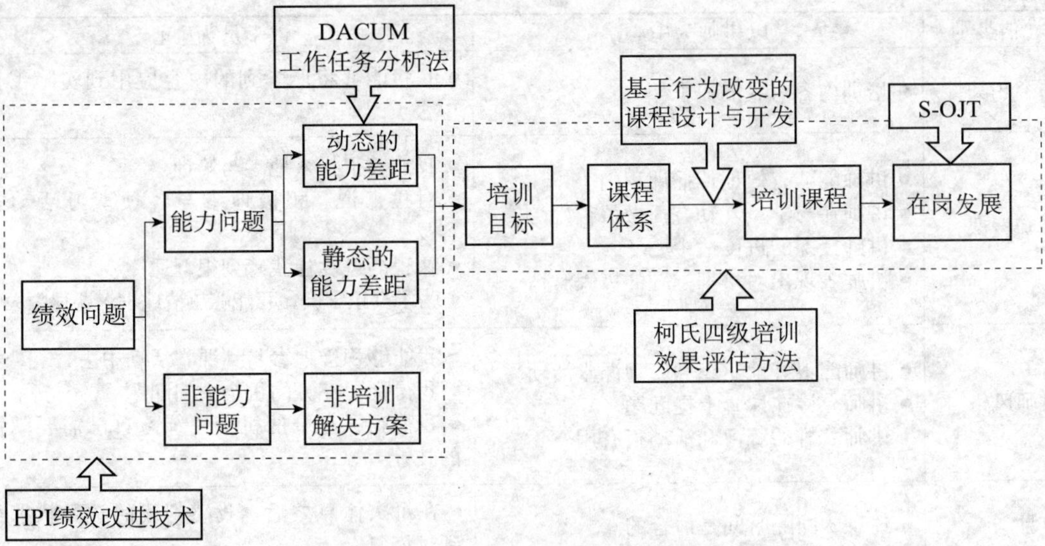

图 8-3　培训评估整体化思维导图

理的。绝大多数的反应量表都在一个非常奇特的方面犯错误——它们的关注点是培训师，而不是参训学员。因此，我们必须考虑改变一级反应量表的设计思路。

1. 设计以学员为中心的一级评估量表

现实情况：我们现在在哪里？浏览一下你自己设计的一级反应量表，你很可能发现量表中的问题是关于讲师、培训材料和方法、培训设施、环境的。以下的这些短语你是否觉得似曾相识：讲师、练习、培训材料、培训设施、课程内容、学习目标、餐饮……

上面这种类型的问题的关注点是如何评价讲师。然而，一级评估所关注的重心应当是参训学员所得到的收益。这些以讲师为中心的反应量表所产生的不良后果是：参训学员通常只愿意花很少的时间和精力去填写它们。其原因是参训学员没有发现这些问题对他们有多少价值。思考一下你已经收集到的反应量表的数据，如果你回收了很多量表，这些量表中的所有评分都是“5”分，但没有给出任何评论，你就需要考虑修改你所设计的问题了。设计这些问题的出发点是尽可能展现它们对学员的价值，从而让学员更有兴趣地去填写它们。

表 8-3 中罗列了如何从以讲师为中心转变为以学员为中心的一级评估的典型实例。这些问题（实例）与四分制的李克特量表（Likert Scale）是兼容的。李克特量表的四分制（1、2、3、4）分别对应于“非常反对”“反对”“同意”“极为赞同”四个选项。

表 8-3　以讲师为中心转变为以学员为中心的一级评估

评估类别	以讲师为中心	以学员为中心
培训/学习目标	● 讲师授课覆盖到了所有的学习目标	● 我能够将每一个学习目标与所学习的内容联系起来 ● 我在课程教材中面临的挑战是适度的
课程教材/材料	● 教材的难易程度适合我目前的水平 ● 各种课程材料的组织良好 ● 课程材料对授课内容是有益的补充	● 我能很容易地找到自己所需要的课程材料 ● 课程材料对我工作上的成功有极大的帮助

续前表

评估类别	以讲师为中心	以学员为中心
内容相关性	● 培训内容与我的需求相关	● 我将能够将所学到的内容应用到实际工作中去
讲师授课	● 讲师能够有效地传播课程内容 ● 讲师在与学员互动方面做得很好 ● 讲师授课的进度适中 ● 讲师表现出对培训主题的极大激情	● 我能够很投入地参与培训 ● 对我来说，积极地参与各项学习活动很容易 ● 课程的进度让我感到很舒适 ● 为了真正学会，我能够热情地投入课程中去
讲师风格	● 讲师能很好地组织和管理课堂活动 ● 讲师允许在课堂上提问题 ● 讲师安排的练习和活动很有用	● 我能够积极地参与到课堂活动中去 ● 我得到了充分的机会去问问题 ● 我得到了充分的机会去练习自己需要掌握的技能
休息	● 休息的间隔时间是适合的	● 在每次休息之后，我感到我的学习状态得到了恢复
设施	● 培训教室很舒适	● 我发现培训教室的布置和氛围有利于学习

2. 全新柯氏一级评估（学员反应）

目前全新的柯氏一级评估（学员反应）的定义包含两个新的维度：学员的学习参与程度和与工作的相关性。这两个维度也能确保培训是为了学员和围绕着学员的，而不是以讲师为中心。

在现实中，有些学员参加培训是因为他们主管要求他们这样做。因此，他们参训的积极性通常不高。这容易给参训学员造成一种错觉，那就是其他人会对学员的学习以及随后的工作绩效负责。然而，通过尽可能地将一级评估的问题转化为以学员为中心的问题，参训学员将能在培训中尽可能主动地发现更多的课程价值。这能引导他们更加严肃地看待他们的学习经历以及认真填写一级评估的反应量表。

3. 培训的最终目的

许多一级评估的反应量表的另一个缺陷在于它们很少引导参训学员关注培训的最终目的：改进绩效和增加个人对组织完成使命或实现战略目标的贡献。下面是一个简单的弥补措施：增加一些培训后将会发生什么的问题。我们举出了一些典型实例，也列出了它们与柯氏各级评估的关系。

- 我相信我所学到的内容值得应用到我的实际工作中去（第二级）
- 我相信我能够将所学的应用到工作中去（第二级）
- 我知道我对参训的期望值是什么（第三级）
- 我能够将所学到的应用到工作中去（第三级）
- 当我在工作中应用所学到的，我不会有任何障碍（第三级）
- 我认为我的努力能够给组织带来积极的结果（第四级）

如果你有更多的时间或精力去浏览学员的反馈，最好问一些开放式的问题来获得更丰富的信息。下面是一些例子：

- 在这个课程中，你所学到的最重要的三个方面是什么？
- 你计划将哪些学到的内容应用到工作中去？
- 为了应用你所学到的，你需要什么样的帮助？
- 当你在工作中应用这些新技能时，你预期会遇到怎样的障碍？
- 你如何克服这些障碍？
- 如果你能够成功地应用所学到的，最终你会为你的组织作出怎样的贡献？

合理地设计一个以学员为中心的一级评估反应量表能够给组织带来很大的收益。因为学员能够理解花时间填写它的目的，我们可以用这个量表得到更加真实和丰富的数据。通过增加与第二级、第三级和第四级评估有关的问题能使该反应量表对组织和学员都有更大的意义和作用。

（二）第二级——学员信心与承诺

案例

布莱恩的故事

布莱恩是美国一家大型保险公司的销售代表，他极为聪明且销售业绩突出。由于在这家公司工作了足够长的时间，他能够自如地处理各种问题：他知道应该如何应对销售过程中所遇到的各类问题，也知道如何达到自己所设定的各种目标。布莱恩最近被提拔为业务部门的经理，这使得他非常兴奋并对未来充满了信心。他的新职责是带领一个 12 人的销售团队提高公司在美国东北部地区的销售业绩。

公司知道仅仅赋予布莱恩一个新的职称、漂亮的办公室、更高的薪水以及美好的愿望是远远不够的。于是，公司为布莱恩量身定制了一个培训计划，以帮助他完成从一个销售人员到公司管理者的转变。他参与了领导力、辅导技巧和管理技能等培训。为了强化课堂培训的效果，他也阅读了大量的学习材料及案例。与此同时，布莱恩与其他学员一起参与了各种角色扮演，尽可能地模拟他们在实际工作中可能遇到的问题。他们甚至将角色扮演的过程进行了录像，以便判断随着知识和练习的增加，他们在技能方面的提高程度。

布莱恩对这些培训非常投入，也很满意。他深信这些培训将非常有助于他成为一个优秀的管理者。就此而言，第一级的培训评估目标达成了。

布莱恩也掌握了作为一个团队管理者所必须具备的知识和技能，并且相关知识和技能的考核结果也显示出他已经具备了所需要的管理能力。因此，布莱恩为自己将要成为一名好的管理者并且可能为公司带来上佳业绩感到非常兴奋。可以说，传统的第二级培训评估目标也达成了。

然而，尽管接受了良好的培训，布莱恩在如何将课堂上所学到的技能应用到工作实践中的问题上犯难了。例如，布莱恩对于辅导那些以前是他的同事但现在却成为他的直接下属的员工有些尴尬。由于他经常回避对本部门下属的辅导，部门的销售业绩受到了影响。由此可见，第三级（行为改变）和第四级（业务结果）培训效果没有落实。

在 6 个月之后，布莱恩对成为一位团队管理者的工作厌倦了，同时也沮丧不已，他甚至希望做回以前的工作。那么，问题的症结在哪里？其实，根源在于第二级评估过程中的缺失：布莱恩缺乏将所学到的领导力技能应用到实际工作中的信心和承诺。

旧的模型只关注学员学到了哪些知识、技能、态度，新的模型还增加了信心和承诺两项指标。课程结束后要评估学员是否掌握了相关的知识、技能，是否接纳了培训希望传递给他的态度和理念转变，这个很好理解。那为什么要关注信心和承诺（意愿）?

在平时的培训工作中，课程结束时可能会用一些测试或考试（试卷、现场展示、演示、汇报）来检验学员对学习内容的掌握程度，结果通常会发现效果比较理想，由此便推断他们回到工作中应用这些知识和技能是没问题的，但事实往往与想象有差距。问题出在哪里？就是出在一、二级和三、四级之间有一条鸿沟，而且鸿沟之间是没有桥梁的。也就是说，学员即使学到了新的知识和技能也未必能在实际工作中产生预期的行为改变，只有学员的信心和承诺，才能成为架起桥梁的支撑。

1. 学员的信心

信心和承诺是全新柯氏二级评估新增加的两个考量点。在这里，“信心”被定义为“我相信我能将所学的知识应用到我的工作中去”。经常见到学员在离开培训教室的时候与其他学员窃窃私语：“这个老师根本不了解我回到工作中将会遇到什么样的情况或挑战。”从下列常见的原因中可以看出，要把课堂上所掌握的知识应用到实际工作中，还有很长的路要走。这些最常见的原因包括：对期望的工作绩效的设定不清晰；参训学员的主管对于新知识的应用不提供支持，甚至打压学员对新知识的应用；没有确保员工责任心的企业文化；高层管理者不能起到模范带头作用；工作优先顺序的冲突与混乱；在困难的情形下，缺乏相应的支持和资源。

在布莱恩的故事中，布莱恩以及其他类似的人非常需要讲师在培训中直截了当地指出他们应该如何在工作中自信地应用所学的技能应对可能会面临的障碍和困难。相对来说，培训教室是谈论这个问题的最佳场合。

为了提高学员将所学的知识和技能应用到工作中的信心，讲师可以从以下几个方面着手：

第一，在学员掌握了相关的知识和技能之后，讲师应该引导学员开展一个讨论：当我们试图将新的知识和技能应用到工作中，将会发生什么？如果学员指出一些应用中可能会遇到的障碍，则要共同讨论相应的应对策略。

第二，在培训评估表中，可以包含一个应用所学的知识和技能的信心方面的问题。例如，美国的一家政府机构采用了这样一个评估问题：“在多大程度上，你有信心将培训中所学的知识和技能应用到你的工作中?”这个评估问题采用从1～10的10个数量值，1代表“毫无信心”，10代表“充满信心”，学员根据自身情况进行选择。

第三，如果对于该问题回答的分值低于标准值（在上面的这个例子中，即分值低于8），则需要进一步挖掘以找到原因。对此，可以采用一对一的访谈、课后讨论、正式的小组访谈等方法。

第四，如果最终的反馈结果显示造成知识应用的问题源自与岗位有关的文化或环境，那就需要做一些属于第三级评估（即行为改变）的工作了。此时，讲师就不能仅仅局限于设计、开发和教授课程的角色，而是应当深入学员的工作场所，了解如何才能改善工作环境以解除其对应用新知识和新技能的制约。通常来说，解决这类问题的主要方法是提升责任心和其他的一些支持措施。一旦一个清晰的绩效支持系统搭建起来了，就意味着对学员提供培训后的跟进辅导的条件具备了。

2. 学员的承诺

全新柯氏二级评估中的另一个考量点是学员承诺。简而言之，学员承诺代表“我愿意尽力将（培训中）所学的知识和技能应用到工作中去”。尽管学员有信心将所学知识和技能应用到工作中，但可能不想或者只有些许的意愿付诸行动。造成这种现象的原因有很多。例如，相较于以前已经习惯了的做事方法，新行为的发生需要更多的努力且不那么顺手；主管不能给予充分的支持；即便不使用新学的知识和技能，也没有任何不良的后果和责任；缺乏清晰的理由使学员非使用新学的知识和技能不可。

即便我们可以强迫学员将新的知识和技能应用到工作中，他们的内心也可能并不情愿。一旦这种硬性要求被取消，新的知识和技能的应用往往就中止了。因此，学员承诺与学员信心是同等重要的。他们的培训评估表中也包括这样一个问题：“在多大程度上，你承诺将培训中所学的知识和技能应用到你的工作中？”同样，他们采用10分制（从“根本不愿意”到“完全愿意”），让学员进行选择。如果调研或访谈结果显示学员承诺的分值偏低，那就需要进一步查找原因。对于选择分值在7分或7分以下的学员，分析低承诺原因的一个切实可行的办法就是采用一系列自上而下的问题。下面是一个例子：

如果你对该问题（学员承诺）选择了7分或低于7分的分值，请逐一回答下列问题。请选取下列所有适用于你的选项。我对应用所学知识到工作中的承诺不高，主要是因为：

- 我还不具备必要的技能
- 我还不确定我需要达到什么样的期望
- 我有其他更重要的事情要做
- 没有人要求我非得这么做
- 无论我做与不做，都没有人关注
- 即便这么做，也没有奖励/奖金
- 其他（请详细说明）：____________

一旦找到了导致低承诺的原因，我们就可以采用类似提高学员信心的方法去提升学员承诺。

全新柯氏第二级评估以公式来表示的官方定义是：全新柯氏第二级评估＝知识＋技能＋态度＋信心＋承诺。这个延展后的柯氏第二级评估的定义有助于学员更好地面对由学习过渡到行为转变的过程中普遍存在的挑战和问题。高度的学习迁移是确保培训能带来重要的业务结果（第四级评估）的唯一途径。布莱恩以及像他一样的所有学员都应当得到他们本应该享有的帮助，以取得工作上的成功。为此，不要忽略了学员信心和学员承诺的重要性，并且留意他们对最终业务结果的提升作用。

（三）第三级——行为改变

培训专业人士享受不起仅仅着眼于学习活动本身而忽略其他方面的奢华。要想成为一个强大的绩效改进团队的一员，成为完成企业使命的突出贡献者，实施第三级评估是关键一环。实际上，柯氏公司把柯氏第三级评估称为“缺失环节”——这个环节是联系学习（第二级评估）与业务结果（第四级评估）的重要桥梁，但在实际操作中，其价值却被严重低估甚至忽略了。

全球所有培训专业人士都在进行着培训项目的设计、开发及实施，或者说在这些方面很有经验。但是，他们却并不擅长如何确保学员能学以致用，某些培训同行甚至还认为这不是一个值得担忧的问题。为何第三级评估如此重要？其原因在于：如果学员不能把所学的知识和技能应用到工作中，不能持续地展现出关键行为的改变，期望的业务结果将很难实现，于是战略目标也就无法达成了。所有的这一切都取决于相关的学习活动、激励政策、工作流程及操作步骤强有力的执行。但遗憾的是，由于目前缺乏第三级评估（行为改变），大家只能简单地以“微笑量表”作为第一级评估（学员反应），以课前及课后考试作为第二级评估（学员信心与承诺），并傻傻地期待着第三级（行为改变）和第四级（业务结果）评估结果会自然而然地产生。事实证明，这只是一个美好的愿望而已。

导致人们对第三级评估缺乏关注的另一个根源，在于人们对培训最终目的的认识的分歧。许多人认为，培训的最终目的就是提供一个“有效的培训”。然而，越来越多有远见的业务导向型专业人士认为，培训的最终目的是创造与彰显“培训的效用”。

有效的培训是指能提供给学员需要的知识、技能或态度，以使其能够掌握完成工作所必需的各种关键行为的培训。培训的效用是指通过培训及对后续的强化与监督等措施的综合使用，取得期望的组织业务结果。长期以来，人们头脑中存在这样一个根深蒂固的观念：当学员离开培训教室或者完成网上学习单元的时候，培训专业人员的工作就结束了。然而，企业的管理者往往不这么认为。他们认为，确保学员学以致用也是培训及人力资源开发人员的职责。但是，企业管理者误以为这种转变会在培训后无条件地自发产生。

案例

无效的重复培训

美国一家医疗保健公司曾在 4 年内将同一个培训项目重复实施了三次，其目的是提高病人对服务的满意度。该公司希望通过这种方式，能令参训学员对培训满意（第一级评估），能将所学的知识和技能应用到工作中（第二级评估），并促成行为改变（第三级评估），最终达成期望的业务结果（第四级评估）。但问题在于，这是一个短期的、以课堂学习为主的培训，而且在培训结束后并没有相应的强化措施或跟踪辅导。因此，绝大多数学员回到工作岗位后，仍旧采用参训前的行为方式，培训没有带来任何工作上的改变。尽管这家公司每年在这项培训上花费好几百万美元，但在病人给出的满意度评分上没有看到一丝一毫的改变。

这个案例的关键在于：培训本身并不足以带来行为上的较大改变。人们往往习惯于保持原来熟悉的、舒适的行为方式。许多培训从业人员常常因为同事对他们在培训上所作出的贡献不予认可而深感挫折。

单单培训本身能产生的效用是有限的，但可喜的是，扩展后的柯氏第三级评估弥补了这个培训价值链条上的“缺失环节”，能够提升培训对公司业务结果或利润的贡献。接下来，我们将介绍如何一步一步地实施第三级评估。

第一步：确定关键行为。

第一步是明确哪些行为最有可能促成期望的业务成果（第四级评估）的达成。这些关键行为的寻找与确定，可以发生在培训课程设计的过程中，即通过访谈参训学员的经理或主管的方式来完成。例如，如果所期望的业务结果是将客户满意度提高10%，我们就可以询问经理：在持续稳定的操作下，哪些关键行为会对客户满意度的提高有最大的促进作用？例如，可能的关键行为有：

- 客户服务代表坚持不懈地服务于某一特定客户，直到该客户的所有问题都得到了满意的解决。
- 客户的询问在一个工作日之内得到回应。
- 标价错误在发现后的2小时之内得到及时更正。
- 员工在客户距离他们3米的时候就热情地打招呼。

第二步：建立必需的驱动力。

在第三级评估的众多步骤中，最重要的一步就是建立第三级评估过程中所需要的驱动力。这些驱动力不仅能为参训学员的关键行为改变提供支持，而且能赋予他们行为改变的责任感。

必需的驱动力是指能够监控、强化、鼓励和奖励学员在工作中进行关键行为改变的流程和系统。支持关键行为改变的驱动力是实现三级评估的核心关注点。这些驱动力能够帮助员工树立正确的态度，鼓励他们在工作岗位上尝试新的行为。

责任驱动力与对应的支持驱动力的组合使用，有助于我们建立起一个高效的绩效支持体系。只有建立起该体系，才能增加学员参训后在工作中持续稳定地进行关键行为转变的可能性。

当然，上面所提及的各种驱动力大多都源于外力干预，其最终目的是让学员尽可能对他们自身的学习与工作绩效负起责任来。相比而言，学员的内在动力比外部干预更有效，也更具有持续性。

全新柯氏四级培训评估模型形象地表述了各种驱动力是如何围绕行为转变而相互作用的。这些驱动手段相互作用，形成一个促使行为转变的系统，进而帮助组织达成最理想的业务结果。

第三步：在培训中讲授关键行为。

培训界有一个显而易见的事实：工作中需要执行的关键行为往往与培训中所传授的内容脱节。因此，培训师要确保自己教给学员的，一定是他们完成工作所必需的关键行为。在培训中，加强相关技能的演练与模拟，不仅可以让学员知道他们应该做什么，而且能提供一些练习的机会让他们亲自去做。

然而不幸的是，许多培训的着眼点都不在培训最终要达成的目标上——使学员具备完成工作所需要的关键行为，从而帮组织达成最理想的业务结果。如果培训的目标不是达成组织最理想的业务结果，而是实现其他目标，那么，该学习活动就不能称为真正意义上的培训。例如，某些公司把培训作为一种员工福利或者额外奖励，其培训目标是表达感谢或嘉奖员工，这样做的结果往往会事与愿违。这种类型的学习活动往往不能称作真正的培训，而应另当别论。

第四步：监控和衡量工作中关键行为的绩效。

监控和衡量第三级评估中的关键行为并不是很难，也不会很昂贵。根据不同的公司或不同的培训预算，可采用不同的方法。例如，可运用直接观察法，对学员、主管、直接汇报人、同事、客户进行调研，评估实际的工作产出/结果，进行一对一的访谈或者小组访谈。

要减少与实施第三级评估有关的各种担忧是相当复杂的。但是，我们可以通过对下面两个关键问题的回答来化解这一难题：一是在多大程度上，学员将培训中所学的知识和技能应用到了他们的工作中去；二是如果没有，原因是什么。如果学员回到工作岗位后的行为改变达不到预期，对这两个问题的回答能提供相应的路线图，以帮助我们寻找合适的干预手段。不能准确地回答这两个问题将妨碍我们找到正确的解决方案。

第五步：基于反馈信息进行调整。

持续不断地监控和衡量第三级评估中的行为改变，能够让我们在原有计划的基础上作一些调整。对关键行为转变及驱动力的同步监控，有助于我们及时获得相关的信息和数据。根据这些信息和数据，我们可以对原有的计划作出策略性的调整。只有这样，才能真正确保培训中所学到的能够运用在工作中。

如果发现学员在工作中没有应用培训中所学的关键行为，则可以增加驱动力的使用。如果学员应用了关键行为，但仍没达到期望的业务结果，则应该与学员的经理配合，共同商定在培训之前所确定的关键行为是否正确。

对于在岗应用状况的监控，也能帮我们获得一些数据和信息以确认培训的有效性。如果学员能展示如何操作这些关键行为但不在工作中应用，这说明问题不在于培训本身，而是工作环境的某个方面出了问题。

监控和调整的流程是为了确保第三级评估始终在正确的道路上前行，更重要的是为了促进期望的业务结果的达成。这样一来，也能强化培训作为达成组织目标的关键环节的地位。

相关链接

第三级评估的实施诀窍

下面是一些如何使第三级评估事半功倍，进而使业务结果最大化的建议：

第一，明确第三级评估并没有想象中的那么难。先选择少数几个关键项目或者流程来制订第三级评估的计划。在制订该计划的时候，一定要从第四级业务结果开始。根据想要达成的业务结果进行反推，从而寻找和确定那些最有可能帮助我们达成业务结果的关键行为。

第二，将关键行为的数量限定在一定的范围。关键行为的数目并不是越多越好。相反，关键行为的数量过多很容易让员工感到困惑，同时会为培训的后期跟进及强化工作带来管理上的困难。

第三，选择能够与你的项目/流程需要、预算大小，以及公司文化相匹配的第三级评估方法。调研并不一定是最佳或唯一的方法。对于至关重要的行为和项目，最好采用定量和定性评估相结合的方法。

第四，在培训前和培训中就开始为第三级评估做准备。仅仅因为第三级评估能帮助人们提升责任感，从而期望他们对第三级评估拍手欢迎，这是不现实的。因此，要趁早给学员灌输一些第三级评估的信息，从而使他们更容易接受第三级评估。例如，告诉学员在培训后会有一个后续跟进，以帮助他们将培训中所学的知识和技能应用到工作中去。这些跟进工作不仅可以帮助他们成功地完成工作，而且对他们的将来也是一种投资和积累，从而更好地为企业作贡献。

第五，与涉及第三级评估驱动力执行的经理及相关人员提前进行沟通和协调。向这些相关人员解释在对学员进行实际工作观察和提供关键行为转变支持方面，他们所应扮演的角色。在必要的时候，应提供相应的培训、辅导及工作辅助工具。

第六，在某些学习活动结束之后，紧接着实施一些驱动手段以强化新行为的产生。在这个阶段只需要侧重于监控，等学员有更好的心理准备后再进行定性的衡量。这个阶段的驱动手段可以非常简单，比如在培训结束之时，主管来到员工当中问一句“有什么我能帮得上忙的”。

（四）第四级——业务结果

绝大多数专业培训人员认为第四级评估（业务结果）最难衡量，从感觉上来说确实如此，但换个角度来看，答案可能恰恰相反。之所以说第四级评估很容易，是因为在这个层级的评估中所需要用到的衡量标准已经被企业的其他各个部门使用和监控了。例如，企业利益相关者对培训应该达到的目的所持有的普遍期望包括提高利润、降低成本、提高客户保有率及市场份额。这些衡量指标已经被相关的业务线或运营部门监控和跟踪，培训人员可以很容易地得到培训前及培训后的业务数据，再根据这些业务数据建立起培训价值证据链，以显示培训给公司业务带来的价值。

需要注意的是，顶尖人才的保留和员工敬业度的衡量是不包括在上述“普遍期望”之列的。相反，许多企业将这两类目标归为企业战略目标之列。顶尖人才的保留和员工敬业度的提高通常是作为企业战略目标的实施和达成后的一种副产品，而不是战略目标的实现本身。如何让培训效果评估有据可依，必须遵循下列原则：

1. “把终点作为起点”

“把终点作为起点”是柯氏四级评估的基本原则之一。以利益攸关方对培训的期望和产生的业务结果作为出发点，有助于选择并实施效用及效率高的学习和强化措施。另外，如果在一开始就定义出可见的、可衡量的指标，这将为整个培训工作的展开提供一个清晰的架构，从而使培训的实施不偏离方向。这种方法将保证几乎不会有“无用功”存在，带来的直接业务结果就是成本的降低。

当你接到一个培训需求时，一定要弄清楚产生这个需求的原因。首先，看看是哪项业务需求、业务机会、业务问题导致这个培训需求的产生。其次，与相关的高层管理人员讨论他们的培训期望值，以及为了达到他们所期望的结果应该采取的相关后续强化措施。最后，与这些高层管理者一同将他们提出的宽泛的培训期望转化成看得见的、可衡量的业务结果。在这个过程中，你需要问的一个关键问题就是：在你看来，这个培训的结果应该怎样才算是成功的？如果高层管理者给出的答案不具体，仍处于战略战术层面或者根本没有答案，你通常需要结合公司的愿景或战略规划，给高层管理者提供一些可能的答案。为了确定最终的衡量指标，你可能需要继续问这样一些问题：“……为了什么……”或者“……所以……”重复这样一个流程，直到最后达成的衡量指标对你来说比较实际而且是可操作的，同时在高层管理者看来也是有意义的。我们来看下面这个例子，内容是某公司高层领导团队希望为销售经理提供一个关于提升领导力的培训。

培训人员："在你看来，这个培训的结果怎样才算成功？"

高层管理者："我们希望用目前最新的方法来培训我们的领导者。"

培训人员："为了……"

高层管理者："为了让他们能以适当的方式领导他们的直接下属。"

培训人员："因此……"

高层管理者："这样他们就可以提高公司的有才能员工的保留率。"

培训人员："请问这样做的目的是……"

高层管理者："减少我们招聘和培训的成本。"

培训人员："最终会导致……"

高层管理者："利润率的提高。"

培训人员："太好了。现在，我们知道这个培训应该往哪个方向努力了。"

为了达成一个清晰的培训期望，上面的这个探讨过程至关重要。高层管理者希望给销售经理提供一个领导力培训以提高企业利润率的例子中，对于该培训评估的规划应该如表8-4所示。

表8-4 培训评估规划

第四级评估的业务结果	提高利润率
领先指标	每周的销售报告 销售人员的流动性
关键行为	销售经理对销售人员的辅导频率是每周一次甚至更多 销售经理与每一位销售代表一起制订销售计划 销售经理与每一位销售代表一起拜访客户的频率至少每月一次
必需的驱动手段	销售经理在每月的第一天将销售计划呈送给销售副总裁 每月与销售代表共同拜访客户的名单 辅导所用的辅助工具
第二级评估的学习目标	销售经理进行一次辅导谈话的角色扮演 销售经理演练如何制订销售计划 销售经理能够描述出一个有效的客户拜访的构成要素

清晰的培训期望能够帮助我们确定专注点应该在哪里，应该采用什么样的后续强化措施才能直接促成衡量指标的达成。下一步是确定哪些关键的、稳固的工作行为（第三级评估：行为改变）对于利益相关者在培训前确定的业务结果的产生是必需的。

2. 重视第三级评估

此时，培训人员需要弄清楚目标学员当前的绩效状况与需要达到的绩效水平之间的差距。培训人员需要确定哪种干预措施是解决目前问题的最佳方法，而不是不假思索地直接采用最典型但也是相当昂贵的培训来解决问题。其实，很多问题不是培训所能解决的。有时候，解决方案可能是需要加强工作支持或工作责任感，需要更有效的系统和流程，需要更清晰的工作期望或者调整奖励制度，等等。

3. 筛选领先指标

领先指标为第三级和第四级评估提供了一个重要的联系纽带。领先指标是一种短期的观察和衡量，以显示关键行为正在为实现期望的结果而创造积极且正面的影响作用。在规划第三级评估的评估策略和手段时，已经确定了相关的关键行为和所需要的驱动手段。在进行第三级评估的规划阶段所确定的这些关键行为还只是我们的一个猜想——这些行为最有可能影响期望结果的达成。然而，在实施阶段，我们就可以采用这些领先指标对具体的关键行为和驱动手段进行衡量，看它们在多大程度上影响期望结果的产生。

需要特别提示的一点是：领先指标可以是衡量指标，也可以是工作观察，甚至是简单的逸闻趣事。也就是说，领先指标可以是任何可以证明培训产生了效用的线索，这些线索能充分证明培训是在事先规定好的或者期望的方向上行进，并且产生了预期的业务价值。

4. 组建早期预警系统

在培训过程中，对项目计划的不断监控和调整的重要性已不言而喻。监控作用的发挥需要第三级评估的驱动手段和关键行为以及第四级的领先指标共同组成一个“早期预警系统”。简单来说，如果领先指标没有显示为正面积极的状态，那么最终培训能对业务结果产生的影响作用就会非常有限。如果根据领先指标反馈的数据对培训进行适当的调整，那么培训就能够回到正确的轨道并最终取得成功。通常一个不成功的项目会有以下几方面的问题：员工招聘和选用不符合标准、培训不充分、员工不努力或缺乏内部激励、对员工支持和责任感方面的驱动手段缺失。只有把问题的症结分离出来，最明智的解决方案和措施才能被实施应用。这种诊断分析的过程能够避免把资源浪费在解决非根本性的问题上。如果导致问题产生的原因不是知识和技能的缺乏，培训可能不会对预期业务结果的达成起到任何作用。因此，密切关注领先指标的变化，并且进行一定的诊断分析，有助于得到及时的信息反馈。

5. 项目进展沟通

最后一点必要的提醒：如果关键行为、所要求的驱动手段以及领先指标的任何部分的衡量指标值低于标准值，则要让培训人员和业务相关方一起协商进一步的解决方案并实施。最好的操作办法是对相关数据采用报告的形式进行经常性的沟通。沟通的项目明细应该包括从第二级到第四级的评估中所涉及的所有指标的衡量情况。不要等到数月或数年之后，第四级评估的结果都已经定型了，才去回顾早期预警系统或展示哪些方面需要引起注意。监控的作用是提供相应的信息，以便对项目计划作必要的修正，从而使项目的实施保持在正确的轨道上，最终达到期望的结果。

学习情境二 成人教育学习理论

成人教育学习理论是指在结合成人教育的指导思想和培训学习理论，以成人的生理心理特征、学习欲望和系统为基础，总结的专门指导针对成人培训的教育理论。这种理论具有自身的独特性，也填补了以前的培训模式（主要针对儿童和青少年）的空白，是培训理论研究的一个突破。

一、成人学习原理

由于年龄、心理、生理、环境等方面的差异，成人具有与儿童和青少年不同的学习特征。例如，在心理层面，成人的理解能力优于背诵；在生理层面，成人的生理条件随着年龄的增长而逐渐退化，对学习可能产生负面的影响；在社会层面，成人扮演着多元的角色，因此在学习的过程中容易遇到障碍，如职业的变动。

成人学习的特殊性吸引了许多西方学者对成人学习理论进行研究。美国成人教育家诺尔斯的成人教育思想是西方成人学习理论的主要代表。基于诺尔斯的成人教育思想，成人学习的主要特点可以总结为如下四点：

（一）学习自主性较强

成人和儿童、青少年在学习的自主性上存在显著差别。在儿童和青少年的学习活动中，教师决定学习目的、学习内容、学习计划和教学方法，学生对教师具有较强的依赖性。在成人的学习活动中，学生的自主性和独立性较强，学生对教师的依赖性降低，学生具有较强的个人意识和个人责任感，能够自己选择学习内容、制订学习计划，希望教师关于教学的任何决定能够在与他们协商后作出。

（二）个体生活经验对学习活动具有较大影响

个体生活经验的差异使得儿童、青少年的学习活动与成人的学习活动存在较大差异。对儿童和青少年而言，个体经验主要来自成人的间接经验且很不丰富和全面，学习活动中能够对学习产生影响的直接经验非常少。对于成人，学习活动中更多地借助于自己的经验来理解和掌握知识，而不是以教师的传授为主。成人的这一特点对其学习活动有如下特殊意义：

（1）成人的已有经验与新知识、新经验的有机结合使成人的学习更加有效和有意义。

（2）学习活动中，成人本身就可以被当成学习资源，这种资源既能为自己也可以为他人所用。

但是，成人的经验有时会形成某种学习定式而对学习产生消极影响。

（三）学习任务与其社会角色和责任密切相关

成人的学习任务已经由儿童、青少年时期的以身心发展为主转变为以承担特定的社会责任、达到一定的社会期望为主。对成人而言，学习任务是促使其更有效地完成他们所承担的社会责任、提高社会威望的方式，学习往往成为他们职业生涯或生活状态的一个转折点。因此，这种学习具有更强的针对性且学习动机较强。由此可见，了解成人的各种学习需求在成人教学中非常重要。

（四）问题中心或任务中心为主的学习

儿童和青少年的学习目的指向未来的生活，而成人学习的目的则在于直接运用所学知识解决当前的社会生活问题。因此，成人学习者更喜欢以问题中心或任务中心为主的学习。教育活动对成人而言是一个十分明确的学以致用的过程，他们能够针对社会生活中的具体问题进行学习，并具有通过学习解决实际问题的强烈愿望。

二、成人学习方式

不同的成人在学习方式方面具有自己的倾向和爱好，常见的成人学习方式有如下四种：

（一）行动型

有些成人学习者倾向于“从做中学”，他们对于教师详细的讲授往往会感到不耐烦，当教师提问的时候经常不假思索就立即给予回答。他们热衷于新事物，喜欢新的体验。在集体学习活动中表现得积极、主动，在很多情况下处于领导者的地位。

（二）深思型

这类成人学习者在回答问题前需要长时间的考虑，经常犹豫不决，很难作出肯定的回答，在回答之前需要更多的信息。这类学习者喜欢与他人一起学习，因为这样便于收集更多的观点和信息。

（三）理论型

这类成人学习者在解决问题前喜欢先理解基本原理，然后提出假设，并采用循序渐进的方式来解决问题。他们常常用客观的、公正的和逻辑性较强的方法来解决问题，而不接受他人的主观判断和众多不同的观点。

（四）试验型

这类成人学习者喜欢尝试和应用新的观点。对于学习内容，一定要经过尝试，他们才会相信。他们充满信心、精力充沛，喜欢寻求新的更加有效的途径来解决问题，喜欢显示自己解决问题的方法；如果没有机会自己做，他们会感到失望。

三、成人学习者的学习需求

（一）学习需求的类型

成人学习者的学习需求可以分为内部需求和外部需求。内部需求包括个人发展与进步的需求、认知兴趣的需求以及得到认同与尊重的需求，外部需求包括社会威望、群体活动等引起的外部期望以及服务与社会组织的需求等。下面将对每个具体需求进行介绍：

1. 职业提高的需求

成年人为了能够在激烈的人才竞争中不被淘汰，不得不持续地更新自己的专业知识和技能。尤其在知识爆炸的信息社会，各个行业的专业知识和技能不但要求提高，而且更新也非常迅速，这种现象在各种基于信息或信息技术的行业中表现得更为突出。在这种压力下，职员在自身行业中无论是生存还是发展，都需要不断学习，以求得个人职业进步、职务的晋升或为接受更高级的教育做准备。

2. 社会交往的需求

很多成人学习者将学习作为一种社会交往的需要，他们在学习过程中主动与其他学习者和教师进行交流，建立友谊。因此对他们而言，学习在某种程度上是为了扩大人际交往、增进友谊、得到他人的尊重与认同。

3. 社会刺激的需求

部分成人学习者借助学习这种社会群体活动来摆脱生活的单调乏味和孤寂。这类学习者希望在与他人的共同学习中获得愉悦、惊喜，分享彼此的各种经验和体会。对他们而言，学习使得原来单调、孤独的生活变得丰富和生动。

4. 外部期望的需求

有些成人学习者的主要学习动机是满足所在社会群体对他们的外部期望，从而具有一定的社会威望或特殊待遇。

5. 服务于社会组织的需求

有的成人学习者希望提高社会活动能力以便更多、更好地为社会组织服务，同时得到他人的理解。

6. 认知兴趣的需求

有些成人学习者学习是为了提升素质、陶冶情操、满足自己的认知需求和兴趣。这类学习者以学习充实精神生活，认为学习即享受。

（二）学习需求的特点

成人的学习需求具有与儿童和青少年不同的特征，主要体现在具有多元化、多层次和社会性、变动性两个方面。

1. 多元化、多层次

年龄跨度较大的成人群体在从业范围、教育水平、社会经济地位、价值观念等方面都具有较大差异。因此，成人的学习需求各不相同，从马斯洛的需求层次理论来理解，成人学习者需要的层次也具有较大差异。

2. 社会性、变动性

成人的学习需求与其社会角色和职责有密切联系，因此其学习需求具有显著的社会性特征。社会期望、职业竞争和个人需求都可能引起成人学习需求的变化，因此，成人的学习需求还具有变动性的特点。

四、成人学习者的学习障碍

（一）环境障碍

环境障碍是大部分成人学习者需要克服的主要障碍，这类障碍主要是由家庭和工作环境引起的。例如，家庭、工作环境中不具备学习需要的技术环境，家庭和工作的责任对学习时间和精力的影响，财政困难和交通不便，等等。许多成人学习者在学习的过程中需要兼顾工作和家庭，而且对于他们而言，工作和家庭往往比学习更为重要，一旦工作和家庭责任与学习发生冲突，成人学习者大多数会选择前者。因此，工作和家庭的压力对学习时间和精力的影响非常突出，成为成人学习者学习的主要障碍。

（二）生理障碍

成人随着年龄的增长，其生理功能也会出现衰变，如记忆力衰退、感知觉能力下降、各种器官活动速度减慢以及体力减弱等。这些生理方面的障碍对成人的学习活动都会产生不同程度的影响。

（三）心理障碍

成人学习者的心理障碍又称态度障碍或性情障碍，它主要是指影响人们参加学习的个人信念、价值观、态度或观念。在一定生活经验基础上形成的思维定式往往使得成人对事物的认识和态度较难改变，那些对学习有消极影响的思维定式会成为学习的心理障碍。例如，不容易接受新观念，担心年纪大了学不好，认为在校学习比远程学习好。

（四）学习能力障碍

成人学习者和青少年学习者一样也会存在学习能力方面的障碍。例如，由于离开常规学习时间过久，很多基本的概念、规律、原理可能被遗忘，需要复习，或以前学习的知识已经陈旧，需要补充和更新；缺乏新的信息技能方面的训练；家庭和工作的压力要求他们掌握有效的学习技巧和方法，以提高学习的效率，而大部分成人长期缺乏学习技巧方面的训练。

学习情境三 影响培训成果转化的因素

培训最终是服务于企业的战略发展，要想将培训成果应用于实践工作，就要高度重视培训成果转化工作。

一、培训成果转化的定义

培训成果转化是指通过培训及课程资源的利用达到预期目标，使培训的内容转化为员工的操作技能和行动方式，带动员工整体素质的提升，从而带动企业整体业绩的提升以及形成良好的投入产出收益。它强调的是过程与结果并重原则：一方面，日益激烈的竞争和日新月异的技术进步迫使企业加大员工的培训投入；另一方面，培训投入产出率不成比例和培训效果难以衡量，让企业培训部门处境尴尬。

在知识经济时代，人力资源培训与开发一直是企业保持其持续竞争优势的战略手段之一，而企业培训及资源的投入增长趋势与速度一般直接反映该企业对培训的重视程度。但有关培训利用的研究表明，一般情况下，培训直接带来的效果仅有10%～20%，也就是说，80%～90%的培训资源被浪费了。这对任何一个面临激烈竞争和追求高效率的企业来说都是无法容忍的。在降低企业培训成本的同时增强培训的实际效果，促成培训知识的有效转化，分析和研究企业培训转化机制对企业的发展具有重要的战略意义。

培训的目标是学以致用，受训的员工不仅要掌握所学的知识和技能，更重要的是将所学的知识和技能在实践中加以应用，将所学转化为所用、转化为企业效益，否则培训就没有达到预期的目标，不但浪费了人力、物力、财力，培训项目也是无效的。

二、影响企业培训成果转化的因素

培训成果的转化是指将在培训中所学到的知识、技能和行为应用到实际工作中去这一过程。一般来说，培训成果的转化受以下因素的影响。

（一）培训课程的设计与培训成果转化有着直接的关系

教育界一直在倡导因材施教，这对现代企业培训而言也是至关重要的。培训不仅仅是一些课程，而应是贯穿一生的学习、改进和发展。教育培训应着重学习环境的创设、学习资源与机会的提供，以及职工终身学习能力的培养。仅仅满足于基本能力与专业技术能力的培训已远远不够。

现在很多企业的培训课程设计都脱离现实，都是条条框框的书面教条，已无法适应现代社会的发展需要。培训的内容也都是过时或不适用的，往往不能在现实生产管理中进行运用，虽然投入了大量人力、物力、财力，但是培训的效果却不佳，因此造成培训成果转化率低。

（二）受训人员的选择对培训成果转化的影响

企业里谁需要培训、谁应该得到培训，必须通过培训需求分析来确认，因为受训人员的特点对培训的效果及转化有着极深的影响。培训管理工作大多是为了完成任务而进行的，培训管理者在年初制订一年的培训计划，确定好培训名额，只要单位派人参加即可，对需要什么样的人员来培训似乎并不关心，只要课时能够完成，培训任务就算完成了。但事实上相当一部分单位因人员紧张或其他原因，员工所参加的培训内容几乎与自己的工作无关，只是为完成培训任务而参加，因此对培训成果转化也有着很大的影响。

（三）培训的时效性对培训成果转化的影响

任何人学习知识都是循序渐进的过程，一般情况下新知识一周内就能忘掉50%左右，然后逐渐递减，新知识如果不巩固或不及时加以利用，那么培训后受训者基本上对所学的东西就慢慢淡忘了，因此培训的时效性对培训成果转化也有一定的影响。

（四）环境支持机制对培训成果转化的影响

1. 管理者的支持

管理者的支持是指员工的上级对员工参与培训的重视程度，以及对培训内容在工作中应用的重视程度。它极大地影响着培训成果的转化。现实中管理者因生产任务需要，对受训者的选择并不重视，只是为完成任务而选派人员参加培训，对员工参与培训的热情与重视程度也不够，造成培训成果转化率很低。

上级管理人员应当强调参加培训项目的重要性，强调应当将培训内容运用到工作当中去。上级管理人员的支持程度越高，培训成果越有可能得到转化。管理人员所能够提供的最低层次的支持是允许受训者参加培训，最高层次的支持是作为一名培训师亲自参加培训。作为培训师参加培训项目的管理人员更有可能提供许多低层次的支持功能，如强化受训者在培训中新学能力的运用、与受训者讨论培训的进展情况、提供练习的机会等。

一般来说，企业至少要安排一段专门的时间来向受训者的上级管理人员解释培训的目的，并且告诉他们，企业期望他们能鼓励员工参加培训、为受训者提供实际练习的机会、强化培训内容的应用、对受训者进行追踪以评价受训者在将培训内容运用于实际工作方面所取得的进展。

2. 同事的支持

同事的支持是指受训者的同事对受训者参与培训的认同程度，以及对培训内容在工作中的应用的支持程度，这对培训成果转化也很重要。现实中，同事对受训者参与培训与否漠不关心，在工作上的支持也是微乎其微的，直接影响培训成果的转化。

在受训者之间建立起一种支持网络，有助于强化培训成果的转化。支持网络是指由两个或两个以上的受训者自愿组成的一个小群体，他们同意定期会面以讨论在将培训中学到的技能转化到实际工作方面所取得的进展。这种沟通既可以采用面对面讨论的会议方式，又可以采用电子邮件的方式。通过这种交流，受训者可以彼此分享在将培训内容运用到工作方面所取得的成功经验。

3. 受训者的配合

一方面，受训者的培训态度、动机极大地影响培训学习的效果和培训成果的转化；另一方面，虽然员工主观上积极参加培训学习，但是由于缺乏培训所要求的基本技能，只能进行初级的转移、照搬照套，情况稍有变化就不会灵活运用了。

因此，培训还应该让员工做好在工作中运用新技能和采取新行为时进行自主管理的准备。特别是在培训的进展过程当中，应当让受训者有机会制定在工作中运用新技术和采取新行为的目标；确定在何种条件下可能无法达到既定的目标；列举运用新技能、采取新行为的积极与消极后果；监督整个新技能和新行为的应用过程。此外，受训者本人也应当明白，在运用培训内容的过程中总会遇到一些困难，这是不可避免的；回复到原来固有的行为和技能模式并不意味着受训者就应该放弃培训中所学到的内容，而应当再作尝试。由于同事或上级管理人员可能无法对受训者运用培训内容的行为给予奖励或提供反馈，因此受训者需要创建自我奖励系统，并且要求同事和上级提供反馈，以坚持对培训内容的运用。

4. 运用所学能力的机会

运用所学能力的机会是指受训者在培训项目中应用所学到的新知识、新技能以及新行为的机会。运用的机会受到工作环境和受训者动机两方面的影响。受训者运用培训中所学的途径之一是安排他们去从事需要运用所学内容的工作。受训者的上级管理者通常在决定这种工作安排时起着关键作用。运用的机会还会受到受训者是否愿意承担起个人责任的影响，即他们是否愿意积极地去寻找允许他们发挥新获得的那些技能的工作任务。

5. 技术支持

技术支持是指能够按要求提供技能培训、信息资料和专家建议等，使培训者通过监督了解受训者在培训转化过程中遇到的难题。这是培训成果转化的硬件条件。如果不具备这一硬件条件，即便员工通过培训后在学习过程中有新的创意与设计，一旦企业的技术支持不到位，也是徒劳的。

6. 培训成果转化的气氛

这里的转化气氛是指受训者对于工作环境中所存在的有助于或有碍于把通过培训获得的技能或行为运用于实际工作的各种各样特征的看法。这些特征包括上级和同事的支持、运用技能的机会以及运用所学技能所产生的后果等。例如，刚刚接受完培训的管理者们与他们的上级和其他管理者一同讨论如何将他们在培训中所学到的内容应用到实际工作中去。这对受训者来说就是一种强化。研究表明，培训成果转化的气氛与管理者在接受培训之后的管理方式以及人际行为的改变之间有着很强的相关性。

（五）激励机制对培训成果转化的影响

培训激励机制是指通过与企业内部其他管理激励机制联结来强化受训者培训转化行为的过程与结果。培训是组织对受训者个人的一种开发，是企业对受训者的重视和尊重，它本身就是一种激励。但是，培训正在逐渐由以往的激励因素向保健因素转变，对组织的作用更多地表现为增加员工的忠诚度和减少不满意感，对培训成果转化并没有直接的作用。因此，不管何种形式的培训，培训转化中的激励都是非常必要的。

三、培训成果转化的障碍分析

（一）培训成果转化的观念障碍分析

误区一，培训是一种福利。片面强调培训仅仅是一种员工福利的观念，忽视员工参加培训的义务性，造成员工漠视培训，这样不利于培训绩效的提升。通常而言，福利是对主要利益的附加，例如对薪资的附加，常见的福利如交通补贴、餐费补助、住房补助、医疗保险等。既然是一种福利，员工自然可以在要与不要之间取舍。企业组织培训和员工参加培训，都应该既是权利又是义务。因此员工有享受培训的权利，企业也有约束员工参加培训的权利。企业完全可以把员工参加培训纳入绩效考评之中，让员工感受到竞争的压力，督促员工努力学习。

误区二，培训是中基层管理者的事。许多企业尽管重视员工培训，但只关注对中基层员工的培训，忽视对高管层的培训。企业需要清醒地认识到，对高管层进行必要的管理知识和技能的培训是必要的。一些企业的高管层是从基层岗位上提拔上来的，尽管职位发生变化，但个人素质并没有太大变化。从企业长远发展的角度看，他们更应该加强培训，强化在企业战略管理、人力资源、财务管理、市场营销等方面的理论知识和能力。如果偏重对中基层员工的培训，使得中基层员工素质得到全面提升，而高管层的思想理念和技能并没有得到提升，这样的情况会造成高管层与优秀员工之间的理念或技能冲突，员工的发展会受到高管层的严重制约，从而对企业造成不应有的损失。

误区三，培训是人力资源部门的工作职责。人力资源部门在企业中扮演的角色比较尴尬，高层不重视、中层不支持、基层不理解，就好比“孤独的漫步者”。企业高层或许这样认为：企业所出现的各种问题，主要是因为员工素质不高，员工是人力资源部招聘并负责培训的，员工素质差是培训做得不好，所有这些问题都不是我们管理人员的责任。“培训是人力资源部门的事”的观念是一种偏见。

误区四，培训万能论。企业在重视培训的同时，也走入了另一个误区，那就是过分倚重培训工作，认为培训是万能的，一旦出现经营管理危机，就会想到培训，把培训当成解救企业的万能钥匙。其实，培训并非万能，培训只能解决“不能的问题”，解决不了“不为的问题”。企业领导不能将培训看成万能的，对培训产生完全的依赖也是有害的，应当以一颗平常心对待培训。

（二）培训成果转化的执行分析

第一，缺乏科学的需求分析基础。即使管理者已认识到培训的重要性，也不能保证培训的有效开展，因为企业对员工的培训需求缺乏科学、细致的分析，使得培训工作带有很大的盲目性、随意性且缺乏针对性。没有将本企业的发展目标、岗位技能要求和员工的职业规划有机结合进行培训设计，使得培训变成一种盲目的救火式、应急式、偶然的、随意的工作。

第二，重视投入，忽视产出。企业年度培训计划通常包含企业年度培训经费投入和培训课程计划安排，一旦开始后就很少有人过问，直到结束时才进行简单的考核，对培训绩效缺乏系统管理，难以保证培训转化效果。

第三，重视前期准备，忽视培训过程中的监督和沟通。许多企业重视培训的前期准备、策划和选择过程，进入实施阶段时，却忽视了培训过程中的监督和沟通。培训实施过程中需要必要的监督和沟通，以便实时掌控学员的学习信息，同时使培训项目在不断反馈的过程中得以改善。培训过程中若缺少监督和沟通，会造成事倍功半的结果。

四、促进培训成果转化的措施

（一）从培训需求出发，科学、合理、务实地设计培训课程

培训要从需求入手，企业培训管理部门应当充分考虑企业的经营战略、员工的发展期望，以及员工自身发展和素质状况等因素，针对不同的培训目标和内容科学、合理地设计培训课程，使受训者能够真正得到其需要的培训，从而使培训成果得到有效的转化，实现员工和企业的双赢，使双方都得到提高和发展，从而极大地增强各自的竞争优势。

（二）从培训需求出发，正确选择受训人员

除了普遍轮训以外，参加培训的学员必须经过适当的挑选。首先，应培训企业急需的人才，与企业的发展相一致；其次，应选择有发展潜力即可塑性强的学员，这样培训起来才能事半功倍。企业必须根据培训需求来确认谁需要培训、谁应得到培训，通过绩效差距分析法、任务与能力分析法、组织发展的需要分析等方法来确定培训需求，使不同类型的员工得到不同的培训与发展，从而对后期培训成果的转化起到至关重要的作用。

（三）注重加强培训的时效性，促进培训成果的转化

培训工作的时效是指时间和效果两个方面：时间方面强调的是及时性，对各项业务内容要及时加以传达；效果方面强调的是要注重培训的效果，开展一项培训务必要收到相应的效果，不能流于形式。组织教育的目的在于提高受训者的个人素质、提高工作效率，而培训的时效性欠缺是对培训资源的极大浪费。为此，培训部门应注重加强培训的时效性，如灵活运用培训方法，使培训内容与方法与时俱进，并加强培训中、培训后的信息反馈，从而使得培训的成果转化更加容易。

（四）加强环境支持机制，促进培训成果转化

针对环境支持机制的六个方面，加强各方面的支持力度，促进培训成果的转化。管理者应与受训者共同制定下一步的绩效目标，以使受训者更好地利用培训中所学到的知识，发挥培训的最大效果；同事之间应进行合作与交流，讨论培训成果转化的经验与教训，为受训者提供必要的帮助和鼓励，建立良好的协作支持机制，创造最佳的成果转化氛围。受训者个人也要端正学习态度和学习动机，通过学习提高技能水平。管理者也可以通过设置奖惩机制，来考查受训者的学习成果和应用情况，这对提升培训的有效性大有好处。另外，管理者要多给受训者提供实践机会及必要的技术支持，多给他们创造实践所学内容的条件，交付一些富有挑战性的任务，使受训者的培训成果得到有效的转化。

（五）强化激励机制，有效促进培训成果的转化

在企业中，如果能够处理好个人努力与取得绩效、绩效与奖励、奖励与满足个人需要这三种关系，激励将发挥很大的作用。在培训转化中，员工也会有各种预期，如果员工对每个环节的预期都是积极的，则培训的转化率相对会高一些。培训后采取必要的激励将有效地促进培训成果的转化，例如把员工使用培训所学知识、技能的行为与绩效考核挂钩，作为绩效考核的参考依据，具体体现在薪酬、晋升等方面，这样有利于实现培训成果的转化；为员工设置合理的高难度目标，给他们挑战自己的机会，他们会全力以赴，具有培训转化的强烈期望，并会主动应用和强化培训内容，使培训成果得到有效的转化。

案例

高薪挖人还是培训留人？

对于人才，不同公司的侧重点不同，有的公司喜欢花钱培养（育人），有的公司喜欢高薪挖人（选人），有的公司喜欢文化留人（留人）。究竟是高薪挖人还是培训留人，我们不妨算笔账，假设一个情景，然后进行成本核算。

假设A公司某个技术项目部有20人。2017年全年需要完成一个产值（毛利）500万元的项目。该部门员工的月平均收入为1万元，年度总工资成本为20×12＝240万元，假设其他福利和人工成本为60万元/年，则全年人工成本为300万元。假设其他财务成本为50万元，则净利润150万元。

A公司希望通过培训，把项目完成时间从12个月缩短为11个月，产值提高为550万元，净利润增加为200万元。公司在2016年底组织全员培训，投入24万元外训费用。希望员工在职至少1年。

假设其他成本不变，不计算净利润的变化，只计算人工成本和人均产值来做对比。人均产值的变化即代表员工在培训后的能力变化。例如：人均产值增加了10%，我们理解为员工的能力增加了10%。

［分析一］因为培训而变化的成本和产值

原来部门人均单月产值＝500/20/12＝2.08（万元）

现在人均产值＝550/20/11＝2.5（万元）

月均产值增加＝(2.5－2.08)/2.08×100%＝20%

公司成本增加＝24/(300＋50)×100%＝6.9%

成本增加了6.9%，而产值（员工能力）增加了20%。通过培训，公司收入增加了13.1%。

［分析二］假设我们给员工调薪10%，假设人工成本合计增加10%，则

成本增加＝(30＋24)/(300＋50)×100%＝15.43%

成本增加了15.43%，而产值（员工能力）增加了20%，调薪后公司收入仍然增加了4.57%。

另外员工能力增加了20%，公司的工资成本增加了10%。第一年还有培训成本，第二年就没有了，理论上，以后每年公司净赚10%。要是公司每年赔5%，那说明培训失败了。

［分析三］假设B公司提薪15%挖人，那么B公司的人工成本是本公司的115%，但是没有24万元的培训费用。则

成本增加＝300×15%/(300＋50)＝12.8%

B公司的成本增加了12.8%，比A公司的15.43%少。所以不考虑其他要素的情况下，第一年采用挖人的方式更加合算。

再用简单的算法。A公司提高10%的人工成本，增加的成本是30万元＋培训24万元＝54万元。B公司提高15%的人工成本，成本增加了45万元，比A公司少了9万元。

也就是说，A公司花费24万元培训，然后提薪10%留人，B公司提薪15%挖人，依然还是B公司挖人的成本低，至少是第一年低，第二年呢？第二年再说，只要公司的利润大于投入就可以了。因此，只有挖人的成本＞培训成本，培训才有意义。

学习情境四 员工职业开发

一、员工职业开发概述

关于职业生涯的研究起源于20世纪60年代初。职业生涯包括有关工作经历的过程或结果。从严格意义上讲，职业发展只是有关工作经历的过程，而职业生涯还包括结果。

纵观职业生涯理论的发展历程，大体可以分为前职业生涯（又称前进入）、后职业生涯（又称后进入）以及整合的职业生涯三个阶段。前职业生涯理论将参加工作前的准备作为重点。后职业生涯理论开始聚焦参加工作后更为丰富的职业发展与变化中。目前，整合的职业生涯理论是研究主流。

前职业生涯理论的假设：就职前的个体特征基本决定了其适应什么样的职业，热衷于预测什么样的职业更适合个体，而不是个体如何适应职业。后职业生涯理论将研究指向工作后的职业发展和变化，其主要分支有职业发展阶段理论、职业转变理论以及社会化与角色理论，强调在成长及工作历程中的每一次职务、职位、职业的转变。然而，大量的转变不具有决定性意义。国内有人曾经根据职业危机把职业关键的转变归纳为四个时段：

第一时段，定位危机。发生在刚毕业的大学生中。发生定位危机的毕业生可能会走向两个极端：一是过于自卑，二是自视甚高。第二时段，升职危机。这种危机可能出现在30岁前后。这一时段里除少数人升职外，大部分人并不如意。如果不能正确地处理这时的危机，就可能会用不正确的方法来发泄自己的失意。第三时段，方向危机。过了40岁的人往往会为方向不明而感到困惑。第四时段，饭碗危机。50岁以上的人可能最担忧自己的饭碗，以及后浪推前浪的压力。

一方面，由于科学技术的发展与市场竞争的日益激烈，企业对员工及其主动性与创造性越来越依赖；另一方面，科技发展又促使员工素质提高与自我发展意识增强。因此，管理者只有掌握员工职业开发的理论与技能，才能更好地实现企业的发展战略。

整合的职业生涯理论强调前职业与后职业的整合，个体特征和社会、家庭、工作情境、团队和组织的整合，职业发展全过程与过程中交互作用的整合。其主要代表理论有：

（一）人-组织匹配理论

人-组织匹配是当组织或工作情境满足个体需要、价值、要求或偏好时发生的匹配。人-职匹配强调能力需求，人-组织匹配强调需要满足。目前，职业生涯理论研究已从能力需求扩大到需要满足、从人-职匹配延伸到人-组织匹配。所有这些使我们摆脱了个体和群体层面的职业生涯研究思维模式。

组织职业生涯管理是人与组织匹配的管理体现。强调职业生涯管理的公平性、重视对员工的发展性培训、提供工作流动机会、提供职业发展空间等是职业生涯管理的体现。国内学者通过实证研究发现，组织职业生涯管理对组织承诺、工作绩效、职务投入具有积极影响。继组织职业生涯管理理论提出之后，经济的动荡和剧变促使人们更加关注自我职业生涯管理。当代更要重视组织与自我职业生涯管理的互动。人-组织匹配包括组织与自我管理的匹配。与职业管理理论发展历程相对应，我国员工职业生涯设计经历了听从组织安排、自立和两者结合三个阶段。

（二）全职业发展研究

职业生涯研究近几年有向全职业拓展的新动向。目前，职业发展开始强调工作社会学关注社会阶层、社会文化环境和家庭对职业的影响。

员工职业开发取决于提问者从哪个角度出发，职业生涯既可以是个人的事，也可以是组织与个人共同负责的事。一直以来，心理学者主导着该理论的研究。然而，从某种角度来说，职业是组织的一种"财产"，并为人力资源管理系统所控制。考虑组织定位因素之后，或许可以提出一种更平衡的定义：员工在组织中所经历的一系列发展过程。

所谓职业生涯，根据美国组织行为专家道格拉斯·霍尔（Douglas Hall）的观念，是指一个人与工作相联系的行为与活动，以及相关的态度、价值观、愿望等的连续性经历的过程。

员工职业开发也称职业生涯规划，就是对职业生涯乃至整个人生持续的、系统的计划的过程，是指组织为了适应市场竞争的需要，并且考虑员工各方面的能力，在其本身具有特定内容、特点和任务的各个职业生涯阶段实施的有助于员工为未来工作做好准备的一个持续改进其职业生涯能力的过程。它是指个体经历的一系列阶段，每个阶段都有自己的主题、任务，组织中的个体通过这些阶段来发展自己。

二、员工职业开发的意义

为了留住和激励员工，尤其是高绩效者及具有承担管理职位潜力的员工，企业需要建立一种能够确认以及满足员工职业需要的管理系统，员工职业开发应运而生。

（一）有利于企业把握员工需求

员工职业开发的主要任务就是强化企业对员工职业的需要、技能的了解，同时结合企业的经营目标与发展，从企业、员工双方的需要出发，帮助员工克服困难，实现自我的目标，从而实现企业的目标。

（二）有利于企业有效地开发人力资源

企业进行员工职业开发必须分析企业中的不同职业及其职业道路、不同职业之间的相互作用，了解企业对各种人才的需要，解决员工在职业现实与需要间的矛盾，并对采用激励措施，开发员工潜在职业需要，设计合理的组织结构、组织目标等，配置好人力资源，从而有效地开发企业人力资源。

（三）有利于提高员工的环境适应能力

员工职业开发立足于员工，也是企业发展的主体因素；企业依靠员工、员工依靠企业是员工职业开发的基本点，员工要根据企业的需要与个人情况不断调整自己的计划；员工必须对自身优势与劣势有所了解，培养自己对工作环境的分析能力；员工要合理计划、有效分配精力与时间来完成工作任务，有目标地提高自己的技能，不断地增强自身的环境适应能力与把握能力。

（四）为员工的全面发展提供了有利的条件

员工职业开发将人视为全面的人，即员工不仅是工作的生产要素、是要发展与提高自己的人，还是充当各种角色的全面的人。企业必须考虑与自我开发、职业开发和员工家庭开发相关的各种活动，分析其在人的整个一生中是如何相互作用的。企业要关心员工的发展，在奖酬、激励机制等人事政策上为员工开发提供各种有利条件。

三、员工职业开发的内容

（一）个人职业开发活动

个人职业开发活动称为员工职业计划，即确立职业目标并采取行动实现职业目标的过程。企业的员工都有从现在和未来的工作中得到成长、发展和获得满意成就的强烈愿望和要求。为了实现自己的愿望，员工个人需要有一个实现目标的途径，制定自己成长、发展和令自己满意的职业计划。

职业计划包括自我定位、目标设定、目标实现和反馈与修正。首先是自我定位，以个人的能力、兴趣及职业发展的要求与目的为基础，形成一个客观、全面的定位。其次是目标设定，以自我定位、个人价值观为基础，确定长期与近期的职业目标。再次是通过各种积极的、具体的行为去争取目标的实现。职业目标实现主要依靠个人在工作中的表现及业绩，但也有超出现实工作、为适应未来变化的技能、知识等前瞻性准备，以及为平稳职业目标和生活、家庭目标而做出的努力。最后是反馈与修正，即在实现职业目标过程中不断总结经验教训，不断反馈、修正最终的职业目标。

（二）企业职业开发活动

企业的职业开发活动称为职业管理，即企业提供帮助员工成长、发展的计划与企业需求、发展相结合的行为过程。主要目的在于把员工与企业的需要统一起来，最大限度地调动员工积极性，提高员工的归属感。

职业管理是企业为员工设计的职业开发与援助计划，具有一定的引导性与功利性。承担职业管理工作的主要是人力资源部门及各职能部门主管。具体包括以下内容：

（1）对员工个人能力和潜力的正确评价，即通过对员工选聘、绩效评价资料的收集以及心理测试，对员工进行测评。

（2）向员工提供职业发展的信息，给予公平竞争的机会。

（3）为员工制订培训与发展计划，确定职业生涯路径。

（4）为员工制订知识更新方案。

（5）建立员工工作与家庭平衡计划。

（6）为员工提供职业指导。

（7）制订员工的退休计划。

（三）员工职业计划与管理系统

不同的企业，其员工职业管理系统的复杂程度以及职业管理的各个组成部分的侧重点不同。有效的职业计划与管理系统必须是员工职业计划与企业职业管理两者的结合，也是员工个人与企业互择的活动过程，双方应承担各自的责任。

在员工职业计划活动中，企业是员工职业生涯的重要场所；员工在制订个人职业计划时，需要外界的帮助。企业通过选聘、培训、考核、晋升等人力资源政策来影响员工职业计划；企业有责任帮助员工，使其个人计划与企业的整体发展相结合，并为员工提供有利条件来实现职业计划。

四、员工职业开发的方式

员工职业开发方式一般有四种：正规教育、人员测评、工作实践以及开发性人际关系的建立。

（一）正规教育

正规教育项目包括员工脱产和在职培训的专项计划，由顾问或大学提供的短期课程、在职工商管理硕士（MBA）课程以及住校学习的大学课程计划。

根据不同的开发对象，企业可为基层管理者、中层管理者、高层管理者制订不同的开发计划，并为工程技术人员（如工程师）设置专门的计划。

（二）人员测评

人员测评是在收集关于员工的行为、沟通方式以及技能等方面信息的基础上，为其提供反馈的过程。在这一过程中，员工本人、其同事与上级以及顾客都可以提供反馈信息。

人员测评通常用来衡量员工管理潜能及评价现任管理人员的优缺点，也可用于确认向高级管理者晋升的管理者潜质，还可与团队方式结合使用来衡量团队成员的优势与不足以及团队效率和交流方式。

企业人员测评方式与信息来源多种多样。有些企业向员工提供绩效评价的信息，有些拥有现代开发系统的企业还采用心理测试来评价员工的人际交往风格和行为。当前比较流行的人员测评工具主要有迈尔斯-布里格斯人格类型测试（MBTI）、评价中心、基准评价法、绩效评价与360度反馈系统等。

（三）工作实践

在实际工作中，许多员工开发是通过工作实践来实现的，该方法的前提假设是：当员工过去的经验和技能与目前工作所需不相匹配时，就需要进行人员开发活动。为了有效地开展工作，员工必须拓展自己的技能，以新的方式来应用其技能和知识，并积累新的经验。

利用工作实践进行员工开发有各种方式，包括工作扩大化、工作轮换、工作调动、晋升和降级等。

1. 工作扩大化

工作扩大化即扩大现有工作内容，是指对员工现有的工作提出挑战并赋予其新的责任。它包括执行某些特殊任务、在团队内轮换角色、寻找为顾客服务的新方法等。

2. 工作轮换

工作轮换是指在企业的几种不同职能领域中为员工作出一系列的工作任务安排，或者在某个职能领域或部门中为员工提供在各种不同工作岗位之间流动的机会。该方法有助于员工综合理解或把握企业的目标，了解企业不同的职能部门，形成一个联系网络，并有助于提高员工解决问题的能力和决策能力。另外，工作轮换对员工掌握技术、加薪和晋升也有一定的影响。

工作轮换也存在问题或不足：

首先，处于轮换中的员工容易出现对各种问题的短期性看法，以及采取解决问题的短期行为。

其次，员工的满意度和工作积极性会受到不良影响，这是因为轮换工作的员工工作任职时间短，难以形成专业特长，也无法接受具有挑战性的工作。

最后，无论是接收轮换员工的部门还是失去轮换员工的部门都会遭受损失，接收员工轮换的部门需对其进行培训，失去该员工的部门会因资源的损失而导致工作效率下降和工作负担加重。

3. 工作调动、晋升和降级

企业可以将员工在企业中工作层次的向上流动、水平流动和向下流动作为员工开发的手段。

（1）工作调动是指让员工在企业的不同部门工作，它不涉及工作责任或报酬的增加，而更多的是一种水平流动，即流向一个责任类似的其他工作岗位。调动可能会使员工产生较大的压力。

（2）晋升是指员工向一个挑战性更高、所需承担责任更大以及享有职权更多的工作岗位流动的过程。晋升常常涉及薪资水平的提高。

（3）降级是指员工的责任和权力的削减。它包括：1）平行流动到另一职位但责任和权力有所减少（平等降级）。2）临时性跨部门流动，它使员工拥有了在不同工作部门工作的经验。

因为晋升能带来心理的满足和收入的增加，员工乐于接受晋升，而不愿接受平级调动或降级。故而很多员工难以把调动和降级与员工开发联系起来，他们并不把降级视为有利于其未来获得成功技能的机会，而把降级看成一种惩罚。因此，公司应逐步让员工把调动、晋升和降级都看成一种开发机会。

（四）开发性人际关系的建立

员工通过与企业中更富有经验的其他员工的互动来开发自身的技能。导师指导和教练辅导是两种建立开发性人际关系的方式。

1. 导师指导

导师是指企业中富有经验的、生产效率高的资深员工，他们负有指导开发经验不足的员工的责任。大多数导师关系是基于导师和受助者的共同兴趣或共同的价值观而形成的。

企业可将成功的高级员工和缺乏工作经验的员工安排在一起工作，形成导师关系。导师和受助者都能从辅导关系中获益，导师为受助者提供职业支持和心理支持，使其具有更强的晋升能力和在组织中的影响力，同时人际交往能力得到了培养，对自身价值的认可也得以增长。

2. 教练辅导

教练就是同员工一起工作的同事或经理，通过辅导、鼓励员工，帮助其开发技能。

教练一般可扮演三种角色：第一种角色是向员工提供一对一的训练（提供反馈）；第二种角色是帮助员工自我学习，包括帮助员工找到能协助其解决他们所关心问题的专家，以及教导员工如何从他人那里获得信息反馈；第三种角色是向员工提供通过导师指导、培训课程或工作实践等途径无法获得的其他资源。

五、成功员工职业开发的特征

职业成功的传统度量标准是正式的教育、获得工作保障的终身雇佣和等级晋升。随着知识时代的到来，成功的职业生涯已经有了新的标准。较为常见的有五项标准，包括进步、安全、激励、自由和平衡。具体如下：

（1）进步：动机来自对提高的需求，包括专业水平和组织层级阶梯。

（2）安全：在组织中有稳定的地位。

（3）激励：受到工作性质和内容的激励。

（4）自由：获得自主权。

（5）平衡：获取非工作利益的平等和高价值。

在企业中，由于个人有晋升的需求，依据该标准，成功的职业生涯被定义为一系列自我发展目标：员工开始追求获取就业技能（代替了传统的工作安全保障）；员工转向追求财富，而不是传统意义上的阶梯上升；员工获取可选择性的工作任务以改善工作与家庭的均衡性；当达成新的心理契约时，员工和企业之间的相互期望会得到重新评估。

对企业而言，职业系统的适宜性表现在给员工授权，让他们积极参与职业生涯的开发工作，因此，在一个成功的员工职业生涯开发模式中，员工扮演着重要且不可取代的角色。

考虑到劳动力市场和全球竞争的变化，那些用来宣讲职业意义的基本思路受到了质疑。在今天的中国，大学毕业生向往的是个人生活和工作之间能有某种平衡的职业。这使得给成功的职业生涯重新定义面临新的挑战，特别是在亚洲群体中，其价值观基本是以秉持忠诚原则、守纪律、倡导勤劳节俭和努力工作为基础，挑战就更复杂了。

很多企业可能都会尝试着构建一个完整且有效的人力资源管理系统，希望通过人力资源规划、绩效考核、薪酬管理、培训、职业生涯开发等各个环节的有效联动，来实现企业人力资源开发的目标。以上诸多人力资源管理手段大多已经有了比较明确的模式且效果十分显著，但是，企业为员工设计的个人职业生涯计划效果却往往不尽如人意。

所有成功地开发了员工职业生涯的企业都强调一点，即员工职业生涯开发活动的系统性，也就是说，各个组成部分必须在一套统一的条件和前提下联系起来，所构成的开发模式不仅要与企业其他的人力资源系统结合在一起，还要与企业的总体活动和战略相协调。

（一）成功的员工职业开发需要员工、管理人员、企业的集体参与

成功的职业生涯开发模式一般鼓励员工、管理人员、企业集体参与，仅仅依靠企业、管理人员或者员工是无法形成一个有效的体系的。在这个体系中，员工负责自我评估和开发的运作程序，各部门主管人员或者经理以及人力资源管理部门负责协助和鼓励这一过程，而企业则提供工具、资源以及持续的鼓励和指导，对这一过程给予支持。一方面，管理人员必须支持员工职业生涯开发工作，而不是越俎代庖；另一方面，员工对个人的职业生涯开发也承担一定的责任。

在员工职业生涯开发系统中，管理人员起着关键性的联系纽带作用，因此他们在这一过程中的及早认识和参与都是至关重要的。保证管理人员对其员工开发工作承担责任非常重要，同时他们必须在这一过程中发挥有效的辅导作用。管理人员需要接受这方面的技巧培训，并在实际运用这些技巧时获得不断的支持。

随着向员工放权及员工参与程度的提升，管理人员所扮演的传统角色逐渐削弱，人才开发工作应该积极探索和开发互教互学模型；随着工作团队更加充分地将发展需求与业务联系起来，团队的发展需求也越来越明显。

（二）成功的员工职业开发需要企业整体战略的配合

战略性的人力资源方法在 20 世纪 80 年代早期就出现了，由于人力资源被视为组织提高竞争力的重要因素，因此组织获取竞争优势的重要任务是管理好人力资源。一是获取人力资源（招聘和筛选），这项内容只需要花费少量的时间；二是留住员工，并且使员工获得发展、成长和提高，即职业生涯的管理。

企业在发展人力资源战略时需要考虑的一个关键因素是人力资源战略和企业组织战略的匹配。随着战略性人力资源概念框架的出现，相关理论研究开始把职业放到组织的战略系统中，并与战略和人力资源相关联。但在实践中，很少有对职业生涯开发实际流程的检验。很多成功的案例表明，如果根据企业的业务战略来进行设计，员工职业生涯开发系统的工作实效会大幅度提高。越来越多的企业认识到员工职业生涯开发是一项业务需求，其原因在于他们看到它与竞争优势和基本实力有着直接的关系。明确的战略驱动着员工职业生涯的开发，协助系统的设计者始终将自己的眼光落在实质问题上，通过培训训练有素且主动的员工，来满足目前及未来的需要。

（三）成功的员工职业开发使得员工的需求和组织的需求得以结合

当个人结合总体业务战略和发展方向来规划自己的个人职业生涯时，双赢的结果可以为双方带来重大的收益。利用员工的职业生涯开发工作，对员工的浓厚兴趣作出回应，同时为企业的战略规划提供支持，如图 8－4 所示。

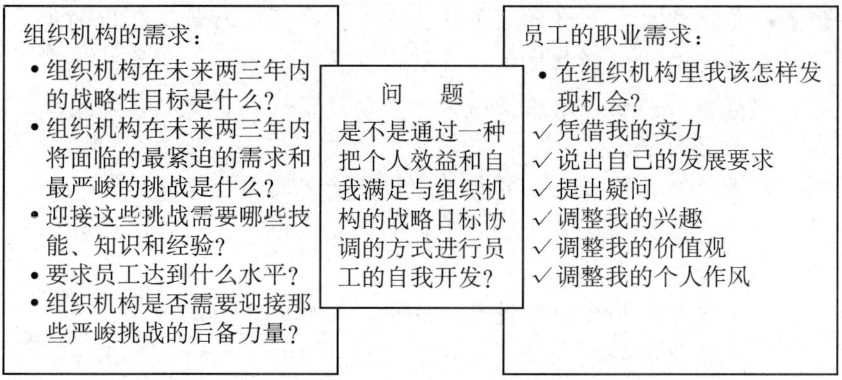

图 8－4　职业生涯开发体系——将员工的需求和组织的需求结合

（四）成功的员工职业开发与企业人力资源系统其他管理手段相协调

在人员管理的系统中有很多管理手段，如绩效考核、培训开发、薪酬管理、员工安全与健康管理、劳动关系管理、职业开发与管理。在众多手段中，要想发挥其应有的作用就无法忽视系统中的其他手段。对于员工的职业生涯开发同样如此，也要与其他人力资源创意相结合。

随着员工职业生涯开发系统复杂程度的增加，管理者发现了一些可以与其他人力资源工作相配合的途径。例如，岗位需求信息发布、绩效评估、薪酬和人员接替规划均受到职业生涯开发工作的影响。全面的人力资源规划工作包括上述所有系统的代表为相互配合而进行的合作。这种系统化的思维最大限度地发挥出所有人力资源的作用。

（五）成功的员工职业开发自始至终需要透明且及时的沟通、交流及持续的评价和改进

为了使其制度化，员工职业生涯开发工作需要有较高的地位和充分的宣传。而对系统持续的评估、修改和完善，也同样适用于多数系统。很多企业进行事前和事后的调查，衡量员工职业生涯开发措施的影响，有些企业甚至在系统尚处于开发阶段就开始采用持续改进的方法。企业在制订员工职业生涯开发计划之后除了及时、有效地执行，还需要沟通和不间断地监督，通过反馈工作的效果不断地针对下一轮工作进行改进和优化。

案例

大连香格里拉酒店员工职业生涯开发模式的实施

一、大连香格里拉酒店的相关资料

大连香格里拉酒店位于大连市中心地带，附近是大连的商务旅游集中区。酒店客房数约为560间，属于高档酒店中的大型酒店。

香格里拉的经营哲学可以用一句话概括——由体贴入微的员工提供亚洲式的接待。香格里拉相信有了忠实的员工才会有忠实的客人。香格里拉酒店是非常注重员工的职业发展的。酒店实施的职业生涯开发工作降低了员工流失率，提高了员工对酒店的忠诚度，提升了员工的技能和工作效率，让员工认识到酒店对员工承担的义务，促进了酒店人力资源的规划和选拔工作，进一步强化了酒店的战略优势。酒店人力资源管理者认为员工职业开发是一个未完成的承诺。一方面，职业生涯开发工作可以帮助酒店的人力资源系统进入良性循环；另一方面，员工职业生涯开发又被认为有可能是酒店对员工作出的承诺，使管理者对于员工的职业生涯开发工作能够发挥出的潜能都表示很乐观，但要兑现则需要大量的时间，而短期之内效用很不明显。酒店要增强一个拟订中的或正在运作的职业生涯开发的实践效果，需从以下几点入手：

（1）将员工职业开发系统置于社会背景中，不能将其作为权宜之计。

（2）尽可能充分地收集酒店各层级对于员工职业生涯开发工作的反馈。

（3）对于员工多多加以引导。

（4）让酒店员工知道该项工作的进展、成果，公开成功的案例。

香格里拉酒店集团每年会投入员工工资总额的2%用于培训与员工的职业发展。员工培训是香格里拉酒店集团的首要任务。酒店鼓励一种全方位的培训方法，培养全才和通才。香格里拉酒店有自己专门的培训机构、培训学校和培训课件等一整套完善的培训系统，含有行政管理、市场营销技巧等多方面的培训内容，注重活学活用。此外，香格里拉酒店还会选送优秀的管理人员到美国康奈尔大学等国外较好的酒店管理学院进修。

目前，香格里拉酒店员工职业生涯开发工作由专门的部门——员工职业发展小组负责，该部门隶属于人力资源部，由人力资源总监直接管理。人力资源部中有5人单独专门负责该项工作的开展，并且已经初步建立起了员工的职业生涯开发系统。在香格里拉酒店的员工职业生涯开发工作中，经理与酒店组织分别承担40%的责任，另外20%由员工承担。

二、酒店员工职业生涯开发的教育阶段

酒店人力资源部定期举行员工培训，培训内容以招贴画的形式在员工通道入口处公开。参加培训的员工一方面是由人力资源部在参考绩效考核、员工日常表现等情况的基础上挑选，另一方面是由员工主动申请，在通过审批后参加培训课程。人力资源部在培训的课程中设置了员工职业生涯开发这项课程，主要针对的是酒店的三类员工：

(1) 获得“快速提升”的员工或者很有潜力的员工。

(2) 学历较高的员工。

(3) 掌握一定的酒店客户资料且工作能力出色的员工。

该课程的主要内容是介绍酒店有关职业生涯开发工作的正式文件，通过该课程的学习，员工可以获知自己在酒店的发展机会，通过将自身实力与职业发展需要实力的比较，找出欠缺与需要努力的方向。

酒店将该部分工作视为简单的教育过程，员工通过培训中的一个环节了解自身职业生涯开发工作的目的、酒店可供使用的资源以及职业发展的各项机会。

三、酒店员工职业生涯开发的分析阶段

酒店的人力资源部在招聘员工初期会通过招聘面试过程对员工进行了解，其中包括性格、自信心、亲和力等。

酒店在这个阶段主要致力于以下工作：

(1) 全面分析、了解员工（包括家庭、性格、成长经历、求学经历、工作经历、社交圈子等）。

(2) 寻找和发现员工的优势资源，为员工寻找相关的职业进行规划。

(3) 确定目标，规划行动时间计划。

(4) 准备与职业相关的各类资源（如知识、技能、人际交往等），为员工量身打造职业培训方案。

(5) 为员工提供锻炼的岗位和托付一些能独立承担责任的工作并及时为员工进行辅导。

员工通过进入酒店初期所做的个体测评对本身具有一定的了解，结合酒店人力资源部的考查，对在酒店发展的职业路径有了初步的认识。

四、酒店员工职业生涯开发的开发阶段

酒店员工的职业生涯开发是一个长期的过程。在香格里拉酒店集团内部有一个“员工职业发展小组”，该小组在开发阶段的主要工作是组织与员工的职业讨论。在讨论过程中，由于酒店部门主管或者经理对本部门员工比较了解，因此他们也会参与进来，指导员工的职业生涯发展方向。

香格里拉酒店集团每年还会拨出大量经费，用以加强员工掌握专业的知识、技能，使员工在各自的岗位上取得最佳成绩，成为未来的高级管理人员。实行换岗培训、开展技能比赛，使员工成为多面手，实行一岗多能、一专多能，努力使员工在其职业生涯的发展上使用双阶梯发展。

酒店的人力资源部将该模式的实施分为四个阶段：

阶段一：

酒店确定自身所要关注的员工群体。例如，有些酒店选择掌握一定的酒店客户资料且工作能力出色的员工作为发展对象，有些酒店选择学历较高的员工或者极有潜力的员工作为发展对象。酒店成立员工开发委员会，并定期召开会议。

阶段二：

酒店人力资源部的员工开发委员会发起自我教育活动，以了解酒店目前的员工职业生涯开发状态、本行业中成功的做法以及相关的人力资源实践。该委员会还要对酒店所处的竞争环境进行分析和详细的研究。最后，该委员会向员工征求意见、想法和建议。

该阶段的目的是希望在观念上使酒店上下所持的对职业生涯开发的未来展望保持一致，并使内外部环境保持协调。

阶段三：

根据第二阶段的工作及所明确的未来构想，酒店的员工开发委员会可以分成5个设计小组，每个小组由1人或多人负责。这5个小组是：

(1) 自我评估和培训小组。

(2) 总体过程监督引导小组。

(3) 员工个人职业生涯对话与具体发展规划小组。

(4) 信息管理小组。

(5) 补充活动小组。该小组专门关注晋升原则、岗位分级与评定以及双重事业阶梯。

阶段四：

员工开发各小组在每月例会上向委员会汇报自己工作的进展情况，同时进行资源的协调，并且收集经验为下一次的工作做准备。

五、基于员工素质模型的职业开发

素质又称能力、资质、才干等，它反映的是可以通过不同方式表现出来的员工的知识、技能、个性与内驱力的集合。

素质为酒店的人力资源管理系统如何有效地支撑酒店的长期战略找到了出发点和载体。在员工职业生涯开发系统中，素质为酒店员工有效地规划个人职业生涯提供了参考和依据。从酒店方来看，素质同时又使员工的职业发展路径与酒店对员工价值实现的要求轨迹相一致，并实现了有效的契合。

素质的构成要素如下：

(1) 品质与动机。品质是指个性、身体特征对环境与各种信息所表现出来的一贯反应。动机是指推动个人为达到一定目标而采取行动的内驱力。动机会推动和指导个人行为方式的选择朝着有利于目标实现的方向前进，并防止偏离。品质与动机可以预测个人在长期无人监督下的工作状态。对于酒店行业来说，酒店员工的品质可以理解为员工个体的爱好、性格趋向以及对待酒店工作的内在驱动因素。

(2) 态度、价值观和自我形象是指个人自我认识的结果。这三者作为动机的反映，可以预测短期内有监督条件下人的行为方式。

(3) 社会角色是指一个人基于态度与价值观的行为方式与风格。

(4) 知识是指一个人在某一特定领域拥有的事实型与经验型信息。

(5) 技能是指结构化地运用知识完成某项具体工作的能力，即对某一特定领域所需技术与知识的掌握情况。

简言之，素质模型就是为完成某项工作、达成某一绩效目标所要求的一系列不同素质要素的组合，素质是解释员工绩效优劣差异的核心要素。从酒店角度来看，如果对同类素质的员工进行大致分级，可以准确反映从事不同部门工作的素质要求以及工作绩效目标的差异性。对于酒店员工而言，素质分级为员工选择合适的工作部门提供了参考和依据。员工可以根据自身所具备的素质坐标，选择自己在酒店中的进入起点乃至未来职业发展的路径。在酒店，就业的门槛比较低，员工的核心专长与技能是由素质决定的，而不是学历。从这个意义上讲，员工的整个职业生涯开发路径是素质密集型的，因此在酒店整个人力资源实践中可以采取“素质先行”的理念。

六、建立酒店员工发展小组

应对员工调查资料和管理信息的需求，让员工对个人的前途负责，通过在员工内部建立一个员工的发展小组，来协助员工职业生涯开发工作。

该小组的服务对象是酒店的各层级员工，其使用时间均为业余时间。提供的服务内容可以包括各种教育和培训课程以及职业生涯开发。具体可以设置以下项目：

(1) 该小组为员工提供职业生涯开发入门教育，新员工可以选择参加某期自愿的、占用业余时间的“概况”学习班，了解酒店员工总体情况和职业生涯的相关知识。新员工的入职教育内容包括对小组“员工职业生涯开发计划”的介绍。在该小组内，酒店通过管理层的开发培训来支持“员工职业生涯开发计划”的实施，而真正的实施责任由一线部门承担。

(2) 针对所有“三班倒”的员工的现场培训。酒店服务的各项课程授予正式的学分，一部分课程请专业人士讲授，另一部分课程可以由酒店内部领导或优秀员工讲授。

(3) 该小组为员工提供各种工具以帮助其对自己的技能、个人兴趣、价值观等方面作自我评估，并提供个人职业生涯咨询。同时，帮助员工在自己目前的岗位上发现并追求使工作更加丰富和有意义的机会，或者是帮助他们发现在酒店进行内部调动的可能性。

(4) 对于员工接受集团化、专业化的培训以及相关的项目提供小组学费支持并提供具体的帮助。该小组有多种工具和技术，可以满足员工的需要，同时提供与岗位、薪金、业绩系统和培训有关的信息。

(5) 定期（可为一周）开设一定课时的职业生涯开发课程。其目的在于为酒店的员工确定目标，制订实现这些目标的短期和长期规划。

此课程包括岗位强化内容。在酒店有一部分员工选择留在现在的岗位上。该小组需要鼓励这部分员工与自己的上层主管或者人力资源的管理者进行个人职业生涯对话，并通过培训来增强自信心。该课程的重点还包括本地劳动力就业方面的信息以及内部培训、学费补偿等计划。酒店应该强调课程的重要性，因为每一位员工在任何机遇面前乃至平级调动的时候都需要有接受过该课程的经历。

(6) 酒店不强制其员工与上层主管或经理开展有关职业生涯问题的对话，但是鼓励员工以此作为一种实际情况的检查手段。员工职业生涯开发课程的内容包括进行这种对话的步骤和原则。员工对此可能有多种反应，有些员工可能会积极主动地与自己的领导展开对话，也有些员工则会希望对自己的职业生涯开发保密。

(7) 建立酒店员工个人职业生涯资料库，员工可以在里面找到大量的与职业生涯开发、求职、劳动力市场有关的信息。

(8) 引入专业的职业生涯规划软件。该项手段在很多大型跨国企业中受到重视，而目前市场上也纷纷出现了针对酒店员工的职业生涯规划软件。酒店只需要从酒店员工的专项基金中提出很少的一部分资金购买软件即可获得标准严格的员工职业生涯规划软件，其更具可操作性与专业性。在该小组中，通过各种培训课程，可以对个人的兴趣进行定期的调研，最重要的衡量尺度是员工的自我感觉以及他们发生的变化。而这种潜在的变化会促使员工积极地参加该项工作，并且主动地学习。

复习思考

1. 简述柯氏四级培训评估的内容及实施要点。
2. 简述培训成果转化的影响因素。
3. 分析员工培训与员工开发二者的区别和联系。
4. 简述员工开发的主要方式。

培训游戏

魔方

1. 游戏编排目的

活跃课堂气氛，发挥团队创意，凝聚团队精神。

2. 游戏要求

不限人数，5～10分钟，需要一卷彩色的宽胶带。

3. 游戏内容

（1）培训师根据学员人数分组，每组不超过10个人。

（2）培训师根据具体的小组人数，估算一个能够完成此游戏的最小面积的正方形并用彩色胶带在地面上标注出来。

（3）小组成员的任务是，尽可能地让更多的人挤进正方形且不能碰到正方形的边缘。

（4）小组成员在尝试5分钟后正式开始，只允许尝试1次。

4. 游戏讨论

（1）是谁最先找出解决方法的？

（2）什么有助于最后结果的产生？什么阻碍了最后结果的产生？

（3）团队的合作情况如何？

（4）如果允许再来一次，你认为有多少人可以挤进正方形中？

5. 游戏总结

（1）团队应该如何做计划？

提示：目标→资源→计划→方案选择（决策）→执行→改善。

（2）团队应该如何合作？

提示：每个人都应积极参与、贡献想法，并且要相互配合。

模块九

培训文档管理

学习目标

1. 商务公文写作
2. 文档管理规则
3. 培训文档撰写

案例导入

常见错误一：多个书名号或引号并列时用顿号分隔

例1：各中小学要积极贯彻落实《中华人民共和国预防未成年人犯罪法》、《中华人民共和国未成年人保护法》、《中华人民共和国义务教育法》及相关要求。（错误）

各中小学要积极贯彻落实《中华人民共和国预防未成年人犯罪法》《中华人民共和国未成年人保护法》《中华人民共和国义务教育法》及相关要求。（正确）

例2：公安部门要加强校园“警务室”、“护学岗”、“安全网”建设，落实护校制度。（错误）

公安部门要加强校园“警务室”“护学岗”“安全网”建设，落实护校制度。（正确）

解析：标有引号的并列成分之间、标有书名号的并列成分之间通常不用顿号。若有其他成分插在并列的引号之间或并列的书名号之间，宜用顿号。

常见错误二：在标示数值和起止年限时使用连接号不规范

例3：制定并实施学校安防达标建设三年行动计划（2013－2015年）。（错误）

制定并实施学校安防达标建设三年行动计划（2013—2015年）。（正确）

例4：要加快工程进度，确保科技园3－5年内建成。（错误）

要加快工程进度，确保科技园3～5年内建成。（正确）

解析：标示时间、地域的起止一般用一字线（占一个字符位置），标示数值范围起止一般用浪纹线。

常见错误三：在并列分句中使用逗号统领

例5：各职能部门在查处取缔无证无照经营工作中要各司其职、互相配合，工商部门负责查处取缔未取得有效许可证擅自从事经营活动的行为；工信部门负责依法监督管理无线电和电子电器产品维修行业；公安部门负责依法监督管理旅馆业、公章刻制业。（错误）

各职能部门在查处取缔无证无照经营工作中要各司其职、互相配合：工商部门负责查处取缔未取得有效许可证擅自从事经营活动的行为；工信部门负责依法监督管理无线电和电子电器产品维修行业；公安部门负责依法监督管理旅馆业、公章刻制业。（正确）

解析：用分号隔开的几个并列分句不能由逗号统领或总结。

常见错误四：在并列分句中使用句号后再使用分号

例6：一是养老保险安置。对进入企业工作的失地农民要同企业员工一样纳入企业职工基本养老保险；二是医疗保险安置。城镇居民医疗保险制度已建立，可参加城镇居民医疗保险。（错误）

一是养老保险安置。对进入企业工作的失地农民要同企业员工一样纳入企业职工基本养老保险。

二是医疗保险安置。城镇居民医疗保险制度已建立，可参加城镇居民医疗保险。（正确）

解析：分项列举的各项或多项已包含句号时，各项的末尾不能再用分号。

常见错误五：同一形式的括号套用

例7：围绕政府半年工作开展回头看，认真总结上半年工作，科学谋划下半年工作。（责任单位：各镇（街道））（错误）

围绕政府半年工作开展回头看，认真总结上半年工作，科学谋划下半年工作。［责任单位：各镇（街道）］（正确）

解析：同一形式的括号应尽量避免套用，必须套用括号时，应采用不同的括号形式配合使用。

常见错误六：阿拉伯数字表示次序时使用点号不当

例8：1、督促主办单位按时办结。（错误）

1. 督促主办单位按时办结。（正确）

例9：(1)、督促协办单位按时办结。（错误）

(1) 督促协办单位按时办结。（正确）

解析：带括号的汉字数字或阿拉伯数字表示次序语时不加点号，不带括号的阿拉伯数字、拉丁字母做次序语，后面用下角点（圆心点）。

常见错误七：在图、表说明文字末尾使用句号

例10：（图表略）

注：以上各项数据统计截止时间为2012年12月31日；城市人口指常住户籍人口；规模工业企业个数统计为新口径。（错误）

注：以上各项数据统计截止时间为2012年12月31日；城市人口指常住户籍人口；规模工业企业个数统计为新口径（正确）

解析：图或表的短语式说明文字，中间可用逗号，但末尾不用句号。即使有时说明文字较长，前面的语段已出现句号，最后结尾处仍不用句号。

常见错误八：在标示发文年号时使用括号不规范

例11：根据×发［2013］3号文件精神，……（错误）

根据×发〔2013〕3号文件精神，……（正确）

解析：标示公文发文字号中的发文年份时，应使用六角括号。

常见错误九：书名号内用顿号表示停顿

例 12：根据《××省物价局、××省财政厅关于××市建制镇城市基础设施配套费征收标准的批复》（××规〔2012〕59 号）文件要求，特制定本管理办法。（错误）

根据《××省物价局　××省财政厅关于××市建制镇城市基础设施配套费征收标准的批复》（××规〔2012〕59 号）文件要求，特制定本管理办法。（正确）

解析：书名号内标示停顿时用空格。

常见错误十：句内括号行文末尾使用标点符号不当

例 13：为加强对全区查处取缔无证无照经营综合治理工作的领导，决定成立××区查处取缔无证无照经营综合治理工作领导小组（领导小组组长由常务副区长兼任，副组长由××局局长兼任。），负责该项工作的协调处理。（错误）

为加强对全区查处取缔无证无照经营综合治理工作的领导，决定成立××区查处取缔无证无照经营综合治理工作领导小组（领导小组组长由常务副区长兼任，副组长由××局局长兼任），负责该项工作的协调处理。（正确）

解析：括号内行文末尾需要时可用问号、叹号和省略号。除此之外，句内括号行文末尾通常不用标点符号。

常见错误十一：附件名称后使用标点符号

例 14：附件：1.××区查处取缔无证无照工作领导小组成员名单；（错误）

附件：1.××区查处取缔无证无照工作领导小组成员名单（正确）

解析：附件名称后不用任何标点符号。

常见错误十二：二级标题在换行分段情况下使用句号

例 15：（一）整合监管职能和机构。

为减少监管环节，保证上下协调联动……（错误）

（一）整合监管职能和机构

为减少监管环节，保证上下协调联动……（正确）

（一）整合监管职能和机构。为减少监管环节，保证上下协调联动……（正确）

解析：二级标题在换行分段时不使用句号，如使用句号则不需要换行分段。

学思之窗

认识汉语的魅力

汉语是三维语言，天然就比字母语言多一个维度（字母语言如英语，是典型的二维语言，由元音和辅音构成；汉语则由声母、韵母和声调构成）；汉语是从象形文字演化而来的，让人思维广阔；汉语准确、精炼；汉语最适合当今的信息爆炸时代，网络新词不断涌现，汉语仅需要简单的排列组合就能完成新词的表达，这一点是所有字母语言所不具备的；现有的文字中，唯有汉字是我们祖先直接创造的（仓颉造字）。

学习情境一 商务公文写作

商务公文就是商业事务中的公务文书，是企业在生产经营活动中产生的，按照严格的、既定的生效程序和规范格式制定的，具有传递和记录信息作用的载体。

规范而严谨的商务公文是现代企业管理的基础。商务公文写作能力常常作为评价员工职业素质的重要尺度之一。只有深入了解商务公文写作的原则、格式和技巧，规范日常工作中的商务公文写作，才能更好地落实和传达企业要求，提高企业的持续竞争力。

一、商务公文的构成要素

商务公文有以下四个构成要素（见图9-1）：

图9-1 商务公文构成要素

（一）目标

目标也称主旨、意图，是指商务公文的中心思想，即作者想要表达的意思。商务公文的写作并不是为了写而写，而是要具有明确的目的，让对方看后能产生作者所希望的感受和行动。在目的方面，商务公文应该遵循“正确、务实、集中、鲜明”的原则。

（二）材料

好的商务公文不是一蹴而就的，需要围绕作者的目的来收集很多相关方面的素材。如政府机关撰写政策性通知，需要提前查阅很多以前类似的、相关的批文和章程等资料，以确保前后建立起必要的联系和呼应。在材料方面，商务公文应遵循“收集要多、选择要严、使用要巧”的原则。

（三）结构

好的商务公文应该具有良好的结构，否则会出现在不应该浪费笔墨的地方花费很多不必要的时间，而需要去强调的内容却被弱化的现象。在结构方面，商务公文应遵循“篇段合一式、分层表达式、分条列项式”等方式。

（四）语言

如果说目标、材料和结构构成了商务公文的骨架，那么行文语言就是血肉，是对骨架的填充。在语言方面，商务公文应做到“风格平直、朴实、庄重，表达规范、准确、简练”。

二、商务公文的分类

商务公文种类繁多，根据形式和内容有不同的分类。

（一）按形式分类

1. 固定格式商务公文

常见的固定格式商务公文主要有商务合同、委托授权书、调查报告、任命、简报、邀请函、通知、请示及批复等，这类商务公文有格式上的规范要求。

2. 非固定格式商务公文

非固定格式商务公文在日常工作中应用得更为广泛，最常见的就是电子邮件和便签。

（二）按内容分类

1. 通用商务公文

常见的通用商务公文有通知、会议纪要、商务合同、请示、批复、总结、计划、报告、备忘录等。相对于礼仪性商务公文而言，这些文体使用得更为频繁。

2. 礼仪性商务公文

礼仪性商务公文主要包括贺信、贺电、邀请函、请柬、慰问信等。

三、商务公文的写作步骤

商务公文写作应遵循以下六个步骤：

（一）明确公文目标

在撰写某一商务公文前，先要明确本次行文的目的，也就是希望对方在收到公文后采取什么样的行动。

通常存在这样一个误区，行文方将自己的意愿当作行文目的而忽略了收文方的感受。必须明确，收文方的行动才是行文方的意愿，也是公文的真实目标。

（二）明确公文正式程度

撰写商务公文前，还需要明确三个问题：

（1）行文方是否了解收文方？

（2）收文方地位比行文方低吗？

（3）此份商务公文内容是好消息吗？

如果上述三个问题越倾向于否定的答案，那么商务公文就应该越正式，应用庄重而严肃的行文语气、规范严谨的标准格式撰写。

（三）设定公文总体风格

根据对商务公文正式程度的判断和把握，可借助游说矩阵示意图（见图 9－2）进行总体风格的设定。

立场 资源	与你的立场一致	与你的立场不一致
不受或较少受资源约束	简易型 ● 只罗列事实 ● 短文即可	游说或指示型 ● 强调利益所在 ● 较长的篇幅
存在资源约束	解决问题型 ● 有问有答 ● 较长的篇幅	艰难型 ● 往往不值得花费力气

图 9－2 游说矩阵示意图

图9－2中，纵向维度表示资源的约束情况（即公文的内容是否在收文方的资源以及能力范围之内，是否强人所难），横向维度表示行文方与收文方在立场上的一致程度（即双方是否相互认可）。

1. 简易型

代表行文方与收文方立场一致，并且资源充足，不存在障碍。此类公文的行文难度低，仅需罗列事实，短篇幅即可。

2. 游说或指示型

代表资源充足，但双方立场并不一致。行文方需要通过商务公文来改变收文方原本的想法或认识，可能需要反复多次沟通，且需要特别强调行文方观点或想法的优势和好处，以达到转变收文方立场的目的。

3. 艰难型

代表资源不足且双方立场不一致。此类公文在资源和立场两个维度都存在较大的障碍，实现成功且有效沟通的概率较低，应三思而后行。

4. 解决问题型

代表尽管双方立场一致，但资源并不充足。此类公文总体风格偏向有问有答且篇幅较长，行文方应在公文中向收文方提供一种甚至多种解决问题的思路和方案。

（四）选择公文层次结构

商务公文主要的层次结构包括以下五种类型：

1. 连贯式

连贯式是指商务公文的层次结构按照事情发展的时间顺序来展开，突出事情的前因后果以及发展脉络，整体上浑然贯通、连成一体。该类型适用于工作报告、事故调查报告、工程报告以及程序安装说明等。

2. 并列式

并列式是指商务公文中层次与层次之间是并列关系，公文的每一段前面都要有前提摘要，作为后续并列内容的引子。并列式的层次结构便于收文方按兴趣或者关注重点来分段阅读。该类型适用于报告、总结、建议书等。

3. 分析问题式

分析问题式是指围绕问题的出现直至最终解决的逻辑关系而展开的一种层次结构。在实际工作中，其有以下四种分类：

（1）只有结果，如批复、指示、命令等，通常没有问题成因及分析，因为没有这个必要。

（2）提出并分析问题，如情况简报。

（3）提出并解决问题，如公告和通知。

（4）提出问题、分析问题、解决问题，如指导性的通报和决议。

4. 问答式

问答式是指运用问答的形式来组织商务公文，所提出的问题是为了突出公文目的而进行的利益上的引导。该类型适用于企业内刊、内部通讯、操作程序指南等。

5. 行动结果式

行动结果式是指先摆问题而后突出结果以及结果的实现方式的层次结构。该类型适用于宣传类文案。

(五) 列出公文大纲

撰写商务公文是一个“七分想、三分写”的过程，列提纲的过程就是一个建立自己逻辑思维顺序的过程，有助于在撰写过程中做到有的放矢。

1. 提纲法

围绕商务公文的目标，按照时间顺序和逻辑关系将主要内容罗列出来，然后往里面填充具体材料。

2. 辐射法

辐射法是一种发散的思维方法，从一个中心点出发，随机把联想到的东西或者想法集中在纸上，最后整理其内在的逻辑关系。

(六) 撰写初稿

上述五个步骤铺陈之后，撰写初稿已经是水到渠成了。当然，撰写完成后，应该进行细致的校对，以使公文更规范、生动。

学思之窗

公文的起源

《尚书》《文心雕龙》等著作，可以说是公文的起源，奏、议、疏、表、策等公文体现了古人严谨的治学态度，比较典型的如《出师表》和《论积贮疏》等。

学习情境二 文档管理规则

文档是企业重要的智力资产，在企业中文档一般都以电子文档的形式存在。内容可能是商务合同、会议记录、产品手册、客户资料、推广文案、竞争对手资料、项目文档、经验心得等。这些文档可能是过程性文档，也可能是公司正式发布的文档；可能处在编写阶段，也可能是已经归档不能再修改的。文档的状态包括草稿、定稿、作废、归档、删除等。

文档管理是指对文件、电子表格、图纸和影像扫描文档的存储、分类和检索。文档管理的关键就是解决文档的存储、文档的安全管理、文档的查找、文档的在线查看等问题。

文档管理既是一项应用广泛的日常性工作，又是一项非常重要的信息汇集工作。对于企业来说，做好文件档案的归档管理工作，能够及时提供企业所需的第一手资料，促使企业的健康发展，提高企业的管理水平，也为企业运行机制的监督管理提供了必需的资料，有利于内、外部的监督管理。

一、文档载体的变化

企业文档载体即企业文档的记录材质和方式。

在企业实现计算机全程管理后，文档已从之前单一的纸质化留存向信息数据的电子化传递、处理转变，电子文件开始凸显其重要地位，以其快捷的办文进度和传递速度逐步取代了纸质文件。

电子文件是指人们在社会活动中形成的，以计算机磁盘和光盘等化学磁性材料为载体的文字材料。它主要包括电子文书、电子信件、电子报表、电子图纸等。

电子文件具有以下几个特性：它不再是直观的纸质文件，需要借助现代办公设备才能阅读和利用；可以直接由计算机等现代办公设备迅速地处理和传递；可以共享，不再受时间和距离的限制；保存条件和环境要求与纸质档案的不同，它对保存场地的面积要求不高，而对环境的温湿度、防磁性等条件的要求很高，因此保存电子文档要比保存纸质文档方便、省时、省力。

二、文档分类的变化

在纸质文档时期，企业档案一般分为文书档案、科技档案、产品档案、基建档案、会计档案、人事档案等。随着企业信息集成系统的形成和使用，企业档案信息分散在管理系统中的几个模块、流程里，计算机依照规定指令根据工作目标随时设立和调整类目，各企业档案信息的分类不尽相同，但都能贴近企业的生产、经营、管理等各方面状况，分类也更详细、更科学、更规范。

三、文档保存归档的变化

因纸质文档和电子文档材质特性的不同，企业文档的保存也发生了很大的变化。在电子环境中，如果档案管理人员不积极介入文件的形成和保管过程，文件就很可能不存在或至少不能被鉴定、保存、编目和利用。

因此，企业档案管理人员如果不进入企业信息集成系统，就很难掌握企业信息的核心部分甚至接收不到档案。企业文档的保管也不再只以卷盒和柜架为装具，更多的是经过档案管理人员鉴定归档后以电子文档的形式进行保存。

就企业来说，企业现行文件和档案管理应用计算机技术的历程，不仅记录了企业现行文件和档案规范化、系统化管理的轨迹，而且反映了企业经营管理和产品开发信息化的进程。因此，根据企业文档管理应用计算机技术的程度和水平，将其划分为不同的阶段，电子文档是文档管理工作发展的目标方向和最终阶段。

文档管理规则样例

某公司文档管理规则

1. 目的

为保证公司文件的完整，便于查找利用，特制定本规则。

2. 适用范围

适用于公司各种文件、记录、档案资料的管理。

3. 正文

3.1 文件资料的收集

3.1.1 收集范围

凡是公司在工作中形成或使用的、办理完毕、具有查考利用价值的文件、电报、记录、出版物以及各种图表簿册、照片等都要齐全、完整地收集，具体包括以下各项：

3.1.1.1 上级来文

(1) 上级机关召开的需要贯彻执行的会议的主要文件材料及上级机关颁发的要求公司执行的文件。

(2) 上级领导视察、检查公司工作时的重要指示、讲话、题词、照片和有特殊保存价值的录音、录像等材料。

3.1.1.2 公司文件材料

(1) 会议文件，包括本公司重要会议形成的文件和领导的讲话稿等。

(2) 公司发布（包括转发）的各种正式文件的签发稿、印制稿、重要文件的修改稿。

(3) 公司的请示与上级的批复文件，下级单位的请示与公司的批复文件。

(4) 公司各职能部门在工作中形成的工作计划、总结、报告。

(5) 反映公司业务活动和科学技术管理的专业文件材料。

(6) 公司检查下级单位工作，在调查研究后形成的重要文件材料。

(7) 公司的统计报表、统计分析材料（包括计算机盘片等）、财务报表、凭证、账簿等文件材料。

(8) 公司党、团和内部组织机构在工作中形成的重要文件材料。

(9) 公司领导人在公务活动中形成的重要信件、电报、电话记录；从外单位带回公司的未经处理、登记的文件材料。

(10) 公司基本建设工程施工竣工、购置大中型设备的文件材料，公司直接管理的科研、建设项目的科技文件材料。

(11) 公司成立、合并、撤销、更改名称、启用印信及其组织简则、人员编制等文件材料。

(12) 公司的历史沿革、大事记、年鉴、反映公司重要活动的剪报、音像材料、荣誉奖励证书、有纪念意义和凭证性的实物和展览照片、录音、录像等文件材料。

(13) 公司制定的工作条例、章程、规则等文件材料。

(14) 公司干部任免（包括备案）、调配、专业技术职务评定、聘任，党员、团员、干部、员工名册，员工的录用转正、定级、调资、退职、退休等文件材料。

(15) 公司员工转党、团组织介绍信及存根。

(16) 公司财产、物资、档案等的交接凭证、清册。

(17) 公司编印刊物的定稿和印本、编辑出版物的定稿样本。

(18) 公司签订的各种合同、协议等材料。

(19) 公司外事活动中形成的请示、报告、计划、考察总结、重要简报、会议纪要、声像记录材料、有参考价值的资料、互赠礼品清单、工作往来文件等。

（20）各种普查工作中形成的文件材料。

3.1.2 收集过程中应注意的问题

3.1.2.1 公务电报要同其他文件材料一起收集立卷。

3.1.2.2 正文和附件要同时收集。

3.1.2.3 一般文件只存印本和完稿，其他底稿不必存档，但特别重要的文件例外。

3.1.2.4 作者、时间、数字模糊不清和签发手续不全、张页残缺的文件，一经发现要补充完整后再立卷归档。

3.1.2.5 有领导重要批示意见的文件处理单，应随文件一起存档。

3.1.2.6 有请示无批复的文件，应当查明原因，采取补救措施补齐，没有书面文件的，应注明情况并加盖公章。

3.1.2.7 用铅笔、圆珠笔书写的或复写的文件底稿，应退回文件撰稿单位复制。

3.1.2.8 经多方查找，证明确实已丢失的文件，应用公用信笺写上文件名称，注明丢失原因，加盖公章，替代所丢文件归档。

3.2 立卷归档

3.2.1 文档的立卷

文档立卷应根据其相互联系、保存价值分类整理立卷，保证档案的齐全、完整，能反映公司的主要情况，以便于保管和利用。

3.2.2 文档的分类

应先按文档的重要性，在收藏时间上分为永久、长期、短期三种，然后依据事先编好的立卷类目，从文档的联系中采取相应的措施进行分门别类。

3.2.3 立卷分工

3.2.3.1 各单位形成的文件，自行立卷。

3.2.3.2 下级单位报来的重要的、批办了的文件，由承办单位立卷。

3.2.3.3 上级单位颁发的专业性文件，由承办单位立卷；非专业性文件，由办公室立卷。

3.2.4 归档

3.2.4.1 各单位于____月底前将上年度文件材料立卷完毕，交档案室统一存档（人事档案、财务档案、科技档案等有特殊要求的，由其职能部门负责管理）。

3.2.4.2 各种文件材料，按一定的特征进行排列和系统化，必须层次分明、编写页码、填写卷内文件目录。

3.2.4.3 不同价值、不同性质的文件材料应当区别管理，单独立卷。

3.2.4.4 案卷必须整齐，底图一律按要求存放，以便保管、查阅。

3.3 档案保管

3.3.1 档案必须入框上架、科学排列，以便于查找，避免暴露或捆扎堆放。

3.3.2 胶片、照片、磁带要专柜密封保管，胶片和照片、母片和拷贝要分别存放。

3.3.3 底图入库要认真检查，平放或卷放。

3.3.4 库藏档案要定期核对，做到账物相符。发现破损变质应及时修补或复制。

3.4 档案借阅

3.4.1 借阅档案必须当面查点清楚，并办理借阅手续。借阅的案卷要注意爱护，不得丢失、损坏、涂改，要如期归还。

3.4.2 借出的档案要注意保密，不得将档案带入宿舍或公共场所，不得让无关人员翻阅。

3.4.3 借阅时间最长不得超过一个月，确因工作需要到期不能归还的，要说明情况，办理续借手续。

3.4.4 归还档案时，由档案管理人员当面查点清楚，并在借阅登记簿上及时注销。

3.4.5 凡需借阅、抄录绝密级重要数据资料的，必须经公司领导批准，否则一律不准借阅、抄录、复印。

3.4.6 底图一般不予外借。

3.5 档案销毁

对于过期并失去保存价值的文件材料，经公司领导批准，可以定期销毁。

3.6 档案统计

3.6.1 销毁秘密公文应进行登记，需有2人监督，保证不丢失、不漏销。

3.6.2 要及时对档案数量、鉴定情况、利用情况进行统计。

3.6.3 除按上级主管部门的要求及时填报统计资料外，还应做好档案统计的基础工作。

3.6.4 统计数字要准确、真实。

3.6.5 对永久、长期、短期保存的文件材料分别进行统计，以便反映档案的不同价值和库存发展趋势。

3.7 档案保密

3.7.1 档案管理人员要严守机密，档案存放要单独设锁，无关人员不准接触。

3.7.2 不得传播、议论有关机密问题。

3.7.3 档案资料不准带到公共场所。

学习情境三 培训的相关表格

培训文档种类繁多，从初期的需求分析到培训结束后的效果评估、成果转化，培训文档贯穿了培训的整个过程。为方便学习，我们特收集和整理了与培训相关的表格（见表9-1至表9-41）。

一、培训的组织支持

表9-1 部门培训申请表

受训部门	
培训名称	
培训时间	
培训地点	
培训方式	
培训师	
培训目标	
培训内容及课程概述	
经费预算	
审核人	

表9-2 个人培训申请表

姓名	
部门	
工号	
职位	
培训描述	培训名称： 培训内容： 开始时间： 结束时间： 费用预算：
审核	
备注	

二、培训的制度保障

表9-3 培训协议书

<table>
<tr><td>姓名</td><td></td><td>部门</td><td colspan="2"></td><td>岗位</td><td></td></tr>
<tr><td>培训地点</td><td colspan="2"></td><td>培训项目</td><td colspan="3"></td></tr>
<tr><td>开始时间</td><td colspan="2"></td><td>结束时间</td><td colspan="3"></td></tr>
<tr><td>培训目的</td><td colspan="6"></td></tr>
<tr><td>培训机构</td><td colspan="6"></td></tr>
<tr><td>培训内容</td><td colspan="6"></td></tr>
<tr><td>培训期间承诺</td><td colspan="6">1. 在培训期间，受训人愿意遵守培训机构的有关规定，维护本公司名誉，保证不泄露公司秘密。受训人保证在受训期间认真学习，愿于受训期满后返回公司服务。如公司中途因工作需要要求受训人终止培训，受训人愿以公司利益为重，绝无异议。
2. 在培训期间，受训人愿与公司保持不间断的联系，并能配合公司的各项必要工作。</td></tr>
</table>

培训后承诺	1. 在培训之后，受训人愿以所学之知识、技能服务于公司，并愿将所学知识传授给公司同仁。受训人所取得的资料应留公司存档。受训人利用培训所学取得的知识产权应以公司名义为公司所有，不私自向外出售、转让、泄露。 2. 培训期满后，受训人保证继续在公司服务____年，即从____年____月____日至____年____月____日。
企业承诺	在培训期间，公司应当根据培训地点的生活水平每月发给受训人在职时月工资的____%作为生活补贴。
法律责任	受训人如违反相关条款，则需赔偿公司损失；如泄露公司商业、技术秘密，需承担法律责任。
受训人：____________ 时　间：____________	公司代表：____________ 时　　间：____________ （本协议一式两份，受训人与公司各持一份）

三、培训需求信息收集

表 9-4　工作绩效差距分析汇总表

岗位名称：

考核指标	理想绩效标准	实际完成情况	有无差距	具体差距描述
考核指标 A				
考核指标 B				
考核指标 C				
……				

表 9-5　寻找绩效差距的提问表

1	需要改进的工作是什么？
2	对改进工作的具体期望是什么？
3	谁担任该项工作？
4	问题发生在哪里？
5	问题发生在什么时候？
6	问题产生的影响如何？
7	问题发展情况如何？
8	做该项工作最好的员工与最差的员工之间有什么差别？
9	做该项工作可以向哪些人进一步获取信息？
10	应当给予什么培训或组织支持？

表 9-6　员工培训申请表

姓名：	工作部门：
工作职位：	电话：
申请培训的课程名称：	课程描述（课程内容提要）：
申请人信息（由申请人本人填写）	
工作经历：	
教育程度：	

受过什么培训（名称、时间）：
培训拟改进的主要问题：
培训预期达到的具体目标：
申请人信息（由部门主管填写）
申请人情况的真实性与补充说明：
所申请培训的重要性（高 、中、低 ）：
申请人的学习态度和学习困难：
培训能否改进工作绩效：
有无其他途径改进工作绩效：

表 9－7　员工培训需求调查表

部门：__________　填表日期：____ 年____月____ 日

填表说明：

1. 所列内容仅供参考！在同意的项目栏内打“√”，还可列出自己需要的内容。
2. 请您根据您所在部门员工的需求填写此表。
3. 如篇幅有限，必要时可另附纸说明。

培训类别	培训内容	是否同意	参加人员			培训方式				
			自愿参加	指定人员参加	部门全体员工参加	课堂授课	在实践中演示	标杆	座谈提问	其他
公共教育	1. 公司发展史、组织结构、主要业务									
	2. 公司规章制度及福利待遇									
	3. 其他									
业务知识			参加人员			培训方式				
	各部门员工根据各自的岗位特点提出需求	是否同意	自愿参加	指定人员参加	部门全体员工参加	课堂授课	在实践中演示	标杆	座谈提问	其他
	1. 计算机/IT 行业动态									
	2. 联网方面									
	3. 交际谈判									
	4. 广告创意									
	5. 写作									
	6. 网页制作									
	7. 通信									
	8. 市场调查									
	9. 其他									
其他知识										

四、培训计划

表 9-8 培训项目计划书

培训项目背景
1. 专业机构对行业与企业的了解 2. 对企业培训需求的描述与说明 3. 对企业培训需求的理解
培训内容简要介绍
1. 培训项目名称 2. 预期培训效果 3. 建议的培训形式 4. 受训者的构成 5. 使用的培训方法 6. 培训期限
培训实施计划
1. 培训日期 2. 培训的主要内容 3. 培训的课程体系 4. 培训的对象 5. 培训的方法简述
培训前期准备工作
1. 培训地点的确定与培训场所的布置 2. 培训设备与器材的准备 3. 教材的制作与具体负责人 4. 培训前设备调试的时间与具体负责人
培训师简介
对培训师的工作经历及培训课题进行相应的介绍
培训费用预算
1. 培训师讲课费 2. 场地租赁费 3. 设备、器材租赁费 4. 教材、讲义制作费 5. 交通费 6. 培训期间餐费 7. 其他费用
培训后期效果评估
1. 确定评估指标体系 2. 确定评估方法 3. 确定评估后应该采取的后续行动

五、培训预算

表9-9 培训项目中可能产生的必要费用项目

基本流程	子流程	可能产生的费用
培训前期	培训需求调查	调查问卷设计费用 访谈提纲设计费用 调查实施产生的费用
	培训课程开发	课程开发费用
	培训提案	提案制作费 提案印刷费
培训准备	培训人员调查	学习风格测试费 管理风格测试费 性格倾向测试费
	场地与器材	场地租赁费 设备租赁费 必要器材购买 易耗品购买
培训实施	教案与教材准备	讲义制作费 视频教材制作费
	其他	笔记本、记录笔
	讲师与助手费用	差旅住宿费、讲课费
	学员费用	往返交通费、学员住宿费
	其他必要开支	茶点、餐饮费、奖品或小礼品
培训后期	培训评估	后期培训效果追踪与工作指导

表9-10 单次培训项目的费用预算表

培训项目名称：________ 地点：________ 时间：________

费用科目	必要性说明	支付对象	费用预算	实际开支	差异	备注
合计						

表9-11 培训计划和预算汇总表

序号	培训内容	培训对象	建议课程	授课方法	课时	课程来源（内部/外部）	预算金额	备注

六、培训方案

表 9－12　新员工部门岗位培训

（入职后第一周由部门填写）

部门：　　　　　　　　　　　　　　　　　　　　　　　　　　新员工姓名：

序号	培训内容	完成确认 （负责人签名）
入职前	让本部门其他员工知道新员工的到来；准备好新员工的办公场所、办公用品；准备好给新员工培训的部门内部培训资料；为新员工指定工作导师	
1	经理代表全体部门员工欢迎新员工的到来，向新员工介绍本部门员工	
2	介绍部门结构与功能以及部门内的特殊规定	
3	向新员工交代其工作内容及职责要求，讨论新员工的第一项工作	
4	派老员工陪新员工到公司各处熟悉一下	
5	一周内，部门经理与新员工进行非正式谈话，重申工作职责，谈论工作中出现的问题，回答新员工的问题，并对新员工一周以来的表现作出评估	

部门经理签字：　　　　　　　　　　　　　　　　　　　　　　日期：

表 9－13　新员工岗位培训反馈表

（入职后一周内由新员工填写）

部门：　　　　　　　　　　　　　　　　　　　　　　　　　　新员工姓名：

1. 你是否已了解部门的组织架构及部门功能？
   是□　　　　　　否 □
2. 你是否已清晰了解自己的工作职责及岗位描述？
   是□　　　　　　否 □
3. 你是否已熟悉公司大楼的情况？
   是□　　　　　　否 □
4. 你是否已认识所在部门所有的同事？
   是□　　　　　　否 □
5. 你是否觉得部门岗位培训有效果？
   是□　　　　　　否 □
6. 你今后在工作中遇到问题是否知道如何寻求帮助？
   是□　　　　　　否 □
7. 你是否已接受了足够的部门岗位培训并保证可以很好地完成任务？
   是□　　　　　　否 □
8. 在岗位培训中可以改进的地方有哪些？

9. 你在今后的工作中希望接受怎样的培训？

表9-14　新员工试用期内表现评估表

（入职后30天由部门填写）

新员工姓名：　　　　　　　　　　　　部门：　　　　　　　　　　　　职位：

1. 你对新员工一个月内的工作表现的总体评价：
优________良________一般________差________
2. 新员工对公司的适应程度：
很好________好________一般________差________
3. 新员工的工作能力：
优________良________一般________差________
4. 其他评价：

部门经理签名：　　　　　　　　　　　　　　　　　　日期：

七、师资、课程与教材

表9-15　培训师评价表

培训主题：____________　　培训对象：____________　　培训时间：____________

评价项目	评价内容	本项总分	评分
工作背景	是否有相关行业工作背景、是否有外资公司或国内企业从业经历、是否为学院培训师（实际能力、知识水平和专题信息量）	10	
实际经验	是否具有相关专业的实践经验（对培训内容的熟悉程度）	10	
培训经验	是否有丰富的培训经验（培训场次、成熟度、授课技巧）	35	
课程评价	提供的培训目标、课程纲要、课程形式是否能达到预期的培训效果	15	
授课对象	以往的授课对象在行业性质、员工素质、职务等方面与本次培训对象的一致性	5	
风险系数	试听情况，对培训效果的预评估	15	
客户反馈	已接受过该培训师授课的其他企业的培训负责人/学员的评价	10	
总分			
结论	是否聘请该培训师授课？如是，请简要说明原因 建议人签名： 时间：		
审批	是否同意该培训师授课，并注明审批意见 审批人签名： 时间：		

表9-16　现有培训课程汇总表

序号	课程名称	培训对象	授课方式	课时	费用/期	每年期数	备注

表 9-17 培训课前准备检查表

课程名称： 填表日期：

类别	检查项目	结果	类别	检查项目	结果
A	培训通知		C	指挥棒	
	参训者名单			麦克风	
	课前检查			电视机	
	教学计划书			录像机、放映机	
	教材制作			投影机/幕布	
	教具准备			幻灯片	
	培训评估表			名牌/桌脚	
	行动计划书			海报/红布条	
B	圆珠笔		D	场地布置	
	笔记本			住宿名单	
	投影笔/片			餐饮	
	记号笔/白板笔			休闲娱乐安排	
	订书机			交通车	
	打洞机		E	培训师接送	
	胶带			培训师费用	
	刀片		F	其他：	
	照相机（底片）				
	纸杯、茶包				
	礼品、赠品				
	奖品				

八、培训实施方案

表 9-18 管理人员绩效评估表

姓名							
职务							
绩效指标	序号	评价内容	评估得分				
工作态度	1	经营计划的制订和实施是否准备充分	5	4	3	2	1
	2	是否以长期的愿景思考公司的未来	5	4	3	2	1
	3	是否能以负责任的态度关注全体员工	5	4	3	2	1
	4	是否重视经营理念	5	4	3	2	1
	5	是否有敏锐的效益感	5	4	3	2	1
目标实现	6	关键时刻是否能身体力行	5	4	3	2	1
	7	是否重视长期目标的制定和实现	5	4	3	2	1
	8	能否在实现目标的同时降低成本	5	4	3	2	1
	9	是否为实现目标设定期限	5	4	3	2	1
	10	能否随机应变，及时修订目标	5	4	3	2	1
业务能力	11	是否以全公司的立场提出议案	5	4	3	2	1
	12	能否根据长远目标制订具体方案	5	4	3	2	1
	13	是否谨慎而高效地使用资金	5	4	3	2	1
	14	是否热心而有效地培养后继者	5	4	3	2	1

协调能力	15	能否聆听下属的意见和建议	5	4	3	2	1
	16	能否以公司的立场收集信息	5	4	3	2	1
	17	能否促进各个部门之间的协调	5	4	3	2	1
	18	能否把握各部门的优点和不足	5	4	3	2	1
	19	是否进行了不适当的关联交易	5	4	3	2	1
自我提升	20	对时代的热点是否敏感	5	4	3	2	1
	21	对新出现的技术是否敏感	5	4	3	2	1
	22	是否具有国际视野	5	4	3	2	1
	23	是否注意自己的身体健康	5	4	3	2	1

1. 通过以上各项的评分，该管理人员的综合得分是：
2. 该管理人员所处的等级是：A［100～115分］　B［80～99分］　C［60～79分］　D［60分以下］
3. 评估者意见：

____

____

____

评估者签字：______________　评估日期：______________

表9-19　人力资源部门业务能力评估表

序号	评估内容	评估得分				
		5	4	3	2	1
1	员工录用有计划性	5	4	3	2	1
2	员工适才使用	5	4	3	2	1
3	员工档案管理全面	5	4	3	2	1
4	岗位编制科学	5	4	3	2	1
5	人力资源制度合理	5	4	3	2	1
6	各类活动开展有效	5	4	3	2	1
7	员工培训的实施有效	5	4	3	2	1
8	薪酬方案恰当	5	4	3	2	1
9	考核方案妥当	5	4	3	2	1
10	出勤管理有效	5	4	3	2	1

1. 通过以上各项的评分，该部门的综合得分是：
2. 该部门所处的等级是：A［40～50分］　B［30～39分］　C［20～29分］　D［20分以下］
3. 评估者意见：

____

____

____

评估者签字：______________　评估日期：______________

表9-20　员工（业务人员）工作绩效评估表

姓名：		职务：		岗位：					
评估因素	评估要点				评估得分				
	评估指标	计划目标	实际完成	完成比例					
工作绩效	产值（万元）				5	4	3	2	1
	利润（万元）				5	4	3	2	1
	费用（万元）				5	4	3	2	1
业务活动	1. 正确理解所承担的任务				5	4	3	2	1
	2. 努力增加营业额和开辟新的市场				5	4	3	2	1
	3. 从企业全局出发，与同事协同合作				5	4	3	2	1
	4. 以诚意对待顾客，提升企业信誉				5	4	3	2	1

工作态度	1. 按照规章制度和上级指示，积极开展本职工作	5	4	3	2	1
	2. 对待难度较大的工作，能够接受并努力去做	5	4	3	2	1
	3. 工作中很少有时间或金钱上的浪费	5	4	3	2	1
	4. 及时向上级汇报工作，进行业务联系	5	4	3	2	1

1. 通过以上各项的评分，该员工的综合得分是：
2. 该员工所处的等级是：A［45～55 分］ B［35～44 分］ C［25～34 分］ D［25 分以下］
3. 评估者意见：

____

____

____

评估者签字：______________ 评估日期：______________

表 9-21 绩效差距分析和培训目标确定表

评估对象	评估绩效	目标绩效	绩效差距	培训目标
管理人员				
各个部门				
员工个人				

表 9-22 培训实施方案书的必备项目

序号	项目	内容
1	方案名称（策划主题）	
2	方案实施者姓名（小组名称、成员姓名）	
3	方案制订日期	
4	方案实施的目的	
5	方案实施的经过说明	
6	方案实施内容的简要说明	
7	方案实施内容的详细说明	
8	方案实施的步骤说明	
9	方案实施的期待效果和预测效果	
10	可供参考的文献、案例等	

表 9-23 培训实施方案书（一）

部门培训方案书	
受训部门	
培训项目名称	
培训目的	
培训进度	
培训内容	
培训步骤	
意外控制	
注意事项	
负责部门	

表9-24　培训实施方案书（二）

员工培训方案书	
方案编号： 方案日期： 实施编号： 培训类型：	
培训项目	
培训名称	
培训费用	
培训时间	
培训地点	
培训教材	
培 训 师	
培训目标	
考核方式	

表9-25　年度培训实施方案表

编号	课程名称	课程内容	预计培训时间												培训对象	经费预算
			1	2	3	4	5	6	7	8	9	10	11	12		

表9-26　年度培训计划表

适用对象	课别	编号	名称	目标	授课时数	师资	形式	经费预算

九、培训分类实施

表 9－27　新员工入职培训计划书

新员工基本情况			
姓名		学历	
岗位		部门	
工作经历		本岗位工作时间	
培训责任情况			
部门经理		联系方式	
岗位指导		联系方式	
后勤支持		联系方式	
新员工入职前的综合评价			
培训内容			
培训时间			
培训方式			

表 9－28　新员工入职培训月度检查表

序号	检查	完成情况
1	员工成为正式成员	
2	了解工作制度	
3	建立归属感	
4	企业的历史和经营哲学	
5	企业的目的和目标	
6	岗位职责方面的信息	

表 9－29　在职员工培训实施计划表

<table>
<tr><td>实施部门</td><td colspan="6"></td></tr>
<tr><td>时间安排</td><td colspan="6"></td></tr>
<tr><td>培训名称</td><td></td><td>培训地点</td><td></td><td>培训指导者</td><td colspan="2"></td></tr>
<tr><td>培训目的</td><td colspan="6"></td></tr>
<tr><td>培训对象</td><td></td><td>培训人数</td><td></td><td>培训时间</td><td colspan="2"></td></tr>
<tr><td>培训目标</td><td colspan="6"></td></tr>
<tr><td rowspan="4">培训科目</td><td>科目名称</td><td>授课时数</td><td>指导者</td><td>教学大纲</td><td>教材</td><td>备注</td></tr>
<tr><td></td><td></td><td></td><td></td><td></td><td></td></tr>
<tr><td></td><td></td><td></td><td></td><td></td><td></td></tr>
<tr><td></td><td></td><td></td><td></td><td></td><td></td></tr>
<tr><td>培训方式</td><td colspan="6"></td></tr>
<tr><td rowspan="4">培训进度</td><td>周次</td><td colspan="4">培训内容摘要</td><td>备注</td></tr>
<tr><td>第一周</td><td colspan="4"></td><td></td></tr>
<tr><td>第二周</td><td colspan="4"></td><td></td></tr>
<tr><td>第三周</td><td colspan="4"></td><td></td></tr>
</table>

表9-30　在职员工培训总结表

部门：				
时间：				
课程名称：			课程编号：	
项目	举办日期	培训时数	参加人数	
计划				
实际				
培训费用	项目	预算金额／元	实际金额／元	备注
	讲师费			
	教材费			
	其他			
	合计			
培训评估	受训者评估			
	指导者评估			
	部门评估			

表9-31　管理人员自我评估表

评估内容	评估情况		
1. 我可以把个人和公司目标清楚地写出来，而且每天使两者不断结合	总是[　]	有时[　]	从不[　]
2. 我能够把目标按重要程度排序，以不断明确自己前进的方向	总是[　]	有时[　]	从不[　]
3. 我对公司的要求和远景目标充满信心	总是[　]	有时[　]	从不[　]
4. 我对自己所作的决定有信心	总是[　]	有时[　]	从不[　]
5. 当我作决定时，会考虑这一决定的影响	总是[　]	有时[　]	从不[　]
6. 当我执行决定时，会注意相应的结果	总是[　]	有时[　]	从不[　]
7. 对于重要的工作，我有相应的预案，以防这项工作受阻而影响全局	总是[　]	有时[　]	从不[　]
8. 对于每天的工作，我都有相应的计划	总是[　]	有时[　]	从不[　]
9. 我有信心指导下属工作	总是[　]	有时[　]	从不[　]
10. 从下属那里我知道工作对他们的重要程度	总是[　]	有时[　]	从不[　]
11. 我与下属沟通顺畅	总是[　]	有时[　]	从不[　]
12. 我与上级沟通顺畅	总是[　]	有时[　]	从不[　]
13. 我注重提高下属的工作能力	总是[　]	有时[　]	从不[　]
14. 在作出会影响甚至改变下属的有关决定时，我会听取他们的意见	总是[　]	有时[　]	从不[　]
15. 对于工作的争执我不会回避	总是[　]	有时[　]	从不[　]
16. 我通过说服而不是压服使下属接受建议	总是[　]	有时[　]	从不[　]
17. 我会向同事解释作出决定的原因，而不是只说明决定本身	总是[　]	有时[　]	从不[　]
18. 对于新工作方式的实行，我有耐心听取下属的反馈	总是[　]	有时[　]	从不[　]

续前表

评估内容	评估情况		
19. 对于有不同文化背景的下属，我会采取不同的工作方法	总是［ ］	有时［ ］	从不［ ］
20. 与下属沟通，我能很好地理解他们的想法	总是［ ］	有时［ ］	从不［ ］
21. 主持会议时，我会事先把有关议程交给与会者，并让他们知道会议的目的	总是［ ］	有时［ ］	从不［ ］
22. 不论与个人还是与团队会面，我都会提前准备	总是［ ］	有时［ ］	从不［ ］
23. 当下属取得工作成绩时，我会及时表扬他们	总是［ ］	有时［ ］	从不［ ］
24. 工作中我对事不对人	总是［ ］	有时［ ］	从不［ ］
25. 我从不公开批评下属	总是［ ］	有时［ ］	从不［ ］
26. 我会把工作交给最合适的人选	总是［ ］	有时［ ］	从不［ ］
27. 当下属承担新工作时，我会和他商量并制定相应的目标	总是［ ］	有时［ ］	从不［ ］
28. 我采取多种方法培训下属，以提高他们的相关技能	总是［ ］	有时［ ］	从不［ ］
29. 我愿意帮助下属，使他们达到工作目标	总是［ ］	有时［ ］	从不［ ］

十、培训评估

表 9－32 反应层评估中使用的问卷调查表

说明：本表供培训经理使用，主要用于对培训过程中受训者的反应和讲师的表现进行评估。			
第一部分：培训课程的基本信息			
培训项目名称			
时间		地点	
讲师姓名			
受训部门与人员			
第二部分：受训者反应			
1. 哪些内容吸引了受训者的注意力？ 2. 哪些内容对受训者而言最没有吸引力？ 3. 受训者是否积极配合了讲师的工作以确保培训项目的正常开展？ 4. 哪些受训者的表现比较突出？ 5. 哪些受训者表现得比较沉默？ 6. 受训者对培训进度的反应如何？			
第三部分：讲师表现			
1. 讲师是否有效地抓住了受训者的注意力？他是怎么影响他们的？ 2. 讲师是否表现得大方得体？ 3. 讲师是否清晰了解培训内容？ 4. 讲师是否抓住了重点内容？ 5. 讲师是否使用了恰当的培训方法以增强培训效果？ 6. 讲师是否充分调动了受训者的积极性使其参与其中？			

表 9-33　学习层的评估问卷（受训者填写）

受训者姓名：　　　　　　　　　　　　部门：

培训项目名称：　　　　　　　　　　　时间：

1. 在工作中您遇到的最大困难是什么？为什么它会给您的工作带来困扰？
2. 通过本期培训，您有哪方面的收获？本期培训是否能帮助您解决在问题 1 中提到的困难？请结合工作具体说明。
3. 本次培训巩固了您哪方面的知识？请结合工作具体说明。
4. 通过本期培训，您在今后工作中将采用何种不同的方式做事？
5. 为配合今后工作的开展，您认为自己还需要接受哪方面知识与技能的培训？

表 9-34　学习层的评估问卷（直接上级填写）

受训者	技能评估					
	技能 A			技能 B		
	培训前	培训后	后期改善目标	培训前	培训后	后期改善目标
甲	①②③④⑤	①②③④⑤		①②③④⑤	①②③④⑤	
乙	①②③④⑤	①②③④⑤		①②③④⑤	①②③④⑤	
丙	①②③④⑤	①②③④⑤		①②③④⑤	①②③④⑤	

说明：①不具备该技能；②对该技能有初步认识；③了解、掌握技能要求；④能够按照要求使用该项技能；⑤熟练掌握该技能。

表 9-35　行为、结果层的评估报告分析

说明：本报告用于培训结束后一段时间内评估受训者相关绩效变化情况，应该由受训者所在部门、财务部门、培训讲师共同配合完成。

第一部分：培训项目的基本信息

培训项目名称：　　　　　　　　　　　受训者所在部门：

时间：　　　　　　　　　　　　　　　地点：

培训主要技能与期望达成目标：

技能点	达成目标

第二部分：培训前后的主要指标对比

绩效指标	数据来源	对比期间			
		培训前	培训结束时	培训结束后三个月	培训结束后六个月

第三部分：培训后一定时期内对受训者提出的问题

1. 您认为是否可以很快将培训内容用于实际工作中？
2. 您是否认为把培训内容用于工作中存在一定的困难？具体困难是什么？困难将如何影响您的工作？您将如何解决这些问题？解决问题的过程中您希望得到什么帮助？
3. 您认为此次培训后您的工作发生了什么变化？举例说明。

培训结束后三个月：

培训结束后六个月：

4. 公司是否提供了帮助以便您更好地应用此次培训内容？您认为哪些方面需要改进？举例说明。

表 9-36　员工培训情况信息表

序号	项目	内容	备注
1	员工工号		
2	员工姓名		
3	培训性质	学历/非学历	
4	培训类别		
5	培训方式	在职/脱产	
6	培训起止时间		
7	培训内容		
8	主办单位	企业/部门，内部/外部	
9	培训地点		
10	受训人员所在部门		
11	培训证书	有/无	
12	培训证书编号		

十一、撰写评估报告

表 9-37　培训评估报告（培训管理人员填写）

培训项目名称： 培训日期： 培训目标：	培训对象： 培训单位： 预期效果：
培训内容：＿＿＿＿＿＿课程 □新员工培训　□管理人员培训　□技术人员培训 教材来源：□讲师推荐　□培训者自备 培训方法：□讲演法　□讨论法　□案例研究法 培训方式：□在职培训　□职外培训　□企业内讲授　□企业外讲授 培训费用：□人事　□器材　□杂费 培训结果应用情况：＿＿＿＿＿＿ 此次培训的意义和局限：＿＿＿＿＿＿ 改进意见：＿＿＿＿＿＿ ＿＿＿＿＿＿	

表 9-38　培训效果评估表 1（受训人员填写）

课程名称：＿＿＿＿＿＿ 参加人员：＿＿＿＿＿＿	日期：＿＿＿＿＿＿ 部门：＿＿＿＿＿＿		职位：＿＿＿＿＿＿	
培训材料组织得很好	□的确如此	□大部分是这样	□有些是这样	□不是这样
培训的目标表达得很明确	□的确如此	□大部分是这样	□有些是这样	□不是这样
培训课程的一些基本概念和技能对我非常有用	□的确如此	□大部分是这样	□有些是这样	□不是这样
授课非常有效率	□的确如此	□大部分是这样	□有些是这样	□不是这样
举例和案例研究都很贴近现实并很实用	□的确如此	□大部分是这样	□有些是这样	□不是这样
授课人的解释很容易被理解	□的确如此	□大部分是这样	□有些是这样	□不是这样
对你来说，这项课程如何	□太难了	□有些难	□恰好可以	□太简单了
你对这项课程的总体评价如何	□非常好	□好	□一般	□不好

表 9-39　培训效果评估表 2（受训人员填写）

培训课程名称：____________　　主办部门：____________

填表说明：1. 本表请受训学员翔实填写，并请于结训时交予主办部门。

2. 请你给予率直的意见及批评，这样可以帮助我们改进培训计划。

1. 课程内容如何？

□优　　□尚可　　□劣

2. 教学方法如何？

□优　　□尚可　　□劣

3. 讲习时间是否适当？

□太长　　□适当　　□不足

4. 你参加此次培训感到有哪些收益？

□获得了实用的新知识

□获得了可以用在工作上的一些有效的研究技巧及技术

□将帮助我改变我的工作态度

□帮助我印证了某些观念

□给了我一个很好的机会，可以客观地观察我自己以及我的工作

5. 训练设备安排如何？

□优　　□尚可　　□劣

6. 将来如有类似的培训你还愿意参加吗？

□是　　□否　　□不确定

7. 其他建议事项：

____

____

表 9-40　培训效果评估表 3（受训人员填写）

课程名称		任课讲师			
受训人员姓名		部门			
受训人员职务		联系方式			
课程满意度调查	请用"√"标出你对每个项目的评价				
调查项目		非常满意	满意	一般	较差
关于课程	课程目标的明确性				
	内容编排的合理性				
	理论知识的系统性				
	课程的趣味性				
	课程的互动性				
关于讲师	理解课程内容				
	把握课程进度				
	语言表达能力				
	关注学员反应				
	鼓励学员参与				
	激发学员兴趣				
	回答学员提问				
关于安排	时间安排的合理性				
	现场服务的及时性				
	辅助工具的有效性				

本次培训中对自己帮助最大的内容	
课程或讲师应当改进之处	
其他建议	

十二、职业生涯规划

表 9-41　职业生涯管理自测表

问题	得分				
1. 在我的组织里，员工的工作表现能受到公正的评估	1	2	3	4	5
2. 在我的组织里，工作表现越好的员工，其升迁机会越多	1	2	3	4	5
3. 我的组织有一套完整的晋升制度	1	2	3	4	5
4. 我的组织为员工提供公平竞争的机会	1	2	3	4	5
5. 我的组织按工作绩效来提拔员工	1	2	3	4	5
6. 我的组织为员工提供空缺职位信息	1	2	3	4	5
7. 我的组织为员工提供各种岗位任职资格条件的信息	1	2	3	4	5
8. 我的组织向员工提供人事相关政策、制度及规划的信息	1	2	3	4	5
9. 我的组织为员工提供或部分提供学历教育经费	1	2	3	4	5
10. 我的组织进行定期或不定期培训	1	2	3	4	5
11. 我的组织为员工自行学习提供便利的条件	1	2	3	4	5
12. 我的组织有计划地变换员工的工作岗位以丰富其经验	1	2	3	4	5
13. 我的组织向员工提供专业技术职位和管理职位的双重职业发展道路	1	2	3	4	5
14. 我的组织有专人或聘请外部专家给员工的工作和生活提供咨询	1	2	3	4	5
15. 我的组织开展有助于员工了解自己职业特点的活动	1	2	3	4	5
16. 我的组织帮助员工选择职业发展道路	1	2	3	4	5
17. 上级对我的工作绩效提供反馈，以便于我改善工作	1	2	3	4	5
18. 上级通过绩效面谈与我沟通，讨论我在工作上的问题及未来的发展	1	2	3	4	5
19. 上级帮助我了解我的工作角色、责任及所需能力	1	2	3	4	5
20. 上级给我提供能发展新技能的工作机会	1	2	3	4	5

案例

加强涉密文件的管理工作

案例 1：2005 年，某涉密单位干部孙某参加涉密会议，会议要求涉密会议材料“会后收回”。孙某未按要求交回涉密会议材料，将涉密会议材料带入宾馆，存放在更衣柜中。孙某外出时，涉密会议材料和个人财物被盗，经多方查找未果。事件发生后，孙某受到党纪政纪严肃处理。

案例 2：2013 年 3 月，某部委工作人员娄某丢失 1 份机密级文件。经查，娄某外出参加会议返程途中，不慎将涉密文件遗失在公交车上。发现情况后，娄某立即向单位报告，并通过积极联系公交公司、向公安部门报案等方式进行查找，但未能找到。经评估，文件内容已在有关报告中对外公开，文件丢失不会带来实质性损害，有关部门给予娄某行政警告处分。

案例3：某开发区信访办主任刘某在参加完市涉密会议后，将1份机密级会议文件带回单位，不仅未按规定及时交保密室查收，而且在文件使用后疏于保管，随意放置在办公桌上，被一上访人员趁办公室无人拿走，在开发区服务中心复印后将原件送回，并将复印件交给一名个体职业者通过互联网向境外发送。有关部门发现后，随即对两人实施了刑事拘留。刘某也因此受到行政警告处分。

分析解读：在实际工作中，涉密文件材料管理不当的问题时有发生。究其原因，一方面是经办人员的保密意识淡薄；另一方面是涉密信息的保密工作不到位，没有做好涉密文件材料的管理。涉密文件的管理，大到国家安全和利益，小到公司商业机密和个人隐私信息，各企业单位应当充分认识到保护涉密文件的重要性，采取切实有效措施，加强管理，并提高工作人员的责任心和保密意识。

学思之窗

培养保密意识

随着“互联网+”时代的到来，信息安全问题越来越突出。正所谓“害人之心不可有，防人之心不可无”，我们要充分意识到新时代下保密工作的重要性，提高保密意识，严守工作纪律，时刻警惕敌对势力的渗透。

复习思考

1. 商务公文的类型有哪些？
2. 商务公文的构成要素有哪些？
3. 涉密文件应该如何管理？
4. 文档管理的注意事项有哪些？

培训游戏

情感病毒

情感是人与人交往中的重要因素之一，强烈的感情尤其是负面的情绪会在人与人之间传播。

1. 游戏规则与程序

第一轮：

（1）所有人围成一圈并闭上眼睛，主持人在圈外拍一下某学员的背影，确定“情绪源”。

（2）学员们睁开眼睛，散开，在屋里任意交流。

（3）“情绪源”通过“眨眼睛”将不安情绪传递给其他三个人，而任何一个获得眨眼睛信息的人都要向另外三个人眨眼睛，将不安情绪再传染给他们。

（4）5 分钟后，大家坐下来，情绪源、那三个被他传染的、被那三个人传染的，依次站起来，直到所有被传染的人都站起来，你会惊奇于情绪传染的可怕性。

第二轮：

（1）你要想治理不安情绪传染，就要制造“快乐源”，即用真挚柔和的微笑来冲淡大家不安的阴影。

（2）让大家围成一圈并闭上眼睛，告诉大家你将会从中选择一个作为“快乐源”，并通过微笑传递快乐，任何得到微笑的人也要将微笑传递给其他三个人。

（3）在学员的身后转圈，假装指定“快乐源”。然后，让他们睁开眼睛，声称游戏开始。

（4）自由活动 3 分钟，3 分钟后，让收到快乐信息的同学举起手来，然后让大家指出他们所认为的“快乐源”，你会发现大家的手会指向很多不同的人。

（5）实际上根本就没有指定的“快乐源”，而是他们的快乐感染了他们自己。

2. 游戏讨论

（1）不安和快乐哪一个更容易被传染？当你被传染了不安的情绪，你会真的感觉到不安吗？

（2）在团队里，个人的情绪是否会影响其他人？是否会影响团队的工作效率？为防止被别人的负面情绪影响，你需要做什么？

参考文献

［1］姜大源．工作过程系统化：中国特色的现代职业教育课程开发［J］．顺德职业技术学院学报，2014（3）．

［2］姜大源．论工作过程系统化的课程开发［J］．新课程研究·职业教育，2012（6）．

［3］石莹．论工作过程系统化与创新思维培养相结合的管理类课程教学设计［J］．科技经济导刊，2020，28（33）．

［4］徐明．基于工作过程系统化的人力资源管理专业实训课程体系改革研究［J］．时代金融，2020（3）．

［5］陈文兰．基于工作过程导向的教学实践项目教学设计［J］．现代职业教育，2021（29）．

［6］高会民．基于工作过程导向校企合作实践育人机制探索与研究［J］．质量与市场，2021（6）．

［7］金晏．打造高职“金课”，实施“课堂革命”［J］．文教资料，2021（4）．

［8］王璐，徐国庆．从工作过程到知识导向：职业教育教学设计的新发展［J］．职教论坛，2020，36（11）．

［9］蒋翠珍，万金．员工培训与开发理论、方法、应用［M］．厦门：厦门大学出版社，2020．

［10］陈国海，霍文宇．员工培训与开发［M］．3版．北京：清华大学出版社，2019．

图书在版编目（CIP）数据

员工培训与开发/刘正君，温辉主编．--2 版．--北京：中国人民大学出版社，2022.5

新编 21 世纪高等职业教育精品教材．人力资源管理系列

ISBN 978-7-300-30522-6

Ⅰ.①员… Ⅱ.①刘… ②温… Ⅲ.①企业管理－职工培训－高等职业教育－教材 Ⅳ.①F272.921

中国版本图书馆 CIP 数据核字（2022）第 054313 号

新编 21 世纪高等职业教育精品教材·人力资源管理系列

员工培训与开发（第 2 版）

主　编　刘正君　温　辉

副主编　安铁超　程　积　龙　翔

Yuangong Peixun yu Kaifa

出版发行	中国人民大学出版社		
社　　址	北京中关村大街 31 号	**邮政编码**	100080
电　　话	010－62511242（总编室）		010－62511770（质管部）
	010－82501766（邮购部）		010－62514148（门市部）
	010－62515195（发行公司）		010－62515275（盗版举报）
网　　址	http://www.crup.com.cn		
经　　销	新华书店		
印　　刷	北京七色印务有限公司		
规　　格	185 mm×260 mm　16 开本	**版　　次**	2022 年 5 月第 2 版
印　　张	13.5 插页 1	**印　　次**	2022 年 5 月第 1 次印刷
字　　数	325 000	**定　　价**	34.80 元